刑事ドラマ名作講義

太田省一

星海社

JN042947

293

SEIKAISHA SHINSHO

はじめに　〝社会派エンタメ〟としての刑事ドラマ

刑事ドラマはなぜ「刑事ドラマ」なのか

本書は、歴史と作品の両面から、日本の刑事ドラマの魅力、その繁栄の理由を解き明かそうとするものだ。日本の刑事ドラマ研究であると同時に、刑事ドラマガイド。そんな内容を目指している。

ドラマの主人公になる2大職業と言えば、やはり医師と刑事だろう。双方ともに医療と犯罪捜査に従事するプロフェッショナルという共通項がある。このどちらかが主人公のドラマは、いつも必ずどこかのチャンネルで放送されていると言っても過言ではない。そしてまた、記憶に残る人気作、名作も多い。

そんなドラマ界の2本柱だが、ひとつ個人的に昔から気になっていたことがある。それぞれのドラマの呼びかたである。医師が主人公のドラマは「医療ドラマ」と呼ばれる。「医師ドラマ」とか「医者ドラマ」とは普通言わない。それに対し、刑事が主人公のドラマはそのまま「刑事ドラマ」。逆に「犯罪捜査ドラマ」とは呼ばれない。

単に語呂の問題で、大した意味はないのかもしれない。だがあえてこだわってみると、「医療ドラマ」は医師の行為そのものに焦点を当てているのに対し、「刑事ドラマ」は行為をおこなう主体である刑事という存在に焦点を当てたドラマということになる。

その場合、〝刑事〟には大別して二つのタイプがある。ひとつはヒーロー、もうひとつは人情家である。

ヒーローとしての刑事は、解決困難と思われた事件を鋭い推理や豪快なアクションによって解決し、犯人逮捕に導く。推理という点では『古畑任三郎』シリーズ（フジテレビ系、1994年放送開始）の古畑任三郎や『相棒』（テレビ朝日系、2000年放送開始）の杉下右京（所属する特命係には捜査権がないので厳密には刑事ではないが、特命係の相棒とともに本書では「刑事」として扱う）、アクションという点では『あぶない刑事』（日本テレビ系、1986年放送開始）の鷹山敏樹（タカ）と大下勇次（ユージ）のコンビなどが思い浮かぶ。

彼らがそれぞれに「強さ」を表現しているとすれば、「弱さ」を表現しているのが人情家タイプの刑事である。被害者に同情するだけでなく、場合によっては犯人にすら感情移入してしまう。職業上あってはならないようなことだが、そんなことはわかっていても感情を抑えきれない姿に人間味があふれ出る。ドラマではエリートや幹部候補ではない、いわゆる「叩き上げ」の刑事として描かれるのが定番だ。懐かしいところで言えば、『太陽にほえろ！』（日本テレビ系、1972年放送開始）に登場した「長さん」こと野崎太郎、そして『はぐれ刑事純情派』（テレビ朝日系、1988年放送開始）の「安さん（やっさん）」こと安浦吉之助などは典型的だ。

医療ドラマに出てくる医師は、あくまで傾向としてだが、ヒーロー性が強調されることが多い。典型的なのは、難しい手術を人並外れた技で鮮やかに成功させる外科医だろう。最近では、『ドクターX～外科医・大門未知子～』シリーズ（テレビ朝日系、2012年放送開始）の主人公で、「私、失敗しないので。」の決めゼリフで知られる大門未知子（米倉涼子）などがそうだ。その場合、手術という医療行為が最大の見せ場になるわけで、そのあたりも「医療ドラマ」という呼び名になるひとつの理由かもしれない。実際、「天才医師」という表現はしばしば見かけるが、刑事ドラマで「天才刑事」という表現は皆無ではないがあまり聞かない。

いずれにしても、刑事ドラマに登場する刑事にはヒーローと人情家の2つのタイプがある。そこに刑事ドラマの2つの系譜も紡がれてきた。爆破ありカーチェイスありのとにかく派手、かつ荒唐無稽なアクションで魅了した『西部警察』（テレビ朝日系、1979年放送開始）もあれば、銃撃シーンなどはほとんどなく人間模様に深い味わいがある『はぐれ刑事純情派』もある。刑事ドラマには複数の刑事が登場するチームものの作品も多いので、両者の系譜が交わることも珍しくない。そのあたりの具体的な話は、この後「刑事ドラマ70年史」として詳しくふれる。

刑事ドラマの基本構造

ここで、刑事ドラマの基本構造について改めて確認しておこう。

刑事ドラマの構造はきわめてシンプルだ。犯罪と思われるなんらかの事件が起こる。そこに残された証拠や関係者の証言などをもとに、刑事が鑑識など同僚の助けを借りながら捜査を進め、被疑者を絞り込み事件の真相を突き止める。そして犯人を逮捕する。

つまり、「事件の発生→捜査→逮捕」というプロセスが、変わらぬ物語の基本である。犯人の逮捕というひとつの明確な〝答え〟があるので筋としてはわかりやすい。ただ、必ず犯人が捕まるとは限らない。誰かが捕まっても、その黒幕（真犯人）は捕まらないままというケースもある。あるいは、捜査を進めた結果、実は犯罪ではなかったというケースもある。そのあたりは視聴者の目が肥えてきたということもあり、刑事ドラマもジャンルとして成熟に向かうとともに、物語にもより変化やひねりが加えられるようになっている。

扱われる犯罪の種類についても同様だ。刑事ドラマの定番の事件と言えば殺人事件になるだろうが、最近は特殊詐欺やサイバー犯罪などが頻繁に登場するようになった。むしろ殺人事件は、背後にあるそうした犯罪を捜査するための導入となっていることも珍しくない。あるいは殺人と一口に言っても「動機なき殺人」のような、従来の常識では測りがたい「心の闇」が描かれるような作品も増えた。まさに時代の反映と言える。

こうした犯罪がもし現実に起これば、その種類に関係なく恐怖や嫌悪、不安などネガティブな感情が引き起こされる。「他人事ではない」という感覚がどこかにあるからだ。ニュース番組で報じられているのを見れば、思わず眉をひそめることも少なくない。

だが刑事ドラマになると、犯罪は娯楽性の高いある種の見世物になる。猟奇殺人などはとりわけおぞましく恐ろしいものだが、刑事ドラマのなかで描かれるとそのおぞましさゆえにある種強い関心を引くものになる。そしてそこに謎解きの要素が加われば好奇心をかきたてられたり、猟奇殺人犯が刑事と対峙するダークヒーローのような存在感を発揮して魅了されたりする。

刑事ドラマの終わりに「この物語はフィクションです」というような字幕が出る。実在の人物や団体、事件などと関連づけられないようにするための配慮には違いないが、違った角度から見れば、それは犯罪というネガティブな事柄をフィクションという現実離れした文脈でポジティブな娯楽に転換するための切り替えスイッチのような役割を果たしてもいると言えなくもない。ドラマのなかの猟奇殺人が有する一種の引力もその延長線上にあるものだろう。

ただフィクションという意味では、小説や映画も同じだろう。いうまでもなく、刑事が主人公の小説や映画はたくさんあるし、そうした小説を原作とする刑事ドラマも枚挙に暇がない。松本清張や東野圭吾は、そうした原作者の筆頭格だ。横山秀夫や今野敏の作品もよくドラマ化される。2時間ドラマならば、森村誠一、内田康夫、西村京太郎、山村美紗、夏樹静子などの名もおなじみだ。

刑事ドラマは究極の〝社会派エンタメ〟

ではテレビの刑事ドラマの独自な部分はどこにあるのか？　それは一言で言えば、社会と表裏一体であることだ。

そもそも、テレビが「社会の鏡」であることは昔からよく言われるところだ。映画館に足を運んで暗闇のなかに身を置く非日常的体験としての映画などと違い、テレビは日常生活のただ中にある。それゆえ日常生活のリズムはテレビのリズムと共振する。たとえば、NHKの朝ドラに代表される連続ドラマという形式は、テレビで大きく発展したものだ。むろん映画とて社会の動きと無関係ではあり得ないが、日常生活の営みが社会の基盤であるとすればテレビがより社会に密着したメディアであることは確かだろう。

一方犯罪にも、「社会の鏡」と言える側面がある。ただしこちらは、隠された部分や暗部などの裏側が露呈することによって社会を映し出すという意味での鏡である。

いうまでもなく、犯罪とは法律を破る行為のことである。法律とは、社会秩序を維持するためのルールだ。その意味でまず、犯罪自体が社会によって規定されている。

だがそれだけではない。違法かどうかという形式的な判断とは別に、犯罪には動機がある。つまり、犯罪に至った事情や心情がある。刑事ドラマを見ていても、動機の解明は物語の中心のひとつだ。そして動機は、社会状況とやはり密接にかかわるものでもある。貧困、偏見、そして差別など、そうした世の中の矛盾や不条理がある人間を追い込み、結局犯罪に手を染めさせる。恋愛関係や家族関係のもつれなどが動機になる場合も少なくないが、恋愛や家族のありかたもまた、その社会や時代のルール・価値観によって定まっているものであるはずだ。

要するに、ともに「社会の鏡」であるテレビと犯罪が結びつき、娯楽作品というパッケージに凝縮されたのが刑事ドラマにほかならない。その意味では、刑事ドラマとはシリアスかコミカルかといった個々の作風にかかわりなく、究極の〝社会派エンタメ〟なのだ。

刑事ドラマを通じて私たちは、犯罪を通じてかく乱され、破壊されたかに見えた社会秩序が平常に回復されるプロセスを疑似体験し、ハラハラドキドキした末に安堵する。だが同時に、時には犯人が置かれた境遇に同情し、ひいては現在の社会にある矛盾や問題について考えるきっかけを得る。そんな二面性が刑事ドラマにはある。

その意味において、刑事ドラマとは、同じ社会の鏡でも「社会の拡大鏡」、つまり普段見ることのできない社会の姿のある一面を拡大して見せてくれるような、より解像度の高い鏡である。すぐれた刑事ドラマは、ことさら「社会派」と呼ばれずとも、この要素を多分に持ち合わせている。実際、刑事ドラマの持つそうした社会性は、「刑事ドラマ第1号」とされるドラマ『ダイヤル110番』の時点ですでに顕著に表れていた。そのことについては、このすぐ後にふれる。

本書の構成について

歴史の話に入る前に、本書の構成を説明しておきたい。

初めに、1950年代から現在に至るまでのおよそ70年になろうとする刑事ドラマの歴史を概観する。

いまの刑事ドラマの原点となった作品が登場する1960年代、それをベースにしつつ、『太陽にほえろ!』を筆頭に多彩なタイプの刑事ドラマが生まれた1970年代、『あぶない刑事』のようにコミカル、軽妙洒脱な要素がヒット作の条件となった1980年代、警察組織をリアルに描いた『踊る大捜査線』など、刑事ドラマにいくつかの重要な変革が生まれた1990年代、そして刑事ドラマの歴史を総合するような『相棒』が始まった2000年代など、年代ごとの特徴や変化を俯瞰的にたどる。その際、テレビ全体の状況や時代の変化も視野に入れて考えるようにしたい。

こうした歴史を踏まえたうえで、刑事ドラマの名作（ここでは紙幅の関係もあり、連続ドラマに絞る）をいくつかピックアップし、一つひとつの作品について詳しく掘り下げる。個人的に印象深いものといった私見も入っているが、できるだけ客観的に見て刑事ドラマ史にとって重要な作品であることを選ぶ際の大きな基準にしている。歴史との対応関係を考えて、ここでは年代順に述べていくことにする。

本書のメインとなる部分は以上の通りだが、そこからこぼれ落ちてしまうものもあるのは否めない。そこで、刑事ドラマにまつわるコラムを所々に挟むことで、より多角的にその魅力が伝わるように努めた。

ひとつ付け加えると、トリックやクライマックスなどのいわゆる「ネタバレ」は極力避けるようにしたが、特に作品編のところで、その作品の本質的魅力を伝えるためにストーリー展開などを詳しく紹介した場合がある。あらかじめそのことをお断りしておく。

では、まず「刑事ドラマ70年史」から見ていくことにしよう。

目次

［コラム］

作図／ジェオ

【歴史編】

刑事ドラマ
70年の歴史を
振り返る

源流としての映画

刑事ドラマはいうまでもなくテレビで放送されるものだが、ひとつの源流は映画から来ている。

たとえば、東映は刑事ドラマととりわけ縁の深い映画会社だ。東映の制作による初の刑事ドラマ『捜査本部』（NETテレビ［現・テレビ朝日］系列、MBSとの共同制作）が、早くも1958年に放送されている。

その基盤は、すでに映画にあった。東映は、警視庁刑事部捜査第一課（以下、捜査一課）などに所属する刑事の活躍を描く映画シリーズを1953年のテレビ本放送開始以前、あるいはテレビの黎明期から製作し、ヒットさせていた。

たとえば、『にっぽんGメン』はそのひとつ。1948年から1960年まで計5本が製作された（最初の2本は東映の前身である東横映画の製作）。そのなかには、若き日の高倉健が出演した作品もある。ただ主要キャストはずっと同じだったわけではなく、物語の舞台が警視庁捜査一課のときもあれば、捜査一課以外の部署、さらに海上保安庁というときもあった。とはいえ、刑事たちの地道な捜査活動の様子や息詰まる銃撃戦が描かれるなど、いまある刑事ドラマの要素がすでにそこにはいくつか盛り込まれている。

より現在の刑事ドラマに近いと言えるのは、その名も『警視庁物語』という作品だ。警視庁捜査一課の刑事たちの活躍を描き、1956年から1964年まで計24作も公開された人気の映画シリーズである。作風はドキュメンタリー的で、刑事をヒーローとして描くことは極力排されている。事件の発生から解決までが順を追って丹念に、かつ客観的に描かれるのがいま見ると逆に新鮮だ。それもそのはず、全作の脚本を手掛けた長谷川公之は、警視庁刑事部鑑識課法医学室に勤務していたという経歴の持ち主だった。

その完結後に、再編集したドラマ版がNETテレビで1967年に放送され、さらに同作のキャストを核にした『刑事（でか）さん』（1967年放送開始）というドラマもやはりNETテレビで放送された。NETテレビには、東映との強固な資本関係があった。それはテレビ朝日と社名が変わった現在も変わっていない。いまもテレビ朝日系列の刑事ドラマの多くが東映との共同制作であることは、刑事ドラマファンならばよく知る事実だろう。

このように、刑事ドラマにおいては「映画からテレビへ」という流れが存在する。実際、『刑事さん』のみならず映画に出演していた俳優やスタッフが、草創期の刑事ドラマを支える大きな原動力となった。現在もあの『相棒』がそうであるように、テレビ局が東映や東宝など映画会社と共同制作した作品は少なくない。

最近はあまり聞かなくなったが、かつてテレビドラマの世界では「テレビ映画」という表現がよく使われていた。映画のスタッフが参加し、映画的な制作スタイルや手法を取り入れたドラマである。そのようなドラマはジャンルを問わず存在するが、とりわけ刑事ドラマには、いま述べた経緯からも「テレビ映画」という呼称がしっくりくる側面があったことは確かだ。

『ダイヤル110番』が「刑事ドラマ第1号」

その一方で、直接映画界とはかかわりなくテレビが独自に刑事ドラマづくりを進める動きもあった。

史上最初の刑事ドラマはどれか？　たとえば、NHKにおいて1957年9月3日から4回連続で放送された『刑事物語』という作品がある。小説家としても知られ、同じNHKの人気ドラマ『事件記者』（1958年放送開始）の脚本も担当した島田一男の脚本によるもので、特定の主人公を置かない刑事の集団劇だった（『テレビドラマデータベース』の当該項目を参照）。

実は、1957年9月3日というまったく同じ日に始まったもうひとつの刑事ドラマがある。それが日本テレビ系で放送された『ダイヤル110番』（制作は日本テレビと読売テレビ）で、1964年9月までちょうど7年間、全363回続いた。連続ドラマ化の前年には単発ドラマとして放送されたことなどもあり、こちらが「刑事ドラマ第1号」とされることが多い。

放送時間は何度か変わったが、おおよそ夜8時台から10時台の30分。1話完結方式である。主な刑事役は、玉川伊佐男、松村達雄、川辺久造、加藤武、野々村潔（俳優・岩下志麻の父。岩下本人もこの番組に出演したことがある）など。若手としては、井川比佐志もいた。当時映画スターのシンボル的存在だった石原裕次郎がゲスト出演したこともある。

この『ダイヤル110番』の最大の特徴は、「セミドキュメンタリー」と呼ばれる手法にあった。

このドラマでは、オープニングに「この物語は事実に基づいて構成され、資料はすべて警視庁ならびに全国の警察の協力によるものです」というナレーションが入る（『テレビドラマ全史』、40頁）。つまり、実際に起こった事件がベースになっていて、そこに脚色を加えるという手順でつくられていた。一種の実録ものである。当時、アメリカに『ドラグネット』という同様の実録ドラマ（日本でも放送された）があり、これに着想を得たとされる（日本テレビ編『日テレドラマ半世紀』、114頁）。

撮影に本物のパトカーを使えるようにするなど、警察の協力も徹底したものだった。そうした全面協力の背景には、「110番普及キャンペーン」促進の目論見もあったようだ。なにか事件が起こった際の電話番号は110番というのはいまや常識中の常識だが、そのように全国で統一されたのは1954年のこと。『ダイヤル110番』が人気になればなるほど、タイトルと相まって「緊急事態の場合は110番」という意識が世間に浸透していく。その点、このドラマの存在は警察にとっても大いにメリットのあるものだった。実際、その功績をたたえ、1958年には警察庁長官から感謝状が贈られている。

1950年代中盤から後半は、朝鮮戦争を機に高度経済成長が始まった頃。戦後の混乱期を抜けて、日本社会が一体となって本格的な復興に向けて走り始めたあたりだ。「110番」の全国統一というのもそうした大きな流れのなかのひとつの動きだろう。そのタイミングで刑事ドラマが誕生したというのも、刑事ドラマと戦後史との密接な関係を示唆していると言える。

『ダイヤル110番』の制作の中心にいたのは、ディレクター兼プロデューサーだった日本テレビの北川信《まこと》。若手ディレクターのなかには、後に『アメリカ横断ウルトラクイズ』や『はじめてのおつかい』を成功させる佐藤孝吉《たかよし》もいた。

テレビの黎明期ということもあり、スタッフは新しい撮影手法に意欲的に取り組んだ。たとえば、機材などの関係でスタジオでの撮影が中心だった当時にオールロケで撮影したことなどはそのひとつだ（前掲『テレビドラマ全史』、40頁）。

また脚本はひとりだけではなく、複数人が回替わりで担当した。一概には言えないが、現在の『相棒』にも近い。そんな脚本家たちのなかには、『赤ひげ』など黒澤映画の脚本を書いた井出雅人、水谷豊主演の『熱中時代』シリーズ（日本テレビ系、1978年放送開始）を後に手掛ける布施博一などがいた。SF作家として有名な小松左京が書いたこともある。あの向田邦子がテレビドラマの脚本デビューを果たしたのも、この番組だった。1958年10月7日放送の「火を貸した男」と題された回である。

プロセスとしては、まず脚本家各々が事件を選び、そこにどう意味づけしていくかをディレクターらとディスカッションしてひとつのドラマに仕上げていく。これを北川信は「集団的創造」と呼んだ（同書、40頁）。その意味では、セミドキュメンタリー的手法とはいえ、資料に基づく事実を土台にしながらドラマゆえのフィクションが加味されるかたちになっていた。

刑事よりも犯罪にフォーカスした『ダイヤル110番』

ただそれゆえに思わぬ波紋が広がることもあった。

1959年12月15日放送分の「黒い犬」。実際の事件は、ひとりの主婦が精神障害のある犯人に刺殺されたというもの。だが裁判では、精神障害が理由で起訴猶予の判決が下された。現在でも議論される問題である。『ダイヤル110番』も、その重要性から取り上げた。

ところが、放送された内容には、ある創作が加えられた。被害者夫妻にはそれぞれ愛人がいて、その関係のもつれから、夫が犯人を利用して妻を殺させるという結末になったのである。「この番組は事実に基づいて〜」という先述のナレーションを踏まえて、この創作部分も真実だと思ってしまう視聴者も出てきかねない。被害者の夫は名誉毀損で放送局を訴え、それを受けて法務省から勧告がなされた（同書、41頁。および前掲『テレビドラマデータベース』当該項目）。

極端なケースかもしれないが、この作品がいかにノンフィクションのように見られていたか、言い換えれば刑事のキャラクターなどよりも犯罪にフォーカスしたドラマだったかがわかるエピソードである。

その点興味深いことに、このドラマにはいわゆる「レギュラー」も定まっていなかった。毎回のように登場する刑事役の俳優はいるが、役柄などは一定していなかった。ひとりの俳優が回によって違う役名で登場することさえあったようだ（羊崎文移『「ダイヤル110番」元祖刑事ドラマ1957‐1964』、19頁）。

その意味では、この『ダイヤル110番』は、私たちが現在抱く刑事ドラマのイメージとはずいぶんかけ離れている。決まった役名を必ずしも持っていないとすれば、刑事は常識的な意味での主役とは考えにくい。だが他方で、犯罪を通して社会を描くという〝社会派エンタメ〟としての刑事ドラマの本質が、この「刑事ドラマ第1号」においてすでに顕在化していたこともまた確かだ。

この時点での刑事ドラマは、30分という尺が基本だった。『ダイヤル110番』より少し遅れて1958年に始まり、2002年まで続いた人気刑事ドラマ『部長刑事』も30分番組である。大阪テレビ（現・朝日放送）が制作する関西ローカルのドラマで、初代の部長刑事を演じたのは中村栄二だった。

この作品で注目すべきは、『ダイヤル110番』とは異なり、刑事を中心とした人間ドラマが前面に押し出されたことである（朝日放送社史編修室編『朝日放送の50年』82－93頁）。その点、私たちが慣れ親しんでいる刑事ドラマのテイストにより近いものになっていた。

以上のように、1950年代、冒頭にふれた『にっぽんGメン』や『警視庁物語』のような映画からの流れが一方にあり、さらにもう一方でテレビの側での模索も加わって、刑事ドラマというジャンルの土壌が整えられていった。そして奇しくも同じ1961年10月、フォーマット的にも内容的にも現在の刑事ドラマの直接の原点となったと考えられる2つの作品が登場する。いずれも放送時間は30分ではなく1時間で、刑事という存在により強くスポットライトを当てた作品だった。

『七人の刑事』始まる

まずひとつ目は、『七人の刑事』である。

『七人の刑事』は、ＴＢＳ（現・ＴＢＳテレビ）の制作。タイトル通り、警視庁捜査一課に所属する7人の刑事が主役のドラマである。当初「警視庁」というタイトルの予定だったが、当局から許可が下りなかったという（前掲『テレビドラマ全史』、85頁）。断続的に１９９８年まで続き、映画化も何度かされている。また、「このドラマに登場する人物、団体は実在のものではありません」というおなじみの断り書きを最初に入れたのもこの『七人の刑事』だった。劇中登場した暴力団の名前がたまたま実在したことでトラブルになったためだった（読売新聞芸能部編『テレビ番組の40年』、２０８頁）。

1時間となった背景には、当時ＴＢＳ全体のドラマ視聴率が低迷していたことがあった。その対策として、局は従来30分だったドラマの1時間への拡大を決定する。特に刑事ドラマの場合、前後編2回でひとつの事件を扱うことも増え、一気に結末まで見られない視聴者からの不満の声が寄せられていたこともあった（白井隆二『テレビ創世記』、１２５頁）。『七人の刑事』も、すでに放送されていた30分ドラマ『刑事物語』（１９６０年放送開始）をベースにしたものだった。

放送の尺だけではない。『刑事物語』は謎解き中心だったが、『七人の刑事』に衣替えするにあたって、罪を犯してしまう犯人と刑事との人間臭いやり取りをストーリーの柱にした。社会性を加味したのである（前掲『テレビ番組の40年』、２０５－２０６頁）。

その選択には物理的な制約から来た部分もあった。この当時のドラマは技術的な問題で生放送が中心。その場合、どうしてもセット変更などの可能なスタジオからの放送になり、屋外でのロケを大々的におこなうことは難しい。当然、銃撃戦などの派手なアクションを売りにすることも困難になる。そこで『七人の刑事』は、取調室での刑事と被疑者の緊迫したやり取りなど室内劇の要素を重視したのである。

こうして、「犯罪の社会的背景を踏まえながら展開されていく人間ドラマ」という作品のコンセプトが出来上がった。社会派の色彩が濃厚という点では、『ダイヤル110番』の系譜を引いていると見ることもできる。一方で、警察官としての職務に忠実でありつつも犯人が置かれた境遇に感情移入してしまうこともあるという点では、人情派刑事ものの要素もある。

そうしたコンセプトは、刑事のキャラクター設定にも反映されている。刑事たちを束ねる部長刑事役だった芦田伸介のトレードマークは、よれよれのコートにハンチング帽。スマートで格好いいわけではなく、むしろ一見さえない姿だが、そこにクールなエリートとは異なる人間味が表現されていた。この扮装は、「吉展ちゃん誘拐事件」（1963年に発生）での活躍などで知られる警視庁の名物刑事・平塚八兵衛をモデルにしたものだったという。よれよれのコートを着た刑事と言うと日本でも人気だった海外ドラマ『刑事コロンボ』を思い出すひともいるだろうが、制作されたのは『七人の刑事』が先である。

犯罪の社会的背景に切り込んだ『七人の刑事』

では、『七人の刑事』はどのようなかたちで犯罪の社会的背景に切り込んだのか？
『七人の刑事』の脚本を数多く書いたひとりに早坂暁がいる。早坂は、社会情勢や社会問題に深い関心を抱き続けた脚本家だった。時代劇に公害問題や受験競争など現代の社会問題を取り込んだ異色作『天下御免』（NHK、1971年放送開始）、吉永小百合が置屋の女将で被爆二世という役柄を演じた『夢千代日記』（NHK、1981年放送開始）などを世に送り出した。この『七人の刑事』でも、世間の目に耐えられず殺人を犯してしまう被爆二世の少女を登場させた話を書いている（同書、208頁）。

早坂は、刑事は「犯罪の臨床医」のようなものだと語っている。一方で科学捜査のようにさまざまなデータをもとにした捜査もあるが、「人間対人間」、つまり刑事と犯人が互いに人間として対峙するのが捜査の本質だと早坂は考える。そして犯罪自体はもちろん個人の行為だが、その根本にはその時代ならではの家族や社会のありかたがある。すなわち、犯罪は時代が生んだ病という側面があり、そこに直接向き合うのが刑事という職業というわけである（「特別インタビュー 早坂暁」羊崎文移『「七人の刑事」を探して 1961−1998』所収、78−88頁）。

その意味で、犯人と刑事のあいだに上下関係はない。むろん逮捕する側とされる側という点では、刑事が犯人の上に立つ面もある。しかし少なくとも、犯罪というものを仲立ちにした同時代人という関係においては同じ地平にいる。

この考えをより徹底して推し進めたと言えるのが、TBS（当時）のディレクターだった今野勉である。今野は、1960年代後半の4年間、『七人の刑事』に携わった。そこで彼は、より徹底して犯罪という、錯綜した時代の森のなかに分け入るようなエピソードを相次いで構想し、演出した。

たとえば、「美しい女たち」というタイトルの回。ファッションモデルであり秘書、カバーガールという時代の最先端を行く女性が興味半分でひとりのアナーキストの男性の面倒をみている。その男性が、少年工に拳銃を作らせ、明日街に出ると女たちに宣言する。ところが、お別れパーティで拳銃が暴発。青年は亡くなってしまう。青年が誰を撃とうとしていたのかわからなくなった少年工も、自ら命を絶ってしまう、という内容だ（今野勉『テレビの青春』、329－330頁）。

この放送翌日、外遊先へ出発する佐藤首相（当時）を阻止しようとした全学連が羽田で警官隊と衝突。ひとりの京大生が死亡するという事件が起こる。奇しくもアナーキストを演じた俳優とこの京大生の風貌が似ていたこともあり、この回は「現実を先取りした」と話題になった（同書、330頁）。

いうまでもなくそこには、学生運動が世を揺るがせた1960年代当時の時代状況がある。

多くの若者がデモなど政治行動に参加した時代だった。そして若者のなかには、「今夜は今野勉の『シチケイ』(『七人の刑事』)があるから」とデモの途中で帰ってしまうような人たちもいたという(同書、329頁)。これもまた、刑事ドラマが戦後史と密接なものであったことを示すひとつの象徴的なエピソードだろう。

『特別機動捜査隊』~刑事ドラマのもうひとつの原点

もうひとつ、『七人の刑事』と同じタイミングで始まり、やはり現在に至る刑事ドラマの原点として高く評価されているのが『特別機動捜査隊』である。こちらの制作はNETテレビと東映。1977年3月まで、実に全801話が放送された。1時間ものの刑事ドラマとしてはいまだに史上最長を誇る。

登場するのは、タイトル通り特別機動捜査隊の刑事たち。「特別機動捜査隊」自体は架空の部署である。そこに所属する「立石班」「藤島班」「三船班」といった班分けされたグループが回替わりで捜査にあたり、事件を解決するという内容だった。

出演は波島進、中山昭二ら。波島は草創期のテレビドラマでも主演を務めた俳優だったが、出演者の多くは開始当初誰もが知るスターというわけではなかった。ほぼ新人という俳優もいた。

背景には当時映画会社間で結ばれていた五社協定がある。五社協定とは、映画界が既得権益を守るために自社専属のスターの貸し借りを厳しく制限したもので、テレビに対しても適用された。『特別機動捜査隊』の制作には東映も加わっていたが、自社の大物スターを出演させることはしなかった。

ただそれが逆に、功を奏した面もあった。既成のイメージがついてしまっている大スターよりは、お茶の間では白紙に近い俳優のほうがフレッシュさでは勝る。たとえば、三船班の主任である三船刑事役の青木義朗はそれまで映画やテレビに脇役として出演していたが、このドラマを機に一気に知られるようになった。また巽秀太郎は東映の特撮もの『ナショナルキッド』に主演した若手俳優だったが、『特別機動捜査隊』出演によって若い女性のあいだで人気が高まった（前掲『テレビドラマ全史』、85頁）。特撮ドラマで世に出て、その後他のドラマへも進出というこのパターンは、現在にも通じるものがある。

特別機動捜査隊という設定には、実際の警察で当時新設された「初動捜査班」というモデルがあった。高度経済成長期、急速に都市化が進むなかで犯罪の凶悪化が懸念されるようになる。さらに大都市の人口増大のなかで隣人の素性を知らないといった匿名化が捜査の進捗を妨げたり、モータリゼーションの進行によって車を使った犯人の逃走範囲が格段に広がったりするという現象も起こるなか、捜査の立ち上げの迅速化を図ったのが初動捜査班の設置だった。

『特別機動捜査隊』も、そうした時代の変化を反映している。パトカーを使ったカーチェイスや銃撃戦が、ひとつの売りになった。つまり、アクションが大きな特徴になったのである。そのあたりは、『七人の刑事』と好対照を成す。人情派路線に対して、『特別機動捜査隊』がアクション路線の嚆矢《こうし》として位置づけられる所以である。

一方で警視庁による資料提供などの協力をもとにした事件のアクチュアルな描写も魅力だったが、やはりアクション重視の作風は当時新鮮で、最高視聴率も34・3％（1963年6月5日放送回。ビデオリサーチ調べ。関東地区世帯視聴率。以下、特に断りのない限り同様）を記録するなど刑事ドラマ史に残る番組になった。警視庁の「初動捜査班」がその後発展して改名した際に、今度は「機動捜査隊」とドラマの名称を借りたというエピソードも、当時の人気ぶりを物語る。捜査一課ものとともに、機動捜査隊ものも刑事ドラマの主要設定として定着していった。

『鉄道公安36号』『ザ・ガードマン』『キイハンター』『プレイガール』～刑事ドラマに隣接した作品たち

アクションものの隆盛は、刑事ドラマにとっての一種のサブジャンルを生むという副産物もあった。ことさらアクションの魅力を追求しようとするならば、舞台は警察でなくとも構わない。むしろ警察という枠を離れたほうが自由につくれるというメリットがある。

そういうわけで、1960年代には警察官ではない主人公が活躍する犯罪捜査ものが盛んにつくられ、人気を得るようになった。主人公が刑事以外で犯罪が絡むドラマとしては、すでにテレビの黎明期に、警視庁に詰める新聞の社会部記者が主人公の『事件記者』があったが、それよりも捜査する側が主役という点で刑事ドラマに近いと言える作品である。

たとえば、『鉄道公安36号』(1963年放送開始)はそのひとつ。NETテレビと東映の制作で、『特別機動捜査隊』のスタッフが携わっていた。鉄道の旅客安全や犯罪防止のために働く私服鉄道公安官の活躍を描いたもので、国鉄(現・JR)が全面協力していた。大きかったのは、そうした設定により、当時まだハードルが高かった全国各地での地方ロケが容易になったことであり、その目新しさも人気の一因となった。主演は影山泉。千葉真一も公安官のひとりとして出演している。

『ザ・ガードマン』(TBS系、1965年放送開始。開始時のタイトルは『東京警備指令 ザ・ガードマン』)も人気を呼んだ作品だった。

こちらは警備会社を舞台に、警備員、すなわちガードマンの活躍が描かれた。ガードマン役は宇津井健、藤巻潤、川津祐介、倉石功、稲葉義男、中条静夫、神山繁、清水将夫。一般的に警備員と言うと民間人であり、当然逮捕権などはなく要人の警護などに職務が限定されているが、このドラマでは警察の捜査員にほとんど近かった。その点フィクションの色彩も強かったが、アクションドラマとしてのひとつの選択でもあっただろう。最高視聴率40・5％も記録したほど高い人気を誇った。

このようにアクションの面白さを押し出したチームものは、よりアナーキーさを増しながら発展していく。

『キイハンター』（TBS系、1968年放送開始）はその代表格だ。東京に設置された国際警察特別室を舞台に、丹波哲郎演じる室長をはじめ、野際陽子、川口浩、谷隼人、大川栄子、千葉真一らキイハンターたちが活躍する。「国際警察特別室」は架空の部署で、それだけ自由な作風だった。元々の設定が外事課に絡んでいたこともあって当初は外国人スパイとの闘いを描くようなハードボイルドタッチのものだったが、人気で放送期間が延長されるとともに通常の刑事ドラマに近いもの、冒険活劇、ホラータッチやミステリータッチ、さらにはコメディのようなものなど、毎回バリエーション豊かな話が展開された。

もう一作、『プレイガール』（東京12チャンネル［現・テレビ東京］、1969年放送開始）も挙げておきたい。メンバーは全員女性で、沢たまき演じるオネエをリーダー（ボス）とした国際秘密保険調査員という設定。一応保険金絡みの事件を調査するというのが基本だったが、次第にその側面は薄れ、他の事件も普通に扱うようになった。セールスポイントはなんといってもお色気で、毎回のようにメンバーの入浴などのヌードシーン、ミニスカートによるアクションシーン場面でのパンチラシーンなどがあり、男性中心に人気を呼んだ。

このように書くと際物色が強いが、そこには1960年代後半特有の反体制的な時代の空気もあった。女性で言えば、女性解放運動のひとつの表現としてのミニスカートがそうだ。『プレイガール』の調査員たちも、男に媚びない。そして悪者の男たちを痛快にやっつける。

それは、『キイハンター』の設定にもうかがえる。当時は世界的に学生運動が盛り上がるなど、反権威、反体制への流れがあった。警察はそうした権威の象徴でもあり、単にお堅いというだけでなく、批判される対象でもあった。そこに『キイハンター』のように現実的な設定をほとんど無視するような、ある種無国籍性を感じさせる荒唐無稽、アナーキーな自由の空気を発散する物語が受け入れられる素地もあった。

そしてそこから翻って、その頃本家の刑事ドラマにも変革の時が迫っていた。

『太陽にほえろ!』はどのように構想されたか

こうした時代の趨勢をじっと見つめながら、新たな刑事ドラマの構想を練っているひとりのテレビプロデューサーがいた。日本テレビ(当時)の岡田晋吉《ひろきち》である。

岡田は、1960年代に青春学園ドラマの礎を築いた人物として有名だ。

日本テレビ青春学園ドラマの最初の作品は『青春とはなんだ』（1965年放送開始）。原作は石原慎太郎で、石原裕次郎主演の同名映画が先にあった。そのドラマ版である。こちらの主演は東宝所属だった夏木陽介。まだ封建的風習の根強く残る地方の高校に赴任したアメリカ帰りの熱血新任教師が他の教師やPTAの保守的な考えと戦いながら、生徒たちの悩みを解決し、学校を変えていく。いかにも戦後日本らしい一種のスーパーヒーローである。

この作品が当たり、翌年には続編となる『これが青春だ』（1966年放送開始）が制作されることになる。ところが、夏木陽介の映画撮影のスケジュールが入った関係で新たに教師役を演じる主演俳優を探さなければならなくなった。まだ映画がテレビよりも格上に見られていた頃である。だがクランクインまでに時間がない。そこで岡田晋吉は、思い切って新人を抜擢することを決意する。それが、後に『太陽にほえろ！』にゴリさんこと石塚誠役で出演することになる竜雷太だった。無名の新人の起用には当然不安もあったが、実際本人もアメリカでの演技修行を終えて帰ったばかりだった竜のフレッシュな演技もあり、こちらも人気作となった。

こうして青春学園ドラマを軌道に乗せる一方で、1960年代後半になると岡田は刑事ドラマも手掛けるようになる。それが『東京バイパス指令』（日本テレビ系、1968年放送開始）。2人の刑事が主人公の「バディもの」で、演じたのは学園ドラマで人気を得たばかりの夏木陽介と竜雷太だった。

ただ、設定はかなりひねったものである。夏木陽介と竜雷太は「特命刑事」という役柄。警察手帳も拳銃も持っていない。普段は身分を偽り、ルポライターを名乗っている。刑事ドラマとしてはかなり異色の設定である。

しかし、この作品は成功とは言い難かった。その原因を岡田晋吉は、設定そのものに求めている。主人公が2人しかいないため2班編成による柔軟な制作体制がとれなかったこと、主人公が拳銃を携帯できなかったこと。それらが番組を長く続けるための障害になったとする。そこで先行する他局の人気長寿番組『ザ・ガードマン』や『キイハンター』も分析したうえで、今度は「きわめてオーソドックスな集団刑事ドラマ」を作ることを決意する（岡田晋吉『太陽にほえろ！伝説』、18頁）。

そうして企画されたのが、刑事ドラマの金字塔となる『太陽にほえろ！』だった。

2つの系譜を統合した『太陽にほえろ！』

『太陽にほえろ！』は、1972年7月にスタート。1986年11月まで全718回が放送された。主演は石原裕次郎。彼が演じるボスこと藤堂係長に率いられる東京新宿の七曲《ななまがり》署捜査一係の個性豊かな刑事たちを中心にした群像劇である。石原は最初1クールの「13本だけ」

という約束で出演を決めたが、人気が爆発して長寿番組になった結果、それ以後も出演を続けた。このときの経験から、石原は自ら設立した石原プロモーションで刑事ドラマの制作に積極的に乗り出すようになる。その意味でも、この作品は刑事ドラマの歴史において重要な役割を果たすことになった。

刑事ドラマには、人情ものとアクションものの2つの系譜があると書いたが、『太陽にほえろ！』には双方の要素がバランスよく盛り込まれていた。

たとえば、一係の最年長である長さんこと野崎太郎（下川辰平）は、いわゆるノンキャリアの交番からの叩き上げで、庶民的で温和な人柄。事件の捜査においても犯人に寄り添うような、人情味あふれる姿を見せることがしばしばである。

一方で、アクションの要素もふんだんに盛り込まれていた。犯人逮捕の場面での格闘や銃撃戦もあれば、大規模なカーチェイスやカーアクションもある。またしばしば指摘されるように、このドラマの刑事たちはよく走る。そうした場面の挿入によって、作品全体のスピード感、躍動感が演出されていた。

確かに、人情ものひいては人間ドラマと銃撃戦が見どころとなるアクションとは矛盾する部分もある。だが『太陽にほえろ！』では、双方の要素を物語の見せ場、刑事それぞれのドラマを描く手段として巧みに取り込んでいた。

たとえば、竜雷太演じるゴリさんは、警視庁屈指の射撃の腕前の持ち主。だがある事情からひとを撃ちたくないという思いを抱くようになり、拳銃に弾を装塡していなかった。それが、萩原健一演じるマカロニこと早見淳の殉職をきっかけに一発だけ弾を込めるようになる。拳銃を撃つことに葛藤を抱えながら捜査をする姿、心情の揺れや変化を丁寧に描くことによって、ストーリーとしてのサスペンスが生まれるわけである。

つまり、人情ものとアクションものという刑事ドラマの2つの系譜を止揚、統合したといえるのが『太陽にほえろ!』だった。この統合はひとつの歴史的必然であると同時に発明であり、後に続く刑事ドラマのひな形になったと言っていい。

青春ドラマとしての『太陽にほえろ!』～「殉職」という発明

『太陽にほえろ!』に関してもうひとつ押さえておくべき重要なポイントは、それが青春ドラマとして構想されたことである。

いうまでもなく、そのアイデアは青春学園ドラマを知り尽くしたプロデューサー・岡田晋吉によるものだった。岡田は、『太陽にほえろ!』を拳銃や車を使ったアクションものにすると同時に、自らの経験を生かした青春ものにしようと目論んだ。

そこでキーパーソンとなったのが、新人刑事の存在である。なぜなら、青春ドラマの最大の魅力は、物語のなかで主人公が悩み苦しみながらも成長していく姿だからである。学校を舞台にした青春ドラマでは、そうした若者を登場させるのに苦労はしない。だが刑事ドラマではそうではない。ベテラン刑事や中堅刑事ばかりだと、刑事の成長を描けなくなってしまう。したがって、新人刑事の登場と相成るわけである。

そして初代の新人刑事役に起用されたのが、知られるようにショーケンこと萩原健一だった。萩原は、1960年代後半の熱狂的なグループサウンズブームにおいてザ・テンプターズのボーカルとして活躍。ザ・タイガースのジュリーこと沢田研二とともに人気を二分するアイドル的存在だった。沢田研二がキラキラした王子様的存在としてファンを魅了したのに対し、萩原健一はナイーブな陰の部分を持つギラギラした不良の魅力で一世を風靡した。その後グループの解散などを経た萩原は、1970年代に入り俳優としての道を歩もうとしていた。

そうした萩原の起用には、時代の空気感もあった。

1970年代前半、高度経済成長が達成されるとともに70年安保などの学生運動の熱気も冷め、若者たちは生きる方向性を見失っていた。それは傍目からは「無気力、無関心、無責任」の「三無主義」に毒された「しらけ世代」と映っていたが、実際はその内面に渦巻くエネルギーをため込んでいた。ただそれが向けられるべき目標が見失われていたのである。萩原健一は、まさにそうした屈折した若者の代表のようなところがあった。

したがって、萩原健一が演じるマカロニこと早見淳はずっと悩み続ける。犯人の境遇につい同情してしまったり、銃を構えても撃てずに犯人を獲り逃したりする。そしてまた落ち込む。ただその繰り返しのなかで、ボスや先輩刑事に支え助けられ、少しずつ刑事としての自覚を身につけるようになっていく。すなわち、成長を遂げる。

ところが、そこに大きな逆説も生まれる。成長そのものは無限に続くわけではない。甘さを残し、周囲につい依存してしまっていた新人刑事も、経験を積むとともに成熟し、捜査のプロとして職業的自覚を持ち自立するに至る。しかし、そうして「プロの刑事」として大人になったとき、成長は止まる。言い換えれば、青春ドラマとしての意味を失うのである。

そこで生まれたのが、「殉職」というパターンである。主役級の刑事が途中で死んでしまうことは、当時は刑事ドラマであったとしてもあり得ないことだった。しかもマカロニは通り魔に襲われて無様に命を落とす。したがって、その死は衝撃を与え、ファンを集めた〝葬儀〟も営まれたほどだった。刑事もヒーローではなく等身大の人間である、という刑事ドラマにおけるひとつの重要な転換、新たな方向性が生まれた瞬間であった。

この殉職によるドラマからの退場を提案したのは、萩原健一自身であったという（岡田前掲『太陽にほえろ!・伝説』、60－62頁。萩原健一『ショーケン』、64－66頁）。その背景には、後述するように萩原の『太陽にほえろ!』というドラマ自体の方針への不満もあった。だがいずれにせよこのパターンがいまも多くの刑事ドラマで踏襲されているところを見ても、それが刑事ドラマ史における画期的な発明だったことは間違いない。

『太陽にほえろ!』において自ら脚本を執筆すると同時に他の脚本の監修者的立場にあった小川英は、「日活の無国籍映画以来のアクションパターン」と岡田晋吉が主張した「青春パターン」の結合が『太陽にほえろ!』の原型をつくったと振り返る(日本放送出版協会編『「放送文化」誌にみる昭和放送史』、296頁)。小川自身、石原裕次郎や小林旭が演じた日活無国籍アクション映画の脚本を数多く執筆していた。それと青春ドラマのフォーマットは相容れない部分も多いが、逆にそうした異質のものがぶつかり合うことで新しいものが生まれたのである。

「バディもの」の確立〜『俺たちの勲章』『噂の刑事トミーとマツ』

『太陽にほえろ!』の登場が後の刑事ドラマに及ぼした影響はきわめて大きかった。たとえば、「バディもの」の隆盛と確立は、刑事ドラマは青春ドラマであるという発想からもたらされたものだろう。

チームものではなく、対照的な個性を持つ2人の刑事の対立と友情、そしてそれぞれの成長を描くバディものは、すでに『東京バイパス指令』などもあったが1970年代以降定番化する。その背景にもやはり、先ほど述べた「しらけ世代」の若者の存在があったと思える。「しらけ世代」とは、社会や組織よりも個人、すなわち自分自身の生き方に関心があるということであり、そこには〝自分探し〟の要素が濃厚にあるからだ。

バディものではないが、若い刑事が主人公になった作品としては『刑事くん』（TBS系、1971年放送開始）という人気ドラマもあった。主演は桜木健一（ただし第3部まで）。スポ根ドラマ『柔道一直線』（TBS系、1969年放送開始）の主演でブレークした桜木は、森田健作らと並んで当時屈指の青春スターだった。彼が演じる三神鉄男は新米刑事。夜7時台の30分番組ということもあって明るい作風ではあったが、刑事を志した動機は刑事だった父親を殺した犯人を捕まえるためというシリアスな部分もあった。そうした縦軸のストーリーがあるなかで、三神の成長物語が描かれた。

ただ、ここで桜木健一が演じた刑事は、キャラクターとしてはどこまでも真っ直ぐな正義漢。その意味では、萩原健一が演じたマカロニのような、「しらけ世代」的な屈折はあまり見られない。

そうした屈折を濃厚に表現していたのが、『太陽にほえろ！』の出演を終えた萩原が続けてすぐに主演したバディものの名作『傷だらけの天使』（日本テレビ系、1974年放送開始）である。役柄としては探偵なので刑事ドラマではないが、事件の犯人を追うという点では基本的構図は重なる部分も多い。萩原のバディ役は水谷豊。水谷は、『太陽にほえろ!』初回でマカロニに捕まる犯人役を演じていた。そのときの演技が萩原の印象に残っていて、相手役に抜擢されたのである。2人のバディぶりには、青春の屈折とそれゆえの切なさが発散する圧倒的な輝きがあった。

そして刑事ドラマにも、同じく屈折した青春ドラマとしての要素を持つバディものが生まれる。松田優作と中村雅俊による『俺たちの勲章』(日本テレビ系、1975年放送)である。いうまでもなく、松田は『太陽にほえろ!』において萩原健一に続く二代目新人刑事のジーパンこと柴田純役で出演。存在感あふれる演技と恵まれた体軀、萩原と同じく殉職場面の強烈なインパクトなどで一躍スターになった。その直後に出演したのが、この作品である。

共演の中村雅俊は、1970年代を代表する青春ドラマのトップスターだった。初主演で熱血教師役を演じた『われら青春!』(日本テレビ系、1974年放送)でブレーク。挿入歌「ふれあい」(1974年発売)も大ヒットさせ、アイドルとして絶大な人気を博した。察しがつくように、この作品をプロデュースしたのも岡田晋吉であり、岡田は『俺たちの勲章』でもプロデューサーを務めている。

まずこのドラマのポイントは、主人公2人の好対照なキャラクターだ。松田優作演じる中野祐二はクールで、捜査に関して決して妥協を許さない。空手の有段者で射撃の名手。サングラスに革の上下というワイルドな出で立ちだ。一方、中村雅俊演じる五十嵐貴久は、ベージュの三つ揃えのスーツ姿というソフトなイメージ。実際、犯人にもつい感情移入してしまうほど涙もろい。射撃も不得手だ。

この2人の対比は、バディものに典型的なものと言える。むろん細かい設定やキャラクター付けにはバリエーションがあるが、基本バディものと言えば、『相棒』の杉下右京と亀山薫を思い出すまでもなく、こうした剛と柔、あるいはクールとホットという構図が多い。そのひとつの原点と言えるのが、この『俺たちの勲章』だった。

さらに1970年代末には、『噂の刑事トミーとマツ』（TBS系、1979年放送開始）も始まった。

こちらでは、国広富之演じる岡野富夫（トミー）と松崎しげる演じる松山進（マツ）のキャラクターの違いがこれでもかと誇張されている。新米刑事のトミーは、血を見るだけで気絶してしまうほど神経が繊細で頼りない。女性も苦手。一方マツは、がさつで女好き。おっちょこちょいで暴走してしまうことも度々だ。そして最後の逮捕場面では、いまの時代だとコンプライアンス的にクレームがつくだろうが、トミーがマツに「トミコ！」と臆病さ、〝女々しさ〟を揶揄されると突如ヒーローのように強くなって犯人をコテンパンにする、というのがお約束の展開だった。

ドラマとしては基本的にコメディで、ほとんどコントのような場面も少なくなかった。いわば「軽い刑事ドラマ」である。その軽さは、1980年代のバブル景気に向かう日本社会の空気感の反映でもあっただろう。そのあたりの時代性については、この後でほかの刑事ドラマとともにふれたい。

『非情のライセンス』『Gメン'75』〜刑事ドラマが多様化した1970年代

バディものもそうだが、1970年代は『太陽にほえろ!』という確固としたスタンダード的作品が登場したことでバリエーションもぐんと増え、刑事ドラマが多様化した時代だった。ジャンルとして最初のピークを迎えた時期と言ってもよいだろう。700回超続いた『太陽にほえろ!』をはじめとして何年、何百回と続く作品が複数生まれたことがその証しだ。

そうしたなか、ハードボイルドの面白さを狙ったものがこの時代のひとつの流れとしてあった。

その代表格が『非情のライセンス』(NETテレビ系、1973年放送開始)である。天知茂演じる会田健は、警視庁特捜部の刑事。だが、時には犯人をためらいなく射殺するなどしばしば強引で冷酷ともとれる捜査手法で問題を引き起こす。その姿はまさに、ただひとりで犯人に立ち向かう孤独な刑事という趣で、『太陽にほえろ!』の刑事たちが醸し出すチームの結束感の真逆を行くものだった。「苦み走った二枚目」という表現がぴったりだった天知茂の風貌も相まって、虚無感すらそこには漂っていた。

会田は広島出身で原爆によって両親を失い、自らも被爆者という設定。そこにはまだ戦争の生々しい記憶が息づいていた頃の空気が感じられる。そしてそのことが、この作品を特徴づける独特のニヒリズムにもつながっていたと言えるかもしれない。

「非情のライセンス」は、野際陽子が歌い『キイハンター』で流れた主題歌のタイトルでもあるが、その『キイハンター』からの流れを受け継いでつくられたのが『Gメン'75』（TBSテレビ系、1975年放送開始）である。こちらも『キイハンター』と同様、回ごとに目まぐるしく変わると言っていいほどバリエーション豊かな作風だったものの、よりハードボイルド色が強まった作品であった。実際、芥川隆行による「ハードボイルドGメン'75 熱い心を強い意志で包んだ人間たち」というナレーションが、毎回冒頭にあった。

「Gメン」とは、警視庁から独立して設置された特別潜入捜査班のこと。この設定からもスパイものの要素があったことがわかる。リーダーは、丹波哲郎演じる黒木警視（後に警視正）。そのもとで原田大二郎、倉田保昭、夏木陽介、藤田美保子（現・藤田三保子）、岡本富士太、藤木悠らが演じるGメンのメンバーが活躍する。

扱われる犯罪もさまざま。国内で起こる殺人事件もあれば、国際的規模でのテロリストとの対決もある。時には警察組織の不正を暴く。いずれも、警察から半ば独立したチームという設定が、題材の自由度を高めていた。現実に起こったベトナム戦争やロッキード事件などをストーリーの要素に盛り込むなど、社会派の側面もあった。このあたりの貪欲な作劇スタイルは、刑事ドラマ史においても異彩を放っている。

人情ものとアクションもの、それぞれの継承～『夜明けの刑事』『特捜最前線』『西部警察』

もちろん、人情ものとアクションものという刑事ドラマの2大系譜も健在だった。

人情もの刑事ドラマとしては、『夜明けの刑事』（TBS系、1974年放送開始）が挙げられる。主役の刑事、鈴木勇を演じたのは坂上二郎。萩本欽一とのコント55号で一世を風靡したコメディアンの「二郎さん」である。その庶民的な風貌から漂う雰囲気そのままに、役柄においても情が深く、涙もろい。ただ、叩き上げならではの捜査での粘り強さは天下一品で、「スッポン」という異名を取るほどだ。そしていざとなると怪力を発揮するという特徴もあった。

この鈴木刑事とコンビを組んで捜査にあたるのが、池原雄介。典型的な熱血刑事で、それゆえ時々やり過ぎてしまうこともある。だが根は優しく、その点では鈴木刑事との息も合っている。演じたのは石橋正次。石橋も、中村雅俊と並んでこの時代を代表する青春スターのひとり。ただ不良役が多かった。歌手として「夜明けの停車場」(1972年発売)をヒットさせたことでも有名だ。

つまり、このドラマは一種のバディものでもあった。そしてそこに青春スターが起用される点も、一見気づかないが『俺たちの勲章』と同じである。そして石橋正次は途中で降板するのだが、その後釜として新任若手刑事を演じたのが水谷豊だった。水谷も『傷だらけの天使』だけでなく、学園ドラマで不良役を演じていた。とはいえ、クールとホットというような対比ではなく、ベテランと若手の組み合わせ、さらに人情派刑事を主役にしたところに作品自体の特色があった。

一方、アクションものの作品としては、『特捜最前線』(テレビ朝日系、1977年放送開始)がある。タイトルから察せられるように、『特別機動捜査隊』の流れを汲む。制作も同じくテレビ朝日と東映だった。主演は二谷英明。共演は藤岡弘(現・藤岡弘、)、大滝秀治、西田敏行ら。架空の部署である警視庁の特命捜査課の刑事たちを中心に物語が展開される。

このドラマでは、機動力の象徴として「特命ヘリ」、つまりヘリコプターが登場する。したがって、アクションの主役としてヘリコプターの活躍を前面に出した回も少なくない。ただ、10年続く長寿ドラマとなるなかで多様なテイストの話がつくられたのも事実。ときには人情ものの要素の濃い回もあり、その点も無視できない。フィーチャーされる刑事(大滝秀治演じる船村刑事や西田敏行演じる高杉刑事など）によってはテイストの異なる回があった。

その点、とにかくド派手に華々しくといった感じの娯楽性に徹したアクションを見せて人気を博したのが、石原プロモーション制作の『西部警察』（テレビ朝日系、1979年放送開始）だった。

『太陽にほえろ！』出演に最初は乗り気でなかったという話からもわかるように、石原裕次郎自身は映画に対する思い入れが人一倍強かった。しかし『太陽にほえろ！』の人気を間近で体感した石原は、すでに設立されていた石原プロモーションを通じて自ら刑事ドラマの制作に乗り出すことを決意する。

その第1弾が、『大都会 闘いの日々』（日本テレビ系、1976年放送）。主演は渡哲也で、メインの脚本が倉本聰。石原裕次郎も新聞の社会部記者役で出演した。暴力団にかかわる事件を捜査する刑事の姿を描くもので、したがって渡哲也演じる黒岩刑事も警視庁捜査四課の所属。いわゆるマル暴である（現在は組織犯罪対策部として独立）。ただ派手な銃撃戦のようなものはあまりなく、そうした事件を通じて社会の不条理を浮き彫りにするようなテイストのものだった。

それに対し、『大都会 PARTⅡ』（日本テレビ系、1977年放送開始）では、主演の渡哲也をはじめメインキャストは変わらないものの、一転アクション色が強くなった。視聴率も大幅に上昇。この成功によって石原プロ制作によるアクション刑事ドラマ路線が確立されていく。続いて制作された『大都会 PARTⅢ』(日本テレビ系、1978年放送開始)では「黒岩軍団」といういかにもアクションものを彷彿とさせるチームの呼び名も生まれ、爆破やカースタントの派手なシーンがふんだんに盛り込まれた。

『西部警察』は、そうした石原プロによるアクション刑事ドラマ路線の集大成だった。スケール感たっぷりのアクション場面は、いまでもしばしば語り草になるほどだ。同じ銃撃戦でも拳銃やマシンガンはもちろんバズーカ砲まで登場し、カーチェイスでは惜しげもなく車が破壊される。爆破における火薬の量も桁違い。ヘリコプターは当たり前、「スーパーマシン」と呼ばれる最新設備を備えた特殊車両も活躍する。いわゆる映画並みのスケール感で、従来のテレビドラマの常識を超えたものだった。その人気は高く、シリーズ化されて1984年まで続いた。

そこには、リアリズムという側面は多少度外視してもまず視聴者を楽しませようとする旺盛なエンタメ精神の発露が感じられる。それを許したのは、1980年代に入って豊かさが社会全体に行き渡りつつあった日本社会の状況だったかもしれない。物量作戦に徹した派手な消費が一種の美徳として視聴者から自然に受け入れられたのである。

そうした時代の華やいだ雰囲気は、もう一方で刑事ドラマにコミカルなテイストをもたらした。先ほどふれた『噂の刑事トミーとマツ』もそのひとつだが、同様のものとして『熱中時代 刑事編』（日本テレビ系、1979年放送）が挙げられる。

この作品は、他の刑事ドラマとは少し制作事情が異なる。水谷豊を主演にした『熱中時代』シリーズの第2弾だが、第1弾は小学校を舞台にした学園ドラマだった。それが最終回に視聴率40・0％を記録するなど社会現象的ブームを巻き起こす人気となり、続けてつくられたのがこの刑事編だった。同じ俳優の同じ主演シリーズのなかに学園ドラマと刑事ドラマがあるというのはテレビドラマ史においてもおそらく類例がない。

水谷自身、『夜明けの刑事』に若手刑事役として出演したこともあったわけだが、そのときは熱血漢の役柄。それに対し、ここで演じた早野武は、独特のヘアスタイルに丸眼鏡をかけ、身のこなしなどの雰囲気も軽い。作品自体もオシャレでコミカルなタッチがベースだ。事件の捜査ももちろん描かれるのだが、早野の恋愛から結婚、新婚生活も同時に描かれる。そこだけ見れば、ホームドラマ的でもある。ただ、そうした刑事ドラマらしからぬポップな空気感が、時代の雰囲気にも合っていた。視聴率も高く、水谷が歌った主題歌「カリフォルニア・コネクション」（1979年発売）も大ヒットした。

「2時間ドラマ」事始

同じ頃、刑事ドラマの歴史において忘れてはならない重要な出来事があった。「2時間ドラマ」の始まりである。刑事ドラマの源流のひとつに映画があったことは最初に述べたが、2時間ドラマはまさにテレビにおける映画を目指したものだった。

いまでは少なくなったが、1960年代、各民放キー局には洋画を放送する2時間のレギュラー枠が揃ってあり、ゴールデンタイムに欠かせない看板番組になっていた。なかでも1966年にスタートしたNETの『土曜洋画劇場』は老舗的な番組で、解説役の映画評論家・淀川長治の流暢かつ見事な解説、番組最後の「さよなら、さよなら、さよなら」という3度繰り返す愛嬌たっぷりの挨拶によって多くの視聴者に長年親しまれた。

映画をテレビで放送する同じような番組はアメリカにもあった。そしてそこから偶然の産物とも言える、ひとつの新しいスタイルのドラマが誕生する。それが、2時間という映画に匹敵する長さのオリジナルドラマだった。

始まりは、放送する映画のストックがなくなったときの穴埋めが必要になったことだった。そこでテレビ局が映画会社にオリジナルドラマをつくらせたところ、思いがけず高視聴率を獲得した。そのひとつが、まだ20代の若者だったスティーブン・スピルバーグが監督した『激突!』（アメリカでは1971年放送）である。トラック対セダンのスリルとサスペンスに満ちたカーチェイスを描いた斬新な作品だったが、それを日本でも1975年1月にNETが『日曜洋画劇場』(『土曜洋画劇場』から放送枠の移動でタイトル変更したもの)で放送したところ22・1%という高視聴率を記録。この反響を受けて、NETのなかに2時間のテレビ映画(当時は和製英語で「テレフィーチャー」と呼ばれた)を制作するためのプロジェクトチームが組まれた(大野茂『2時間ドラマ40年の軌跡』、13-16頁。以下の2時間ドラマの歴史の概略については、基本的に同書に基づく)。

こうして実現したのが、2時間ドラマの嚆矢となった『土曜ワイド劇場』である。初回の放送は1977年7月、NETテレビが略称をテレビ朝日に変更して間もなくのことであった。

このとき放送されたのが、『時間(とき)よ、とまれ』という渥美清主演の刑事ドラマだった。その後文芸作品やメロドラマなども制作されたが、視聴率をとれるという観点から最終的にミステリー、サスペンスが基本路線となっていく。

とはいえ、ミステリーやサスペンスを売りとするのは刑事ドラマだけではない。探偵ものもある。実際、『土曜ワイド劇場』開始時の停滞状況を打ち破ったのは、探偵ものの「江戸川乱歩の美女シリーズ」だった。主演の天知茂が名探偵・明智小五郎を演じるおなじみの推理ものである。しかも謎解きの面白さだけでなく、そこに江戸川乱歩らしく怪奇とエロスの要素が加わった。猟奇的な事件が毎回のように起こり、必ずと言っていいほど女性のヌード場面が登場する。そして同シリーズの2作目『浴室の美女』が20・8％という、『土曜ワイド劇場』で初めて20％を超える視聴率をあげた。これで路線が定まったのである。

これをきっかけに、初回の視聴率が良かった作品が次々とシリーズ化されるという流れが生まれた。とりわけ、松本清張、森村誠一、内田康夫、さらには西村京太郎や山村美紗ら人気推理作家の作品を原作にしたシリーズものが『土曜ワイド劇場』の売りになっていった。たとえば、刑事ドラマではないが、市原悦子主演で人気シリーズとなった『家政婦は見た！』（1983年放送開始）も、元々は松本清張の小説が原作である。

そうして番組開始から2年後には全体の3割がシリーズものになった。その結果、開始当初の3か月は平均10・3％だった視聴率が1979年1〜3月には14％、さらに1980年1月の調査では18・7％と上昇を続け、2時間ドラマはテレビドラマの世界において確固たる地位を築く。その好調ぶりを見て、他局も『火曜サスペンス劇場』（日本テレビ系、1981年放送開始）、『ザ・サスペンス』（TBS系、1982年放送開始）をスタートさせるなど2時間ドラマ枠を新設して追随した。

以上のように、刑事ドラマが2時間ドラマにおいて主力のジャンルであったことに違いはないが、絶対的中心だったとは言い難い。同じく事件を解決するという意味で似ている探偵ものなども、明智小五郎の例を見てもわかるように大きな位置を占める。ルポライターを生業とする主人公が名探偵となって事件を解決する内田康夫原作「浅見光彦シリーズ」など、このジャンルでの人気シリーズは数多い。

しかしながら、刑事ドラマが2時間ドラマに欠かせないものであることはむろんいうまでもない。犯人を導き出す推理の謎解き的面白さに、2時間ドラマならではの名所風景や温泉など観光の要素、またトリックと旅情の両方の魅力を持つ鉄道の要素などが加わることで、特色ある刑事ドラマが数多く誕生したことを忘れてはならない。長寿シリーズとなった西村京太郎原作「十津川警部シリーズ」は、その代表格だろう。

このように多彩な要素を比較的自由に盛り込めるのが2時間ドラマの醍醐味だとすれば、その伝統のなかで誕生したのがあの『相棒』だった。

知られるように、『相棒』は連続ドラマとして始まったわけではなく、最初は『土曜ワイド劇場』で3回にわたって放送された2時間ドラマのミニシリーズだった。初回の放送は2000年6月のことである。2作目が20％を超えるなどそれが予想以上の高視聴率をあげ、連続ドラマ化されたのである。水谷豊演じる杉下右京のシャーロック・ホームズ的名探偵の側面、だがそれだけでなく毎回テイストを変えて繰り広げられる多彩な物語には、改めて振り返ってみると2時間ドラマの末裔としての匂いが濃厚に感じられる。この一事だけでも、2時間ドラマが刑事ドラマ史において果たした役割は決して小さくない。

1980年代、刑事ドラマが荒唐無稽に、そして軽くなった

『相棒』についてはこの後でまたふれる。話がかなり先に進んでしまったので、時代の針をいったん戻そう。

『噂の刑事トミーとマツ』や『熱中時代 刑事編』にすでに見られた軽さやコミカルさ、さらに『西部警察』のような荒唐無稽さは、1980年代に入るとさらに顕著になる。確かに、勝新太郎が主演とともに監督・脚本も務め、勝特有の美学を凝縮したような『警視－K』（日本テレビ系、1980年放送）のように、テレビとは思えぬほどの重厚で濃密な世界観を感じさせる作品もあった。しかし、そこに無視できない魅力があったとしても、孤高の作品にとどまったのは確かだ。

たとえば、『西部警察』とはまた異なる意味で荒唐無稽だったのが、『スケバン刑事』（フジテレビ系、1985年放送開始）である。

元々は不良のスケバンだった女子高生が、弱みを握られて嫌々ながら特命刑事として問題のある学校に潜入捜査。そこに隠された悪事を暴き、犯人たちを一網打尽にする。漫画が原作ということもあり、設定面だけでなく、犯人を懲らしめる武器が桜の代紋入りの特製ヨーヨーというところも荒唐無稽の極みだった。刑事ドラマというよりは、印籠を出して有無を言わせず解決する水戸黄門のような痛快時代劇の趣があった。

主人公のスケバン刑事・麻宮サキを演じたのが、現役人気アイドルだった斉藤由貴というのも時代を物語る。1980年代は松田聖子や中森明菜、小泉今日子がデビューして人気を誇ったアイドル全盛期。東宝シンデレラオーディション出身、ミスマガジングランプリで俳優兼歌手として活躍した斉藤は、この頃『はね駒』（NHK、1986年放送）で朝ドラ主演を果たしたように、本来アクションものや刑事ドラマとは路線的に無縁な存在だった。だが、なぜかそういう役を演じてしまうところに1980年代、バブル景気に突入していく時代ならではの、なんでもありの〝遊び心〟が垣間見える。

視聴率も好調でシリーズ化。同じくトップアイドルだった南野陽子、浅香唯が相次いで続編のなかでスケバン刑事を演じることになった。これをきっかけに、宮﨑あおいや堀北真希が女子高生刑事役で主演した『ケータイ刑事』シリーズ（BS－i［現・BS－TBS］、2002年放送開始）など、アイドルが刑事を演じるドラマはひとつのジャンルになっていく。

〝遊び心〟という点では、『君の瞳をタイホする！』（フジテレビ系、1988年放送）も時代を感じさせる。この作品は、1980年代後半から一世を風靡したトレンディドラマの元祖とされる。トレンディドラマと言うと、若い男女の恋愛ゲームを描くのが定番だ。実際、このドラマもそうだった。

ただ舞台設定が東京・渋谷の道玄坂署という架空の警察署で、浅野ゆう子や陣内孝則、柳葉敏郎、三上博史らはみな刑事。つまり、刑事ドラマの形式をとっていた。このドラマでの刑事たちは、事件が起これればもちろん捜査もするが、プライベートでは合コンやナンパに明け暮れる。むしろそちらのほうがドラマの中心だった。ある意味、〝刑事の日常〟を描いた先駆的ドラマと言えなくもないが、それ以上にバブル景気真っ盛りの時代の浮足立った空気を反映していた。

時代と共鳴した『あぶない刑事』の成功

とはいえ、それらはやはり変化球でしかない。刑事ドラマの正統的系譜を継ぎながら、この時代特有の軽さを盛り込んで成功した作品と言えば、『あぶない刑事』（日本テレビ系、1986年放送開始）にとどめを刺すだろう。主演は舘ひろしと柴田恭兵。横浜にある神奈川県警港警察署に勤務するタカこと鷹山敏樹（舘）とユージこと大下勇次（柴田）のコンビの活躍が描かれる。ジャンルで言えば、バディものの一作ということになる。

また、『西部警察』でブレークした舘ひろし、身の軽さではひけをとらないミュージカル出身の柴田恭兵の存在が物語るように、すぐれたアクションものでもある。劇中登場する銃もショットガン、ライフルなどバリエーション豊か。またカーアクションの派手さも特徴で、車だけでなく舘が得意とするオートバイが絡んだ激しいカーチェイスも大きな見どころだった。

　こうして刑事ドラマの伝統をスケールアップする一方で、もうひとつこの作品の人気の源になったのは、全編にみられるオシャレさである。

たとえば、バディものの設定を生かしたタカとユージの軽妙な掛け合いはそのひとつ。2人が追い詰められ、緊迫した場面でも交わされるジョーク混じりの会話などは、それまでの日本の刑事ドラマではあまりお目にかかれなかった洒脱さを感じさせた。

　2人のキャラクター設定の新しさもあった。バディものと言うと、一方が熱血漢ならもう一方が冷静でクールというような好対照のキャラクターで描き分けるかたちになりがちだが、『あぶない刑事』ではともにホットでありながらクールな一面を持つ。言い換えれば、ともに醒めた面があり、そこが軽妙さにもつながっていた。

　そのあたりは、1980年代後半という時代性も感じられ、ある意味トレンディドラマ的とも言える。オシャレなスーツやジャケットを着こなし、サングラス姿もビシッと決まった2人のビジュアルには、従来の刑事ドラマに多少ともあった泥臭さは見られない。2人の同僚役として、トレンディドラマの中心的存在だった浅野温子が出演しているのもその点示唆的だ。さらに物語のロケーションが横浜というところも、垢抜けた印象をもたらしていた。

　開始当初はそれほど大きな期待を背負っていたわけではなかったが、若い世代を中心に人気が沸騰。視聴率も尻上がりに高くなり、最終的に20％を超える作品になった。その勢いを受けて、映画版『あぶない刑事』（1987年公開）が製作され、これも大ヒット。その後もしばしば映画化され、なんと2024年5月には第8作が公開予定だ。それまでも、古くは『七人の刑事』や『特別機動捜査隊』など人気刑事ドラマが映画化されることがなかったわけではないが、この『あぶない刑事』の映画化の成功が、『踊る大捜査線』や『相棒』などで同じ流れが生まれるうえでの重要な先例になったことは間違いない。

『はぐれ刑事純情派』が守り抜いた人情ものの砦

では、アクションものと並ぶ刑事ドラマの大きな伝統である人情ものはどうなっていただろうか？

『あぶない刑事』や『君の瞳をタイホする！』のオシャレ志向が当時のバブル景気で沸き立つ世間と共鳴するものだったとすれば、庶民の哀歓を描くことを特徴とする人情ものは、時代との相性という点ではどうしても分が悪くなる。だがそのなかで孤軍奮闘し、従来からの刑事ドラマファンのあいだで人気を得たのが、『はぐれ刑事純情派』（テレビ朝日系、1988年放送開始）だった。

主演はコメディアンであり、時代劇『必殺』シリーズ（朝日放送、テレビ朝日系、1972年放送開始）で知られていた藤田まこと。彼が演じるのは、架空の警察署である東京・山手中央署の刑事・安浦吉之助である。愛称は「安さん」。昇進に興味がなく、ずっとヒラの刑事だ。格好もいつもノーネクタイで、なんとなく冴えない仏頂面をしていることも多い。だが刑事としての能力はきわめて高く、周囲からも一目置かれている。その一方で、被害者やその家族を思いやる気持ちは人一倍であり、時には犯人の置かれた境遇にも深く気持ちを寄せる。

そんな人情家の安浦自身も、競馬と酒を愛する庶民派。大のお茶漬け好きでもある。またこの作品では、安浦の家族にもスポットライトが当たっていた。2人の娘はいずれも亡き妻の連れ子で、男親で仕事ばかりの安浦は年頃の娘たちへの接しかたがわからずいつも難儀している。そして時には親子の気持ちがすれ違って衝突することもあるが、根底では深く信頼し合っている。この安浦一家の物語が、作品の空気感を醸成してくれる重要なサイドストーリーでもあった。

第1シリーズの視聴率は平均15％以上、第5シリーズでは平均20％超えを記録するなど好調で、長寿シリーズとなっていく。連続ドラマとしては2005年のファイナル（第18シリーズ）まで制作され、その後スペシャルドラマも何作か放送された。人情もの刑事ドラマの傑作であり、時代とともに人情ものの影が薄くなるなかでその砦を守り抜く存在であったと言えるだろう。この『はぐれ刑事純情派』の終了以降、純粋な意味での人情もの刑事ドラマは難しくなっているのが現状だ。

ただ「安さん」も、庶民性こそ備えていたものの、一種のヒーローであったことは間違いない。なぜなら、対人関係においてどのように優しくあったとしても、自らの信じる正義そのものは揺らがないからである。その限りにおいて、見かけはどんなに違っていても、『あぶない刑事』のタカとユージと変わるところはない。

それに対し、1990年代も後半にさしかかると、劇中で描かれる刑事のパーソナリティの揺らぎ、動揺する姿がさまざまなかたちで描かれるようになる。そしてそのような刑事ドラマの先駆け的作品をつくったのは、どちらかと言えばそれまで刑事ドラマ史においては脇役的存在に甘んじていたフジテレビであった。

『古畑任三郎』の登場～刑事ドラマにおける「フジテレビの時代」の始まり

1980年代初頭から1990年代前半にかけてのおよそ十数年間のテレビは、フジテレビが全盛を極めたまさに「フジテレビの時代」だった。その推進力となったのは『オレたちひょうきん族』(1981年放送開始)や『森田一義アワー 笑っていいとも!』(1982年放送開始)のようなバラエティ番組だったが、視聴率好調で民放キー局首位の勢いに乗った新たなタイプの番組づくりへの挑戦は、他のジャンルにも及んだ。ドラマもそうで、トレンディドラマもその流れのなかで生まれた。そして刑事ドラマも例外ではなかった。

三谷幸喜脚本による『古畑任三郎』（1994年放送開始）は、そんななかから生まれた作品のひとつだ。

主演の田村正和が演じる古畑任三郎は、警視庁捜査一課の刑事。ただチームで動くのではなく、部下はいるがほとんど単独で動く。そしていち早く犯人の目星をつけ、鋭い推理で相手を直接追い詰め、最後は罪を認めさせる。

すでに日本の視聴者には海外ドラマ『刑事コロンボ』でおなじみだった倒叙式、すなわち犯人が最初からわかっているスタイルの推理ドラマで、捜査のプロセスを見せるよりも、古畑と犯人の心理的駆け引き、そしてトリック崩しなどを主とした1対1の攻防が最大の見どころだった。毎回犯人役で登場する俳優も豪華、かつ意外なキャスティングで、視聴者の話題を集めた。

刑事ドラマに推理はつきものだが、これほど推理劇に特化した刑事ドラマもそれまであまりなかった。毎回、最後の謎解きに入る前に、古畑が視聴者に向かって挑戦状を突きつけるという趣向もこの作品が推理劇であることを印象づける。

こうして、『古畑任三郎』は名探偵型の刑事を刑事ドラマのなかに定着させることになった。リアリズムというよりは、推理ゲームの面白さである。むろん刑事ドラマの主人公には、常に多少なりとも名探偵の要素はある。鮮やかな推理は、ヒーロー性を際立たせる方法としてきわめてわかりやすく、かつ有効だからである。

だが古畑任三郎ほど純粋に名探偵的なキャラクターは珍しい。お手本になった『刑事コロンボ』のコロンボでさえも、よれよれのコートにぼさぼさの髪、そして「ウチのかみさんがね…」とぼやくところは所帯じみていた。それに比べ、古畑はいつもスタイリッシュで、生活臭を一切感じさせない。田村正和の二枚目イメージの強固さもあったとはいえ、リアリズムの対極にあるような刑事だった。

ただ裏を返せば、そこには『はぐれ刑事純情派』の安浦吉之助と似た部分がある。キャラクターとしては真逆とも言えるが、刑事としてのアイデンティティは揺らがないという意味において似ている。その点、古畑任三郎は、刑事ドラマにおける刑事の古き良きイメージを受け継いでもいた。

しかし、刑事もまた人間であり、迷い悩む。それは『太陽にほえろ!』のマカロニなどが先駆的に示した刑事像だったが、１９９０年代後半になると、青春ドラマ的枠組からも離れたところに、より深化した水準で新たな視点から「揺らぐ刑事」像が提示されるようになる。

「揺らぐ刑事」の肖像～『沙粧妙子－最後の事件－』が示したもの

その先鞭をつけたのもまた、フジテレビであった。

まず、『沙粧妙子－最後の事件－』（1995年放送）。主演は浅野温子。つまり、女性刑事が主人公のドラマで、その点でも目新しかった。

現実の社会全体が依然そうであるがゆえに、いまだに男性中心の職場は多い。なかでも警察は、近年は変化の兆しもあるが、その最たるものだろう。刑事ドラマにおいても、黎明期のものだと登場する刑事は男性ばかり。少し時代が進んだ『太陽にほえろ！』になって、関根恵子（現・高橋惠子）が刑事役で登場する。ただこれも捜査一係に加わるのは途中からで、しかも関根演じる内田伸子はジーパンとの結婚が決まったのを機に退職するという展開になっていた。『Gメン'75』などでもチームのなかに女性刑事は基本ひとりであり、いわゆる「紅一点」的な扱いにとどまっていた。

それは1980年代の『あぶない刑事』になっても変わらない。だが浅野温子演じる真山薫はタカとユージとは気安い友人関係で、対等な関係に近いという意味では変化も見え始めている。そしてその浅野温子が、今度は主演として女性刑事・沙粧妙子を演じたのが『沙粧妙子－最後の事件－』であった。

とはいえこの作品の新しさは、女性刑事が主人公だったことだけにあるのではない。このドラマでは、沙粧妙子の内面の激しい葛藤や心理的動揺が描かれ、それが物語そのものと密接に連動している。その点が新鮮だった。

　そこでひとつ鍵になっていたのが、プロファイリングである。いままでは刑事ドラマでもおなじみの捜査手法だが、この『沙粧妙子―最後の事件―』は、科学的見地から犯人の特徴を解明する手法であるプロファイリングを本格的モチーフとして取り入れた最初の刑事ドラマであったと言える。

　沙粧妙子は、かつて警視庁科学捜査研究所のプロファイリングチームにいた。そしてそのチームの同僚に、沙粧の恋人だった梶浦（升毅）という男性がいた。ところが職務に熱心だった梶浦は、プロファイリングのために殺人犯との面談や接触を幾度となく繰り返すうちに相手と心理的に同化し、自らが快楽殺人に目覚めてしまう。そして一度捕まったものの不起訴になり、現在は逃走中だ。そうしたなか、同様の手口の殺人事件が起こる。沙粧はそのことに衝撃を受け、精神安定剤を服用しなければならなくなっている。

　捜査とは、ある意味犯罪を追体験することである。それは、外から見た行動面だけでなく、動機や性格など犯人自身の心理面にまで及ぶ。だがそこには危険な側面もある。追体験の精度を上げれば上げるほど、犯人と自己のあいだの心理的境界が壊れてしまいかねないからである。すなわち、刑事にとって、犯人を逮捕するためにほかの誰よりも犯人に近い存在でなければならないという逆説がある。プロファイリングという捜査法は、一面においてその危険性を増したのである。

沙粧妙子は、直接その迷路に入り込んでしまうわけではない。だがともにプロファイリングに取り組み、恋人でもあった存在が〝向こう側〟に行ってしまい、さらに自分をそちらに誘っているように感じることで精神の均衡を崩してしまう。そこで描かれる深刻な葛藤は、従来の刑事ドラマにおいてあまり見られなかったようなものであった。そしてこれ以降、刑事の精神的な揺らぎはより頻繁、かつ時にきわめてシリアスに描かれるようになっていく。

警察のリアルを描いた『踊る大捜査線』

もうひとつ、「揺らぐ刑事」をまた別の角度から描いたのが、やはりフジテレビが制作した『踊る大捜査線』（1997年放送開始）だった。主演は織田裕二。織田が演じる青島俊作は、警視庁の所轄署のひとつである湾岸署勤務の刑事という役どころである。

ここでのポイントは、刑事もまた組織人だということである。刑事が警察という組織に属するひとつの歯車のような存在であることはいうまでもない。だがそんな当たり前のことが、従来の刑事ドラマでは曖昧で、物語に深くかかわってくることはあまり多くなかった。

たとえば、『太陽にほえろ！』では、警察関係者と言えば七曲署捜査一係のメンバーくらいしかほとんど出てこない。たまに七曲署の署長が登場するくらいである。また『Gメン'75』のGメンは警視庁内の独立した捜査部署で、警察組織のなかでどこの位置にあるかは見ていてもよくわからないところがある。『西部警察』ではもう少し警察組織の実態に沿った描写や登場人物の広がりもあるが、基本的には西部警察署の「大門軍団」の活躍が圧倒的にフィーチャーされる。『あぶない刑事』も所轄署である港警察署が物語の中心だ。

もちろん、上司の制止も聞かず部下が突っ走るという構図は昔からあった。あるいは、警察上層部の腐敗、警察幹部の犯罪というモチーフの話もなかったわけではない。しかしそれらのほとんどは、主人公の刑事の活躍を際立たせるためのその場限りの道具立てにとどまっていた。警察組織が恒常的なものとして描かれるわけではなく、一言で言えばリアリティが希薄だった。そこには、刑事ドラマが現実離れしたヒーローものとして発展してきた歴史の反映がある。

それに対し、『踊る大捜査線』における君塚良一の脚本は、「警察組織ありき」から出発し、その組織を可能な限りリアルに描写した点が画期的だった。

まず、刑事も雇われの身であること、それゆえ一般企業の会社員と変わらない部分が多々あることを前提に物語が構築されていた。したがって、そこには厳格な上下関係もあれば、組織の主導権をめぐる派閥争いもある。そして組織の腐敗もある。また一口に警察勤務と言っても、刑事だけではない。事務や総務、あるいは上の階級にいる管理職的な警察官僚など直接捜査にあたらない人たちのほうがむしろ多い。刑事もまた、必要な事務手続きをしたり、上司の命令・指示を受けたり、そうした人たちと日頃交わりながら捜査という職務をこなしている。

たとえば、「管理官」という職名と職務について、当時このドラマで初めて知ったというひとも多かったのではあるまいか。柳葉敏郎が演じた室井慎次は、警視庁刑事部の管理官。その職務内容は、部内に複数存在する係の統括、さらには重大事件における現場の指揮などだ。この地位に就けるのは、国家公務員総合職試験（当時は国家公務員採用Ⅰ種試験）に合格したいわゆるキャリア組である。

一方、織田裕二演じる青島俊作は、脱サラして刑事になったノンキャリア組。その立場上の違いから、青島と室井は当初対立する。それはより広い文脈で言えば、現場側と管理職側の対立であり、「事件は会議室で起きてるんじゃない！　現場で起きてるんだ！」というあまりにも有名な青島のセリフは、そうした対立の反映である。だが次第に心を通わせるようになった2人のあいだには同志的感情も生まれ始める。『踊る大捜査線』における物語のひとつの核は、組織内での立場の違いを超えた青島と室井の友情物語であった。

また『踊る大捜査線』では、映画版の記録的成功も重要な意味を持った。最初の2本の映画版がいずれも大ヒット。2作目の『踊る大捜査線 THE MOVIE 2 レインボーブリッジを封鎖せよ!』(2003年公開)があげた173・5億円は、いまだに実写版邦画興収歴代第1位を誇る。これを踏まえ、この後刑事ドラマにおいて連ドラ版と映画版がストーリー構成として連動するスタイルもよく見かけるようになった。また、『交渉人 真下正義』や『容疑者 室井慎次』(ともに2005年公開)のように、脇役キャラクターを主人公にしたスピンオフ映画製作の流れも『踊る大捜査線』が定着させたと言っていいだろう(2024年秋には、室井慎次を主人公とした映画最新作が公開予定ということだ)。

こうしてエポックメーキングな成功を収めた『踊る大捜査線』だが、この作品を語るうえで当時の社会情勢を見逃すことはできない。

1990年代中盤の日本は、戦後の歴史のなかで最大の転機を迎えていた。

1990年代に入り、まずバブル崩壊があった。そこから日本経済は「失われた10年」とも「失われた20年」とも呼ばれるようになる長い経済的停滞期に入っていく。そのなかで山一證券のような有名大企業の倒産といったそれまで想像もしなかったようなことが起こる。

さらに1995年には、阪神・淡路大震災と地下鉄サリン事件が相次いで発生する。大災害と無差別テロというショッキングな出来事は、経済面でもたらされた社会的不安をいっそう増幅させた。むろんそれらの出来事に直接的なつながりがあるわけではなかったが、いずれも戦後の日本社会が築き上げてきたシステムや安全の基盤を根底から揺るがすことになった。

『踊る大捜査線』はすぐれたエンタメ作品だが、リアルな「警察ドラマ」でもあった。そこには、いま述べたような社会の動揺が多少なりとも反映されていたように思われる。社会の秩序を守る最前線にある警察という組織をリアルに描いた物語は、「刑事＝ヒーロー」という単純な絵空事的図式では対処しきれなくなった刑事と社会の関係を物語る。むしろ刑事もまた生身の人間であり、時代とともに変化していく犯罪という事柄に日々接するがゆえに、時には深い悩みにとらわれてしまうと考えるほうがしっくりくる。その意味において、『踊る大捜査線』のみならず『沙粧妙子－最後の事件－』なども、時代の空気を如実に呼吸するなかで生まれた刑事ドラマだった。連続ドラマ形式は多くないが、横山秀夫の一連の警察小説が2000年代以降盛んにドラマ化されるようになったことにも、一面においてそうした時代背景があるだろう。

刑事ドラマのフォーマットと戯れる～『ケイゾク』の魅力

こうした揺らぎが目立ってきたということは、すなわち刑事ドラマというジャンル自体が大きな過渡期に入ったということでもあった。2000年代に入るあたりは、そうしたなかで新たなスタイルの刑事ドラマを生み出そうとする動きが活発化し始める。たとえば一方で、刑事ドラマの既存のフォーマットをさまざまな角度からずらし、場合によってはそうしたフォーマットと大胆に戯れるような作品が登場する。

その意味で忘れてはならない作品のひとつが、『ケイゾク』(ＴＢＳ系、１９９９年放送)である。

物語の舞台となるのは、警視庁捜査一課弐係。迷宮入りの事件を継続捜査するので「ケイゾク」と呼ばれる架空の部署だ。そこに新任刑事として赴任するのが中谷美紀演じる主人公の柴田純。東京大学法学部首席卒業というエリート中のエリートのキャリア組である。

女性刑事が主人公という点では、『沙粧妙子—最後の事件—』とも重なる。そして抜群の頭脳を生かし、迷宮入りした難事件を鋭い推理力で鮮やかに解決する姿は名探偵型の刑事、さしずめ古畑任三郎を思わせる。

またこの作品は、バディものでもある。コンビを組むのは、渡部篤郎演じる真山徹。こちらは強い正義感の持ち主で、直観で動くタイプ。柴田とのキャラクターの対照は、いうまでもなくバディものの常道に従っている。柴田には常識の物差しでは測れない変わり者の一面があり、そうしたこともあって当初２人はぎくしゃくもするが、次第に互いのことを理解するようになるという点も同様だ。

さらに特徴的なのは、小ネタと呼べるような、随所にちりばめられた刑事ドラマへのオマージュやパロディである。端的なところでは、主人公の役名の柴田純。これはいうまでもなく『太陽にほえろ！』で演じた松田優作の役名そのままであり、そのことをほのめかすようなシーンも劇中に登場する。また真山徹という役名も、『あぶない刑事』の浅野温子の役名・真山薫と仲村トオルの役名・町田透を組み合わせたものである。係長を竜雷太が演じているところは、刑事ドラマの古典とされるようになった『太陽にほえろ！』で竜自身が演じたゴリさんへのオマージュ。このあたりは、演出の堤幸彦特有の洒落っ気の発露でもあった。

このように刑事ドラマの歴史を踏まえつつ、そこに由来する多彩なお楽しみ要素をモザイクのように組み合わせたと言えるのが『ケイゾク』だった。だが作品の世界観においては、決してただ単にコミカルで済ませられない独特の暗さがあった。

たとえば、柴田と真山はともに肉親を事件絡みで失っている。そしてそのことが、刑事としての2人の仕事にも影響を及ぼしている。より広い意味においてだが、2人はともに被害者家族でもある。

ドラマ全体に流れる空気も明朗快活とは言い難い。ユーモラスな場面が随時織り込まれる一方で、どこか醒めたような、どこか影を帯びたような世界のなかで物語は進行する。それはやはり、1990年代を転機として日本社会を覆うようになった漠然とした不安と呼応しているように思われる。それは、同じ堤幸彦演出でヒットした『トリック』（テレビ朝日系、2000年放送開始）にも通じるものだ。仲間由紀恵と阿部寛がバディになって超常現象にかかわる事件を解決するこのドラマは、2人がマジシャンと科学者という設定なので刑事ドラマには入らないが、笑えるなかにやはり魅惑的な暗さを感じさせる作品だった。

『相棒』が果たした刑事ドラマの歴史的総合

こうして異端的作品が続々登場して人気を集める一方で、正統派刑事ドラマの系譜を受け継ぎつつ新たな時代のニーズにも見事に適応したのが、『相棒』（テレビ朝日系）だった。スタートは2000年。最初は連続ドラマではなく、『土曜ワイド劇場』、つまり2時間ドラマの枠から始まったのは前に述べた通りである。

『相棒』でも、『ケイゾク』と同じく、刑事ドラマのさまざまな要素が盛り込まれ、設定や物語において巧みに配置されているのが見て取れる。

まず、水谷豊演じる主人公である杉下右京というキャラクター自体が万華鏡のように多面体な存在だ。

東大法学部を首席で卒業し、警察庁に入ったキャリア。だが組織内の上下関係には一切無頓着で、上司であろうと間違っていると思えばまったく遠慮しない。そうした扱いづらい性格も相まって、ある事件がきっかけで「陸の孤島」と呼ばれる特命係に飛ばされた。だが右京自身は、キャリアでありながら左遷されたことなどまったく気にしていない様子だ。他人にはついていけない紅茶へのマニアックなこだわり、チェスや落語、ピアノ演奏などずば抜けた多趣味ぶりにも周囲はついていけず、どこを取っても「我が道を行く」の典型のような人間だ。

一方で右京は、名探偵型の刑事の最たるものでもある。『相棒』の基本は、毎回発揮される右京の博覧強記ぶりと鋭い観察に裏づけられた緻密な推理による事件の解決だ。そのモデルはいうまでもなくシャーロック・ホームズであり（右京自身英国の警察で研修の経験もある）、「もうひとつだけ」などと言いながら質問をしつこく繰り返すのはさながら刑事コロンボでもある。ホームズもののモリアーティ教授よろしく卓抜な知能を駆使する連続殺人犯などとの対決もあり、大きな見せ場になってきた。

同じく、『相棒』はひとつの作品としても多面体的である。

杉下右京は空気を読まないがゆえに孤高の存在だが、一方でこのドラマはタイトルが示すように、れっきとしたバディものでもある。初代の亀山薫（寺脇康文）から四代目の冠城亘（反町隆史）へと相棒の地位は受け継がれ、そして現在は再び亀山薫が返り咲いているが、『相棒』というドラマは右京と歴代の相棒が最初は反目したりぎすぎすしたりしながらも、次第に互いの理解を深め、相手を不可欠な存在として意識するようになるプロセスを描く熱いバディものの常道を踏まえている。

そして『相棒』は、『踊る大捜査線』で確立された「警察ドラマ」の発展形でもある。警察内部の人物がこれほど色々な役職名つきで数多く登場するドラマも珍しいだろう。部署や階級の異なる警察関係者がレギュラー的存在になっていて、物語の進展にそれぞれの立場で折にふれて深くかかわってくる。

そんな警察ドラマとしての側面を最も代表する存在と言えるのが、岸部一徳が演じる小野田公顕だろう。小野田の役職は最初の時点で警察庁長官官房室長、通称「官房長」。階級としては警視監で、まさに警察組織の中枢にいる人物である。それもあり、警察の秩序、ひいては社会の秩序を維持安定させるために必要と考えれば、当面の事件の犯人をあえて見逃すことも厭わない。それに対し右京は、背景になにがあり、逮捕が警察組織にたとえ大きな打撃をもたらすとしても、犯人を見逃すことは絶対にしない。

要するに、小野田と右京の考える正義は本質的に相容れない。この両者の緊張感あふれる対立関係が、『相棒』という作品の世界に刑事ドラマ史上まれに見る深みを与えていた大きな要因だった。ただし、小野田は単なる現実主義者ではなく彼なりの警察の理想も持っている。だから利害が一致するような場合には、２人は阿吽の呼吸で連携もする。その点、小野田は右京にとっての〝もうひとりの相棒〟でもあった。

いずれにしても、「正義はひとつではない」という前提によって、『相棒』の世界においては正義と悪のあいだに明確な線引きをすることがそもそも構造的に難しくなっている。したがって、『相棒』では、ある事件の犯人は捕まってもその裏にある別の犯罪については手つかずといったようなすっきりしない、後味の悪い終わりかたが少なくない。だがそれが独特の余韻を残すことも確かで、その点〝社会派エンタメ〟という刑事ドラマの本質がこれほどよく表現されたドラマもあまりないだろう。

その意味で『相棒』は、刑事ドラマの本質を踏まえたうえでの、その歴史的総合と呼べるような作品だ。そこには、時に相反する要素が共存するがゆえの不安定さもある。しかし、そんな矛盾を無理に丸め込むのではなく、そのまま多面性として提示するところにこのドラマの得難い魅力、奥行きの深さがある。

〝刑事以外が主役の刑事ドラマ〟たち～『科捜研の女』『ＨＥＲＯ』『ガリレオ』

２０００年前後には、『相棒』のように刑事ドラマ史における最も重要な節目になった作品が登場する一方で、刑事ドラマ的なフォーマットのなかで刑事とは違う職業の人びとが活躍するドラマ、いわば〝刑事以外が主役の刑事ドラマ〟が盛んに制作されて人気を博すようになった。

似たような意味では、監察医や弁護士などが活躍するドラマはすでにそれ以前からあったし、この系譜からは松本潤主演の『99・9－刑事専門弁護士－』（TBS系、2016年放送開始）のように近年も人気作品が生まれている。ただ2000年前後を境に活躍する職種が増え、ますます多彩になったという見方ができるだろう。さらに言うなら、特に1980年代以降2時間ドラマが量産されたなかで多種多様な設定の作品が制作されてきた蓄積も大切な土台になっていたはずだ。

いまや連続ドラマとしては最長寿シリーズとなった『科捜研の女』（テレビ朝日系、1999年放送開始）は、そうした〝刑事以外が主役の刑事ドラマ〟のひとつだ。

主演の沢口靖子が演じる榊マリコは、京都府警科学捜査研究所で働く法医研究員。科捜研の仲間とともに最新の鑑定手法を駆使して事件の真相を解明する。科捜研のメンバーは、文書鑑定や映像データ解析などそれぞれに得意の専門分野があり、榊マリコはそのリーダー的存在だ。そして内藤剛志演じる刑事・土門薫らと協力して犯人逮捕に貢献する。

指紋鑑定やモンタージュ写真などに代表される科学捜査は、刑事ドラマの歴史においてだいぶ以前からすでに登場していた。ただそれが物語の中心的役割を果たすことはほとんどなかったと言っていい。『相棒』でも緻密な技法を使った鑑識やデータ解析の活躍する場面が増えていったように、この頃から科学捜査は刑事ドラマの目玉のひとつになったと言えるだろう。そこには、現実社会においてインターネットの普及とともにサイバー犯罪が急増し、特殊な専門知識が必要な捜査が比重を増したというような時代背景もある。

同時期には『HERO』（フジテレビ系）もあった。2001年に放送されてすべての回で30％超を記録するという驚異的な視聴率をあげたことで知られる。2007年公開の映画版も大ヒットし、2014年には続編もつくられた。

木村拓哉演じる主人公の久利生公平は検事だが、有名大学卒業者の多い検事のなかにあって、高校中退から大検を受けて司法試験に合格した異色の経歴の持ち主。長髪でラフな服装の外見もマイペースな仕事ぶりもともに常識破りで、自ら現場に足を運び捜査をするところも珍しい。検事にもれっきとした捜査権はあるが、実際にそれが行使されることは少ない。だが久利生は、松たか子演じる検察事務官・雨宮舞子とともに自ら現場に足を運んで捜査を進め、事件の意外な真相を明らかにしていく。

刑事ドラマと実質変わらないものにするための巧みな設定である。同じフジテレビの「月9」ドラマ『ロングバケーション』（1996年放送）や『ラブジェネレーション』（1997年放送）などですでに共演していた松たか子との恋愛要素も絡めた新たなバディものとしても楽しめた。しかも検事なので、法廷での攻防が刑事ドラマにはない見どころとして加わるという利点もある。いざというときには地検の仲間がひとつになって協力する熱いチームもの的な展開もあり、娯楽作としての良質さは屈指であった。

警察組織とは直接関係のない存在が事件を解決するというパターンもある。2000年代に始まった作品としては、福山雅治が大学の准教授（のちに教授）に扮して事件を解決に導く『ガリレオ』シリーズ（フジテレビ系、2007年放送開始）が最たるものだろう。

主人公の湯川学は物理学者。刑事の草薙俊平とは大学の同期だった縁で、超常現象と思しき不可解な殺人事件解決のための捜査協力を依頼される。そして新人女性刑事とのバディで、その謎を解き明かしていく。人気シリーズとなり、度々映画化もされている。むろん福山雅治個人の人気もあるが、原作小説の作者である東野圭吾自身が理系で科学に通じていることもあり、あまりない〝科学捜査〟の作品として新鮮な魅力があった。

刑事ドラマの歴史という文脈から言えば、これらの作品の登場は、刑事ドラマの領域を拡張しようという動きの一端と見なすことができるだろう。まず刑事と近いポジションにいながら、刑事とは異なる立場から自然に事件にかかわることができる人間として、科捜研の研究員や検事がフィーチャーされた。さらに『ガリレオ』であれば友人関係による協力というかたちで、捜査に関与する人間の範囲が広がった。実際、この時期以降、こうしたタイプのドラマが定番化するとともに刑事と検事をペアにする設定も出てくるなど、確実に刑事ドラマの外延は広がった。

2010年代における刑事ドラマの解体と再構築～『SPEC』と『BORDER』

そしてさらに時代は進み2010年代へ。すると今度は、刑事ドラマという枠組みの内部で大胆な解体と再構築への試みが目立つようになる。そこには、刑事ドラマとして考え得るパターンがやりつくされたのではないかという手詰まり感と、刑事ドラマというジャンルが有する絶対的な安心感を頼りに少々思い切った冒険をしても大丈夫という、ある意味手詰まり感とは相反するが、どこか根本ではつながっている感覚とが共存していたように思われる。

たとえば、『ケイゾク』と物語世界を共有し、その続編的側面を持つ『SPEC～警視庁公安部公安第五課 未詳事件特別対策係事件簿～』（TBS系、2010年放送開始）は、そうした文脈における代表的な作品のひとつだ。

戸田恵梨香が演じる当麻紗綾《さや》は、警視庁公安部公安第五課未詳事件特別対策係の捜査官。IQ201という天才で記憶力も抜群だが、日常生活では抜けたところも多く、奇行ぶりが目立つ。いうまでもなく、この辺の設定は『ケイゾク』の柴田淳と重なる。

ただしそれにとどまらず、この作品には従来の刑事ドラマの常識を超えたような設定もある。当麻は「SPEC」と呼ばれる特殊能力の持ち主であり、物語は同じSPECの持ち主との壮絶な闘いを軸に進んでいく。つまり、この作品は一種の超能力バトルものでもあった。そこには、刑事ドラマのフォーマットをきちんと踏まえつつ、それでいてその向こう側へ突き抜けていこうとするベクトルがひしひしと感じられる。

刑事が超能力的な特殊能力を持つという設定は、少しさかのぼるが『SP 警視庁警備部警護課第四係』（フジテレビ系、2007年放送開始）においても見られたものだ。ここで主演の岡田准一が演じる井上薫は、ある出来事をきっかけに目撃した場面を写真のように映像化して記憶できる「フォトグラフィック・メモリー」などの特殊能力を身に付けたという設定だった。その意味では、刑事ドラマに非日常的設定を大胆に持ち込む試みは、2000年代後半から始まっていたとも見て取れるだろう。

この『SP』の原案・脚本を担当した直木賞作家の金城一紀は、ほかにも刑事ドラマの既成観念にとらわれずその壁を壊すことを目指すような意欲的な作品を手掛けている。そのひとつが、『BORDER 警視庁捜査一課殺人犯捜査第4係』（テレビ朝日系、2014年放送開始）である。主演は小栗旬。

主人公の石川安吾は、生粋の仕事人間。殺人事件の捜査に生きがいを感じ、私生活を犠牲にして職務に打ち込んでいた。だがあるとき銃撃事件の現場で頭に弾丸を受けてしまう。そしてそれがきっかけで、殺人事件の被害者など死者と交流できるようになる。そのことは石川の刑事観、ひいては人生観を変え、彼は自ら「闇の世界」に足を踏み入れるようになる。

これもまた、広い意味では特殊能力である。そしてそれはある意味犯罪捜査にとってもたいに役に立つものにもなる。だが同時にその能力を使えば使うほど、犯罪の当事者である人びとの心の奥に渦巻くものに直にふれる結果を招き、正義と悪の境界はきわめて曖昧なものになっていく。その結果、安吾は自らの刑事としてのアイデンティティについても根本から見直しを迫られる。

要するに、この『BORDER』は、生身の人間として苦しみ悩む刑事という人物像を、さらに死生観という哲学的次元にまで掘り下げようとした作品だった。しかもそれが観念的なものにとどまることなく従来の刑事ドラマにはなかったような種類のサスペンスをもたらし、物語としても十分見応えあるものになっていた点に大きな価値がある。

刑事ドラマを遊びつくす～『うぬぼれ刑事』『時効警察』『警視庁・捜査一課長』

このように「刑事とはなにか」という内省的な問いを深める方向性とは逆に、刑事ドラマというジャンルを徹底して俯瞰するメタ的視点でとらえ、大胆にパロディ化することによって新たな魅力を加えようとする試みもあった。

たとえば、宮藤官九郎脚本による『うぬぼれ刑事』（TBSテレビ系、2010年放送）も、そんな作品だ。宮藤官九郎初の刑事ドラマであった。

長瀬智也演じる刑事・小暮己は、30歳独身。そして人一倍惚れっぽい。しかも毎回、困ったことに事件の真犯人の女性に一目惚れしてしまう。そして事件の真相を見破った後、自分と結婚して罪を見逃してもらうか、結婚せずに逮捕されるか、その二者択一を相手に迫る。そして必ず結婚を断られ、事件が解決する。

宮藤官九郎らしく、意表を突く設定と展開である。刑事ドラマの歴史からみれば、「逮捕しない」という選択肢が出てくるところがまず斬新だ。コメディタッチということはあるが、仮にも刑事ドラマとして（実際はそうはならないのだが）、犯人がわかっているのに逮捕されないというのは常識破りである。

このあたりは、殺人事件にまだ時効が定められていた時代に制作されて話題を呼んだオダギリジョー主演の『時効警察』（テレビ朝日系、2006年放送開始）を思い起こさせるものがある。オダギリ演じる主人公の刑事は、すでに時効が成立した事件を〝趣味〟で調べる（だから逮捕もしないし、解き明かした真相も口外しない）のだが、その点『うぬぼれ刑事』も恋愛という仕事以外の趣味嗜好が優先されているのに重なる。このあたりは、脚本・監督を担当した三木聡独特の感性を反映して常識の範囲内に着地しないシュールな味わいの刑事ドラマになっていた。

他方で刑事ドラマの伝統的フォーマットは堅持しつつ、さまざまなお約束を誇張したり、あるいは小ネタを挟んだりしてとことん遊ぶというタイプの作品もある。

内藤剛志主演のシリーズ『警視庁・捜査一課長』（テレビ朝日系、2012年放送開始）は、その最たるものだ。当初は『土曜ワイド劇場』、つまり2時間ドラマの枠で始まったが、後に連続ドラマとなった。

内藤演じる刑事・大岩純一は、警視庁の捜査一課長。いわゆるノンキャリアで、現場で数多くの実績を積み重ねて昇進してきた典型的な叩き上げの刑事である。内藤剛志と言えば、先述の通り『科捜研の女』でも榊マリコとタッグを組む土門刑事を演じるなど、数々の刑事役を演じる刑事ドラマの代表的俳優でもある。

この作品は、最初からお遊び満載というわけではなかった。当初は刑事ドラマの基本に忠実な、シリアスな作風であった。ところが、連続ドラマとしてシリーズ化され、回を積み重ねていくうちに、「どこまでふざけるんだ？」と思わずツッコみたくなるような場面や展開が増え始めた。

たとえば、本田博太郎演じる笹川刑事部長の登場場面。上司である笹川が捜査に難渋する大岩を激励するという、それだけ聞けばどうということもない場面だが、いきなり噴水から登場したり、なぜか船上で手旗信号をしていたりする。セリフ回しもアクの強い独特のもので、思わずこちらも笑ってしまう。またほかにも多くの役名が「堤太蔵（つつみ・たいぞう）」（餃子が鍵になる回で登場）のようにダジャレになっているなど、明らかに狙ったものが多い。遺体の様子も「あんパンまみれ」などで普通のものはひとつもない。ちょっとだけ面白要素を入れるどころではなく、すべてにおいて遊びつくすといった作風にたどり着いている。

社会派の復権～刑事ドラマの現在、そして女性脚本家の台頭

以上のような個性的な作品群の存在は、刑事ドラマというジャンルが複雑な枝分かれを繰り返すうちに、豊かな熟成の時期を迎えたことを実感させてくれる。

だがその一方で、刑事ドラマだからこそ可能な、現在の社会が抱える課題や問題に正面から向き合おうという意欲と熱意にあふれた作品も近年増えてきた。すなわち、社会派の復権である。

たとえば、公安警察が物語の舞台となった作品などは、そうしたもののうちのひとつだろう。『ＳＰＥＣ』も設定としてはそうだったが、時代とともによりリアルな公安ものも増えてきている。それは、さかのぼれば１９８０年代末の冷戦構造の崩壊以来混迷を極める国際情勢のなかで、スパイやテロといった題材が新たなリアリティをもって刑事ドラマの題材として浮かび上がってきたことの証しに違いない。また捜査一課という視点以外から警察組織の一面を描き出す「警察ドラマ」のひとつの分枝という解釈も可能だろう。2023年最大の話題作となった『VIVANT』（TBS系）なども、大きく見ればそのラインに入るはずだ。

渡部篤郎主演、尾野真千子共演の『外事警察』（NHK、2009年放送）は、そうした作品群の比較的早いもののひとつだった。国際テロリストの集団が日本に潜伏しているとの情報を得た外事課の刑事たちの苦闘する姿をクールなタッチで描いたものである。『MOZU』（TBS系・WOWOW、2014年放送）も、同じく重厚な作風の公安ものである。主演の西島秀俊が演じる倉木尚武は、警視庁公安部の刑事。「公安のエース」と呼ばれる存在だ。妻を爆弾テロ事件によって失っていて、そのことが彼をいっそう捜査へと駆り立てている。この作品は、現場の叩き上げである警視庁捜査一課の刑事（香川照之）とともに捜査にあたるバディものにもなっていて、そうした楽しみもあった。

また近年の社会派作品の台頭は、女性脚本家たちによって支えられてきた面が小さくない。たとえば、安達奈緒子脚本の『サギデカ』（NHK、2019年放送）がそうだ。木村文乃演じる主人公の刑事・今宮夏蓮は、警視庁刑事部捜査二課所属で特殊詐欺（振り込め詐欺）の担当。彼女が捜査する詐欺事件のなかで、現代社会における高齢者の置かれた孤独な境遇や受け子として利用される若者の困窮も浮かび上がってくる。また今宮自身、幼い頃に掛け子として詐欺に関与させせられていた苦い過去もある。

つまり、特殊詐欺という狡猾な犯罪においては刑事とていつ片棒を担いでしまうかもわからない恐ろしさがある。当然、刑事は純然たる「正義の味方」であろうとするがそうしたくてもできず、そうあろうとすればするほど悩み続けざるを得ない。男性同士のカップルを主人公にした作品である『きのう何食べた?』（テレビ東京系、2019年放送開始）などを手掛けた安達奈緒子は、現代社会ならではの人間関係の機微を冷静なタッチで描いている。同じく野木亜紀子も、現代社会の実態やそこに潜む深刻な問題を物語のなかに浮かび上がらせることに長けた脚本家だ。

野木の脚本による『MIU404』（TBS系、2020年放送）は、綾野剛と星野源のダブル主演。2人がそれぞれ演じる志摩と伊吹は、警視庁刑事部機動捜査隊の刑事。「働き方改革」によって新設された第4機捜のメンバーである。志摩が冷静で屈折していて、伊吹が楽天的で真っ直ぐというキャラクターの対照は、バディものの基本に沿っている。またカーチェイスや「足が速い」伊吹の疾走場面などアクションもふんだんに盛り込まれていて、エンタメとして大いに楽しめるようになっている。

ただその一方で、男社会の典型である警察における機捜の隊長が女性（麻生久美子）であることなど、現在の日本社会が抱える課題を設定やストーリーに巧みに織り込んでもいる。たとえば、第5話の背景にある外国人技能実習生をめぐる問題などは、なかなかドラマでは扱われないものだろう。しかし野木亜紀子の脚本は、鋭いセリフを武器にそこに真正面から切り込みながら、私たちが見て見ぬふりをしている社会の暗部を暴いていく。

こうした野木の社会派としてのまなざしは、2023年放送の『フェンス』(WOWOW)でも大いに発揮されている。こちらは沖縄が舞台。性的暴行事件の犯人は誰かということをめぐって、日米地位協定、つまり沖縄、ひいては日本と米軍基地とのアンバランスな関係が捜査の壁となって立ちはだかる。

その壁をなんとか乗り越え犯人を探し当てようと奮闘するのが松岡茉優と宮本エリアナが演じる2人の女性である。したがってバディものということになるが、ともに刑事ではない。その意味では純然たる刑事ドラマではないが、逆にその設定が、犯罪の背景にある沖縄をめぐる政治の領域に踏み込むことの難しさを際立たせ、この作品をひときわすぐれた社会派ドラマにしている。

こちらも同様に刑事ドラマというわけではないが、前年の2022年に放送されて大いに話題を呼んだ『エルピス—希望、あるいは災い—』(関西テレビ放送、フジテレビ系)も犯罪をめぐるすぐれた社会派ドラマのひとつに数えられるだろう。主演は長澤まさみで脚本は渡辺あや。渡辺は朝ドラ『カーネーション』(2011年放送開始)でも有名だが、『今ここにある危機とぼくの好感度について』(NHK、2021年放送)では大学組織の矛盾や欺瞞をシニカルに描いて高く評価された。

『エルピス』では、冤罪事件をめぐって物語が展開される。ただ、主人公は司法関係者や警察関係者ではなく、報道に携わるテレビ局員。長澤まさみが演じるのは、テレビ局のアナウンサーだ。したがって話の中心は、ニュースをつくり伝える側であるメディアの責任をめぐるものになっている。テレビの草創期に警視庁に詰める社会部記者が主人公の『事件記者』というドラマがあったことは前述したが、ある意味その流れを汲むものとも言えるだろう。

刑事ドラマがテレビドラマの革新をリードする

それにしてもなぜ、女性脚本家がこれほど次々と社会派の刑事ドラマ、あるいはそれに類する作品を世に問うようになったのか？

ひとつには、ドラマの世界において活躍する女性脚本家の数が単純に増えたということがあるだろう。最近の刑事ドラマの最後に流れるスタッフロールを見ていても気づくことだが、プロデューサーや脚本家などのところに、近年はとりわけ女性の名前が目立つようになった。

むろん刑事ドラマの脚本を書く女性がそれまでいなかったわけではない。たとえば、一般には学園ドラマ『3年B組金八先生』（TBSテレビ系、1979年放送開始）で有名な小山内美江子は『キイハンター』などの脚本を執筆している。さらにさかのぼれば、すでに述べたように向田邦子にとって採用された初の脚本が『ダイヤル110番』のものだったということもある。

しかし、それらはやはり珍しい例と言える。現在ほど大挙して女性脚本家がメインライターとして刑事ドラマの世界に進出する時代はおそらく空前のことだろう。

そのあたりの理由は、社会の側の変化の質にもあるかもしれない。

現在日本社会が抱える課題は、部分的なものというよりは、日常生活の基盤そのものにかかわるものだ。

たとえば、特殊詐欺ひとつをとってみても、孤独な高齢者の存在、格差のなかで貧困にあえぐ若者の存在がある。さらに踏み込めば、少子高齢化が急速に進むなかでますますあらわになってきた家族制度の根本的な揺らぎがある。そして犯罪者の世界においても、正体を現さない指令役とただ命令に従うしかない実行役という厳然たる格差を生み出すことを可能にするネット社会の存在もある。

そこに、「社会の拡大鏡」であり、究極の〝社会派エンタメ〟である刑事ドラマも新たな使命を帯びる。そうした日常生活の基盤の崩壊とでも呼びたくなる危機的状況を踏まえ、そのような社会に生きる人間のドラマを描くことである。その際、ジェンダーやセクシュアリティのありかたをめぐってこれまで日常生活の基本場面において社会から疎外されてきた女性のほうが、重要な問題点を鋭く描き出せるということもあるのではないだろうか。

より大きな戦後史的観点から言えば、1950年代に放送が始まった日本のテレビは、いま初めて社会の根幹が大きく変わろうとする時期を体験しつつある。当然、テレビドラマにもそのことは当てはまる。そしてそうした社会の根本的変化が最もビビッドに表れる現象のひとつが犯罪であるとすれば、いまテレビドラマの革新はもしかすると刑事ドラマの領域から始まろうとしているのかもしれない。

【作品編】

名作刑事ドラマを深掘りする

1961

1
犯人に同情し、苦悩する
人間臭い刑事たちが描かれた
七人の刑事

1961年10月4日〜1979年10月19日(全454話)
▶水曜20時〜　▶木曜20時〜　▶月曜22時〜　制作/TBS

主なキャスト	堀雄二、芦田伸介、美川洋一郎(美川陽一郎)、佐藤英夫、城所英夫、菅原謙次(菅原謙二)、天田俊明、高松英郎ほか
主なスタッフ	プロデュース/蟻川茂男　脚本/早坂暁、向田邦子、石堂淑朗、小山内美江子、長谷川公之、砂田量爾、佐々木守、内田栄一、大津皓一、ジェームス三木、山浦弘靖、本田英郎ほか　演出/鴨下信一、今野勉、蟻川茂男、山田和也、川俣公明、久世光彦ほか　音楽/山下毅雄　オープニングテーマ/ゼーク・デチネ　主題歌/西川慶
スペシャルドラマ	『七人の刑事・特別編』/「七人の刑事 レモンの埋葬」(1973年6月24日放送)、「新・七人の刑事 永遠の少年」(1975年5月4日放送)、「新・七人の刑事 月光仮面」(1975年5月18日放送)、「新・七人の刑事 さらば友よ」(1975年6月1日放送)、『七人の刑事 最後の捜査線』(1998年10月12日放送)
映画	『七人の刑事』(1963年1月公開)、『七人の刑事 女を探がせ』(1963年4月公開)、『七人の刑事　終着駅の女』(1965年6月公開)

1961

2

アクションと科学捜査
新たなフォーマットの魅力

特別機動捜査隊

1961年10月11日〜1977年3月30日（全801話）
▶ 水曜22時〜　制作／NETテレビ、東映テレビ・プロダクション→東映

主なキャスト	波島進、中山昭二、青木義朗、里見浩太朗、亀石征一郎、葉山良二、神田隆、伊沢一郎、南川直、菅沼正、宗方勝巳、伊達正三郎、森山周一郎、生井健夫、細川俊夫、倉石功、巽秀太郎ほか
主なスタッフ	企画／NETテレビ　協力／警視庁　企画・プロデュース／藤川公成、田中亮吉、中井義、山田正久、落合兼武、高田修作、荻野隆史、郡杉昭ほか　脚本／宮田達男、大和久守正、陣出達朗、吉岡昭三、加瀬高之、藤川正太、高岡恵吾、柏倉敏之、真船二郎、伊藤美千子、内田弘三、須崎勝弥、清水孝之、池田一朗、本田明、長谷川公之、山村美紗、西沢裕子、佐治乾、小山内美江子、高久進ほか　監督／関川秀雄、大岡紀、土屋啓之助、赤坂長義、仲木睦、柳生六弥、小池淳、近藤竜太郎、土屋蔵三、小川貴智雄、奥中惇夫、北村秀敏、天野利彦、伊賀山正光、田中秀夫、永野靖忠、吉川一義ほか　音楽／牧野由多可、小林亜星ほか
映画	『特別機動捜査隊』（1963年3月公開）、『特別機動捜査隊 東京駅に張り込め』（1963年5月公開）

ほぼ同時に始まった2つの作品

1961年10月は、刑事ドラマにとって記念すべき月である。現在の刑事ドラマ隆盛の直接の源流になったと言える2本のドラマが、わずか1週間違いで始まったからである。

その2本とは、1961年10月4日放送開始のTBS『七人の刑事』と同年10月11日放送開始のNETテレビ『特別機動捜査隊』（実際は、『特別機動捜査隊』の開始記念特番が10月4日に放送されているので、同日にスタートしたという見方もできる）。両者は作風としては対照的なところもあったが、逆にそれゆえに刑事ドラマの間口を広げ、表現の自由度を高めることに大きく貢献した。

「刑事ドラマ70年史」のところでも書いたように、「刑事ドラマ第1号」として挙げられるのは、1957年にスタートした日本テレビ『ダイヤル110番』である。その特徴は警視庁の全面協力のもと、実際に起こった事件をベースにしたセミドキュメンタリーと呼ばれるスタイルで、一種の実録ものであった。したがって主役は〝事件〟で、〝刑事〟とは言い難いところがあった。それに対し、『七人の刑事』と『特別機動捜査隊』は同じくリアリズムを追求しつつも、刑事の心情や活躍に力点を置いたもの。その意味で、私たちがイメージする「刑事ドラマ」に近づいていた。

では、両者はそれぞれどのような特徴を持つ刑事ドラマだったのか？　順に見ていこう。

「犯罪者への優しい眼差し」

『七人の刑事』は、東京・桜田門にある警視庁の全景を空撮した映像から始まる。いまも多くの刑事ドラマで同じような導入が見られるが、その原点はこの『七人の刑事』にあった。そしてこのシーンに被さるハミングによる哀愁たっぷりのオープニングテーマも有名だ。歌っていたのはなんと素人で、ゼーク・デチネという名の貿易商だった。

内容はタイトルの通り、警視庁捜査一課に所属する7人の刑事たちの活躍を描いたもの。堀雄二演じる赤木係長は冷静、逆に佐藤英夫演じる若手の南は熱血漢というようにキャラクター分けされたチームもののはしりでもある。チーフディレクターだった蟻川茂男は、7人全員を毎回必ず出演させることを鉄則にしていた（前掲『テレビ番組の40年』、207頁）。

それぞれの個性は異なる一方で、人間臭さという点は共通していた。ここに登場する刑事たちは、犯人を逮捕してそれでよしとはしない。罪を犯した背景にあるさまざまな事情に目を向け、時には犯人に同情し、苦悩する。演出スタッフのひとりであった山田和也はこう述懐する。「『七刑』（引用者注：『七人の刑事』のこと）には犯罪者への優しい眼差しがありました。告発劇というほど大げさなものではないが、私自身、七人の活躍よりも、常に犯行の背景にある社会そのものを描きたいと考えていました」（同書、208頁）。

「犯人にも事情がある」というコンセプトは、後の『はぐれ刑事純情派』にもつながっていくものだ。要するに、『七人の刑事』は、刑事ドラマにおける人情派刑事ものの祖型となった作品だった。

ただ、『七人の刑事』の場合は、いまの山田和也の言葉からもわかるように、時代状況をストレートに反映している面があった。その分、冷徹なリアリズムの側面も色濃くあった。売春婦、ホームレス、孤児といった社会的弱者、そして被爆二世などをめぐる差別問題などに正面から取り組むストーリーが、早坂暁など社会問題に関心を抱く脚本家の手によって紡がれ続けた。

「ふたりだけの銀座」

そうしたテーマのひとつに、社会のなかで抑圧された若者にフォーカスしたものがあった。知られるように、1960年代後半世界的に巻き起こった反体制運動やカウンターカルチャーの潮流のなかで、世の中のありかたに不満を持つ〝反抗する若者〟への注目が高まった。そして『七人の刑事』は、そのような若者たちから支持を集めた。いつもはデモに参加していてテレビを見ない若者が、『七人の刑事』を見るために家に帰るという現象が起こるようになったのである。

そこでとりわけ若者から支持されたのが、当時TBSの若手ディレクターだった今野勉である。今野が企画し、演出する回はありがちな人情話ではなく、社会の不条理をそのまま提示するような、一歩踏み込んだものだった。『七人の刑事』の本流だったかと言えばそうではないかもしれない。しかし、反体制的価値観を多少とも共有する当時の多くの若者にとって、それは大いに魅力的だった。

そのなかで、脚本家・佐々木守との出会いもあった。佐々木は、映画では大島渚の一連の作品、テレビでは『ウルトラマン』、『お荷物小荷物』など数多くの脚本を執筆。ジャンルに関係なく、体制批判のメッセージを意欲的に織り込んだ作風で知られる。今野勉が佐々木守と組んだ最初の『七人の刑事』は、広島出身の被爆者であるホームレスを主人公にしたものだった（前掲『テレビの青春』、300－301頁）。

また今野演出のひとつの特徴は、当時の歌謡曲などを物語とシンクロさせ、印象的に使ったことである。いつしかその手法は「歌謡曲シリーズ」と呼ばれるようになった。

こうした佐々木守という脚本家との出会い、歌謡曲による時代の表現といったことが、ひとりの孤独な若者の物語として結実する。それが、1967年1月16日放送の第256話「ふたりだけの銀座」である。

物語は、若者8人が中年男性を襲い、強盗を働く場面から始まる。その後彼らは東京から千葉・外房にある漁村に逃亡。捜査一課の刑事たちは、その情報をつかんでその村にやってくる。そして海辺で騒ぐ若者たちを発見し、逮捕。ところが、そのうち4人は、東京から遊びに来ただけの事件とは無関係な若者だった。誤認逮捕である。そのことを刑事の杉山（菅原謙次）は反省し、できれば謝りたいと考える。

だが屈辱的な扱いを受けたことに怒り心頭となった4人は、偶然出会った漁村に住む身寄りのない娘（吉田日出子）を腹立ちまぎれに誘拐し、東京に連れ去ってしまう。彼女には結婚を約束した漁師の若者、セイジ（寺田農）がいた。居ても立ってもいられない彼は彼女を探しに東京へ行き、捜査一課の刑事たちに助けを求める。そして若者と7人の刑事は、4人の遊び場になっている銀座一帯を探し回ることになる。映像のバックには、当時大ヒットした「二人の銀座」（1966年発売）が繰り返し流れる。

ようやくセイジは、若者たちと娘を見つけ出す。だが娘は都会風の華やかな服に身を包み、若者のうちのひとりとなにやら楽しげにショッピングをしている。ショックを受けたセイジは、ナイフを買って2人に近づく。問い詰められた娘は、一緒にいた男の紹介を受け、東京の会社で働くことにしたのだとあっけらかんと話す。ますます怒りを募らせるセイジ。しかしそこに刑事たちが到着し、その場は事なきを得た。

ところが、話はそこで終わらない。地下通路から銀座の雑踏のなかに出たセイジは、夕方の西日を浴びて突然錯乱し、通りがかりの赤の他人をナイフで刺す。取り押さえられるセイジ。そのとき杉山は、「なぜ、お前を逮捕しなくちゃならないんだ」と叫ぶ……。

まずここには、都会の若者と田舎の若者の対比がある。高度経済成長の波に乗って要領よく気ままに遊び暮らす若者と、高度経済成長がもたらす高揚から取り残され、寂れた田舎の漁村でひとり黙々と漁業に打ち込む若者の対比である。

都会に住む４人の若者たちは、千葉の海辺で夕方騒いでいた際、ギターを弾きながらザ・スパイダースのヒット曲「夕陽が泣いている」を歌っていた。そこでの夕陽は、センチメンタルな甘い気分に浸らせてくれるものだ。それに対し、セイジが最後に浴びる銀座の夕陽は、ひとを正常ではなくさせる禍々しいものである。

セイジは田舎でつつましく暮らし、自分の漁船を持つほどになっていた。経済的に不自由しているわけではない。むしろ４人の若者よりも経済力という面では上だ。だが銀座で遊ぶ若者たちは、そんなことには頓着しない。稼ぎがそれほどなくてもデートをしたり買い物をしたりして楽しく生きられる街、それが高度経済成長の繁栄を象徴する銀座という街なのだ。そしてその事実が、セイジをおかしくする。

アクションと科学捜査

次に、『特別機動捜査隊』。こちらの主人公は警視庁捜査一課のなかの特別機動捜査隊、通称特捜隊の刑事たちだ。立石班、藤島班、三船班といったいくつかのチームがある。それは、東京の各所で時々刻々起こり続ける事件に対し、迅速に初動捜査にあたるための班分けだ。そのため特捜隊の刑事たちは、街中を車でパトロールしている。そして本庁から無線で事件発生の報が入るや否や、現場に急行するわけである。

したがって、この作品ではパトカーが頻繁に登場する。ある意味、もう一方の〝主役〟と言ってもいい。パトカーには大別して制服パトカーと覆面パトカーがある。このうち刑事ドラマで刑事がよく乗っているのが覆面パトカーである。通常は一般の自動車と見た目変わらないが、いざとなると吸盤で屋根に赤いランプを付けてパトカーに早変わりする。

パトカーが目立つということは、ロケでの撮影が多いということでもある。そのあたりは、スタジオでの撮影が多かった『七人の刑事』と好対照でもある。800話以上続いたこともあって各話の作風はバラエティに富んでいたが、『特別機動捜査隊』のベースにあるのはカーチェイスや銃撃戦に象徴されるアクションの魅力だった。

そしてもうひとつ、『特別機動捜査隊』が刑事ドラマの世界に持ち込んだのが、科学捜査によって客観的な証拠を積み重ねて真相に迫るプロセスの醍醐味である。現在の刑事ドラマでは基本中の基本だが、本格的にその道を拓いたのがこのドラマだった。

たとえば、本編に入る前のナレーションでもそのことが高らかに謳われる。「特に犯罪捜査の革新を目的として、スピード、サイエンス、シークレットの3つの要素を基調とした科学的捜査活動を描いたもので、その名は特別機動捜査隊」。

いきなり完成度の高い『特別機動捜査隊』第1話

アクションと科学捜査。この2つのセールスポイントは、第1話「最後の犯人を追え」から存分に発揮されている。

話は、3人組による強盗の場面から始まる。一般の民家に押し入った強盗だったが、通報され結局なにも盗らずに車で逃げ出す。現場に到着した立石主任（波島進）ら特捜隊の刑事たちは、早速現場検証と聞き込みを始める。被害者から犯行時の状況や犯人の特徴を聞き出し、残された証拠を採取する。撃たれた弾丸が32口径のものであることが報告される。

すると、現場に急行する立石班の車とぶつかりそうになった車が犯人たちのものであることがわかる。しかも刑事のひとりが、その車のナンバーを覚えていた。特捜隊のメンバーになって以来、車のナンバーを覚えるのが習慣になっていたのである。

そしてまたもや強盗事件が発生する。今度はお金も奪われ、非常ベルで通報しようとした人質が射殺されてしまった。だが強盗に入られた不動産会社の社員が犯人の顔を偶然目撃していた。そこから犯人の身元が特定され、モンタージュ写真も作成される。また両方の現場に残された弾の線条痕（ここでは「ライフルマーク」と呼ばれている）が一致。その結果、2つの強盗事件は同一犯によるものと断定される。

さらに犯人たちは、3度目の強盗事件を起こす。現場に駆けつけた立石班は目撃者の証言から盗難車のナンバーを特定し、緊急配備を敷く。検問を避けようとして立石班のパトカーに見つかり、追跡される犯人の車。そこから激しいカーチェイスと銃撃戦が繰り広げられ、ようやく主犯格の男が逮捕されて事件は決着する。

いま見ても、展開がスピーディでわかりやすい。エンタメとして、すでに刑事ドラマのフォーマットが固まっている印象さえある。モンタージュ写真や線条痕の話はいまや刑事ドラマではごく当たり前の常識だが、当時の視聴者からすれば新鮮だったに違いない。加えてスケール感たっぷりのカーチェイスや銃撃戦もあるのだから、堪えられない面白さだっただろう。いわゆるスターが大挙出演するようなドラマではなかったが、この第1話の完成度を見ても長寿番組になったのがうなずける。

高度経済成長の産物としての刑事ドラマ

こうして2つの作品を並べてみると、刑事ドラマの持つ間口の広さが自ずと感じられる。人情ものに対するアクションものということに加え、「ふたりだけの銀座」であれば、単純な勧善懲悪には終わらない時代や社会への鋭い問題提起、テレビドラマの可能性を模索した実験性などを許容するものが刑事ドラマにはすでにあったことがうかがえる。

また、『特別機動捜査隊』にも、『七人の刑事』が浮き彫りにしようとしたのとはまた異なる意味での社会が映し出されている。

高度経済成長は、経済的部分だけでなく日本人の生活スタイルを大きく変えた。そのひとつが移動範囲の拡大の実現である。それを支えたのが、自動車の普及と道路網の整備によるモータリゼーションの進行だった。『特別機動捜査隊』の第1話も、犯人たちが車の機動性を利用して盗難車による強盗事件を繰り返す。いわば、モータリゼーションの影の側面である。そうした犯罪のありかたの変化こそが、『特別機動捜査隊』というドラマを成立させたとも言えるだろう。さらに言うなら、奇跡とも呼ばれた高度経済成長の達成が、日本人のなかに金銭への欲望を膨張させたということもあるだろう。

刑事ドラマというジャンルは、こうした高度経済成長という戦後史における特異な時代が生み出したものでもあった。

コラム1

取調室でカツ丼を出すのは禁止されている!?

刑事ドラマにつきもののお約束と言えば、取り調べ場面でのカツ丼、そして張り込み場面でのあんパンと牛乳が思い浮かぶ。なかなか自供しない被疑者を手なずけるために「カツ丼でも食うか?」と刑事が優しく話しかける、あるいは張り込みで持ち場を長時間離れるわけにもいかないので手軽に済ませられるあんパンと牛乳で空腹を満たす。

確かに昔の刑事ドラマでは、よく見た場面である。だが最近はあまり見なくなったようにも思う。では実際はどうなのか?

結論から言うと、取調室で被疑者にカツ丼を出すのは現在では禁じられているとのことだ。理由は、自白を誘導する利益供与になるから。カツ丼に限らず、同じ理由で他の食べ物や嗜好品を出すのもNG。ただ戦後の貧しかった時代は、庶民にとってのご馳走だったカツ丼を食べさせてやることで頑なな被疑者の口を緩めるということはあったらしいので、昔の刑事ドラマでそういう場面があったのは完全に現実離れしていたわけでもない。

あんパンと牛乳のほうは、法律的に云々という話はない。張り込みの対象から目を離さずに食べられるという意味で、弁当などではなくあんパンが重宝されたらしい。コンビニが普及していない時代に簡単に入手できる食料があんパンと牛乳だったということもあるだろう。

また、刑事ドラマで誘拐事件が起こったときに出てくる逆探知もお約束のひとつだろう。誘拐犯からの電話の発信元を特定するために警察が「話を引き延ばしてください」と頼む場面。ドラマではないが、黒澤映画『天国と地獄』が有名だ。『天国と地獄』の公開は1963年3月。その後に、犯罪史上有名な「吉展ちゃん誘拐事件」が発生した。この事件をきっかけに、まだ現実の捜査では認められていなかった逆探知が認められるようになったという。

あと、取調室にいる犯人の顔を確認するためのマジックミラーは実際にあるそうだ。また、事件関係者の顔写真が貼られ、プロフィールや相関図が詳しく書かれたホワイトボードもよく登場する。こちらは実際の警察では、捜査情報が漏洩してしまいかねないためそういうものはないらしい。

これなどは視聴者の便宜のためにあえて嘘の部分を残したと言えそうだが、大筋としてはあるときから最低限のリアリティが重視されるようになった。その端的な表れが、元刑事などの専門家に監修を依頼するようになったことである。最近ではスタッフクレジットに「警察監修」という肩書きを目にすることも当たり前になった。そうした監修のプロが所属するプロダクションも存在する。「チーム五社」はそのひとつ。映画監督の五社英雄が設立した五社プロダクションの監修チームで、元警視庁捜査一課長など捜査のプロが集まっている。

1972

3
テレビの社会的使命を担った
刑事ドラマの理想形
太陽にほえろ!

1972年7月21日～1986年11月14日（全718話）
▶金曜20時～　制作／日本テレビ、東宝

主なキャスト　石原裕次郎、露口茂、竜雷太、小野寺昭、下川辰平、関根恵子（現・高橋惠子）、萩原健一、松田優作、勝野洋、宮内淳、沖雅也、木之元亮、山下真司、神田正輝、渡辺徹、三田村邦彦、世良公則、地井武男、長谷直美、又野誠治、石原良純、金田賢一、西山浩司ほか

主なスタッフ　プロデュース／岡田晋吉、梅浦洋一、清水欣也ほか　脚本／小川英、長野洋、柏原寛司、鎌田敏夫、市川森一ほか　監督／竹林進、山本迪夫、鈴木一平、高瀬昌弘、澤田幸弘ほか　音楽／大野克夫

「金曜8時」という日テレ伝統枠を勝ち取った『太陽にほえろ!』

金曜夜8時になると、「太陽にほえろ!」というタイトルが大写しに。それとともに、井上堯之バンドが演奏するあの忘れがたい「タラッター　タタター♪」という旋律が流れてくる。そして刑事たちそれぞれの個性が垣間見えるような紹介映像が続くなか、ボスこと藤堂俊介を演じる石原裕次郎が左手をズボンのポケットに突っ込みながらビル街を颯爽と歩く。1972年7月21日にスタートした『太陽にほえろ!』のオープニングである。平均視聴率は27%、最高視聴率は40・0%(1979年7月20日放送「スニーカー刑事登場!」)。1986年11月14日の最終話まで、放送回数は全718話に及んだ、まさに刑事ドラマの金字塔と呼ぶにふさわしい。

それまでこの放送枠は、当時ジャイアント馬場とアントニオ猪木が2大スターだったプロレス中継でおなじみだった。日本テレビにとってプロレスは、戦後復興期の街頭テレビ時代のヒーロー・力道山以来、テレビ普及に大きく貢献した看板コンテンツ。したがって、プロレス中継は局を象徴する伝統枠であり不動の枠のはずだった。

ところが1971年末にアントニオ猪木が所属団体を追放されるという出来事に端を発し、NETテレビがジャイアント馬場の試合を中継するに至る。それに日本テレビ側が怒り、1972年5月にプロレス中継が急遽終了することになる。必然的に、「金曜8時」枠は空白になった。

当時日本テレビのプロデューサーだった岡田晋吉は、その機を逃さずかねて構想を練っていた刑事ものの企画を局側に提案した。ただ金曜8時台は常時20％以上の視聴率をあげているような人気枠であり、他局も力を入れてくる激戦区。むろん日本テレビ内の競合企画もあり、そう易々と採用とはいかなかった。

このときの競合企画というのが時代劇で、岡田の上司はそちらのほうに傾いていた。そこで岡田はスポンサーの三菱電機にいきなり企画を持ち込むという掟破りの挙に出る。そうまでしても、自らの案を通したかったのである。むろん社内でも批判は強かったものの、結局直属の上司や同僚の助力もあって岡田の刑事ドラマ企画は紆余曲折の末に採用となる（前掲『太陽にほえろ！伝説』、26－28頁）。

企画段階から中心になったのは岡田、脚本家・小川英、そして制作の一角を担った映画会社・東宝のプロデューサー・梅浦洋一である。企画書の段階で石原裕次郎の役名が「藤堂英介」、萩原健一の役名が「風間健一」と小川と梅浦の名前が1文字ずつ入っていたのは、2人の献身的な協力に対する岡田の感謝の念からだった。この一事からもわかるように岡田は役名に特別なこだわりを持っていた。『太陽にほえろ！』では、若者らしい響きを持つ名ということで新人刑事の役名を「じゅん」にすることにこだわった。萩原健一が「早見淳」、松田優作が「柴田純」、勝野洋が「三上順」、さらには何度か登場して活躍する警察犬にまで「ジュン」と名づけた（岡田晋吉『青春ドラマ夢伝説』、１３２－１３３頁）。

石原裕次郎の起用、その刑事ドラマ史的意義

キャスティングの最大の目玉は、何と言っても石原裕次郎の起用だった。１９５０年代から活躍し始め、カリスマ的な人気を誇った石原は、当時映画スターの象徴的な存在。まだ映画が上という意識も根強く、石原ほどの存在がテレビドラマにレギュラー出演するとはほとんど思われていなかった。実際、石原自身も映画に対する愛着と責任感は並大抵ではなく、本人は当初消極的だったとされる。だが番組サイドの熱心な働きかけや周囲の説得が実り、晴れて出演ＯＫとなった。

ちなみに「太陽にほえろ！」というタイトルは、定かではない部分もあるが、「太陽族」（裕次郎の兄・石原慎太郎のベストセラー小説『太陽の季節』から生まれた若者たちの呼び名。裕次郎のデビューは、その映画版だった）、映画の『幕末太陽傳』や『黒部の太陽』など、裕次郎がなにかと「太陽」と縁が深かったからだともされる。

一方で脚本の小川英は、このタイトルが決まったとき「何じゃこれは」と思ったらしい（『太陽にほえろ！ 完結記念号―14年7カ月の軌跡―』、１６６頁）。確かに改めて見ると「太陽にほえ

ろ！」という言い回しは比喩的なニュアンスが強く、タイトルを聞いただけでは何のドラマか想像するのが難しい。「○○刑事」や「警視庁○○」のようなストレートなタイトルが多い刑事ドラマとしては珍しいといえるだろう。

出演を引き受けた当の石原は、13回、つまり1クール（3か月）だけと決めていたようだ。そんなに続くとは夢にも思っていなかったわけである。だが開始すぐに番組の人気がぐんぐん上昇し、視聴率も20％を超えるようになったのを見て、その考えを改めた。

石原裕次郎の出演には、刑事ドラマの歴史にとって思わぬ副産物もあった。『太陽にほえろ！』の成功を間近で感じるなかで、経営上の理由もあり、石原は自らが設立した制作プロダクションである石原プロモーションで積極的に刑事ドラマの制作を手掛けるようになった。それが刑事ドラマ史にも残る『大都会』シリーズであり、『西部警察』である。

「新人刑事」枠はなぜ重要だったか～青春ドラマとしての『太陽にほえろ！』

もうひとつ、キャスティングの肝となったのは、新人刑事役だった。

1960年代から青春ドラマを手掛けて成功させていた岡田晋吉は、この『太陽にほえろ！』を刑事ドラマでありながら青春ドラマにしようと考えていた。その面での主人公となるのが新人刑事であり、悩みながら成長していく新人刑事の姿をドラマの軸に据えたいと思っていたのである。そしてその重要な役どころに起用されたのが、ショーケンこと萩原健一だった。

1960年代後半のグループサウンズブームのなかでザ・テンプターズのボーカルとして絶大な人気を博していた萩原は、ザ・テンプターズの解散後、紆余曲折を経て俳優として活動するようになっていた。そして岸惠子と共演した『約束』(1972年公開)などで、一途で無鉄砲なところがありながらも繊細さを併せ持つ若者を瑞々しく演じ評価されていた。岡田は、その彼に白羽の矢を立てた。

オファーを受けた萩原は、「太陽にほえろ!」というタイトルからして田舎臭く感じ、「こんなの、出たかねえや!」と思っていた。最初の役名案も「坊や」というなんとも可愛らしいもので、自身の美学にそぐわなかった。それではということで提案された「マカロニ」も気に食わなかったが、妥協した。ならばせめて衣装は自分の趣味で、と主張を通したのが、あの刑事らしからぬスタイリッシュな特注のスリーピースだった(前掲『ショーケン』、57頁)。

ただ、そうした萩原健一の人柄や振る舞いは、ある意味当時の典型的な若者のそれでもあった。素直ではなく、大人の言うことにハイハイとは従わない。ひねくれていて、不良的でもある。だがそう見えるのは、芯の部分には動かしたくない自分の美学があって、純粋でもあるからだ。そんな萩原は、岡田晋吉が目論んだ「青春ドラマとしての刑事ドラマ」というコンセプトにぴったりだった。実際、ドラマが始まると、ありがちな正義の味方とはまったく異なる新人刑事・早見淳の人気はあっという間に上昇した。

第1話「マカロニ刑事登場！」が提示したテーマ

ここで、マカロニ編の初回であると同時に記念すべき番組第1話でもある「マカロニ刑事登場！」を改めて振り返ってみよう。

まず登場シーンが度肝を抜く。いきなり映るのは、ジープ（車種はスズキのジムニー）を運転するスーツ姿のマカロニ。信号待ちではバイクに乗った隣の見知らぬ若者にライターを借り、それを忘れてそのまま立ち去ろうとする。七曲署に到着しても、ノーネクタイで長髪のマカロニを誰も新任刑事とは思わず、交通違反の罰金を払いに来たのかなどと勘違いされてばかり。捜査一係の部屋に行っても服装をからかわれ、拳銃を装着した姿が「マカロニウエスタンにこういうのいたな」と先輩刑事の通称「殿下」（小野寺昭）が一言。以後「マカロニ」のあだ名が決まった。

この回のストーリーは、拳銃が鍵になっている。マカロニの赴任早々起こったのは、密売拳銃による射殺事件。その被疑者は、警察に追われるだけでなく販売ルートの発覚を恐れた密売組織からも命を狙われることになる。ファンのあいだでは有名な話だが、この被疑者役を演じたのがまだ無名に近かった水谷豊。水谷はこのときの演技で萩原健一に好印象を残し、それが後に『傷だらけの天使』（日本テレビ系、1974年放送開始）での共演、弟分・乾亨役への抜擢につながることになる。

マカロニは一度この被疑者を発見し、追い詰める。銃を構えて対峙する2人。「撃てるもんなら撃ってみろ！」と挑発されるものの、マカロニは引き金を引けない。そしてその様子を見た先輩刑事の石塚誠、通称「ゴリさん」が、相手が先に撃とうとするのを見てとっさにマカロニをかばい、自分が銃弾を受けて怪我をしてしまう。「馬鹿野郎！それでもデカか」とボスに叱責されるマカロニ。

そのことで落ち込み、刑事という仕事を続けるべきかどうか悩んだマカロニは、迷ったあげく自分のやりかたとして拳銃も警察手帳も持たずに捜査をすることを決心する。そして被疑者を追い詰め、再度対峙する。その場所は後楽園球場。無人のスタンドで向かい合う2人。ここでも「撃てるなら撃ってみろ」と挑発されたマカロニは、「いや、俺撃たねえ」「拳銃置いてきたんだ」と丸腰であることを相手に伝える。そしてこう静かに語りかける。「俺だって同じだよ。拳銃好きだよ。でも、俺の撃ちたいのはお前みたいな奴じゃねえんだ」。それでも信じようとしない相手に対し、その場に来ていたボスが、「早見の言う通りだ。俺たちは人殺しじゃない。お前だって殺したくて人を殺したわけじゃあるまい。銃を捨てろ。捨てるんだ」

と説得。その言葉に被疑者はようやく我に返って崩れ落ち、銃を手放す。そしてボスは、拳銃と警察手帳を早見に返す…。

一見型破りではあるが、根の部分は純粋なマカロニという人物が見事に表現された初回と言うべきだろう。一件落着後のエンディングでの「もしあのとき犯人が銃を捨てなかったらどうしてた?」「ボスならどうしますか?」「さあな、俺にもよくわからん。だがひとつはっきりわかっていることがある。それはな、人間が人間を平気で撃てるようになったらおしまいだということだ」という会話にも、『太陽にほえろ!』全体を貫くヒューマニズムが感じ取れる。岡田晋吉によれば、『太陽にほえろ!』の中心テーマは、「信・望・愛」、すなわち「信頼すること、希望を抱くこと、愛すること」だった(前掲『太陽にほえろ!伝説』、124頁)。

こうして初回でマカロニのキャラクターはしっかりと定まった。だが、一人前の刑事への道は険しい。誰かを犯人扱いすることが相手の人生にとってどれだけ重いことかを思い知らされるエピソード(第2話「時限爆弾街に消える」)など、苦悩と挫折、そして反省を繰り返しながらそこから少しずつ学び、経験を積むことでマカロニは一歩ずつ成長していく。

そしてそれはまさに、1970年代青春ドラマの王道パターンでもあった。ただ刑事ドラマの場合、刑事は人間の生死にしばしば直接関与することになる。状況によっては、相手が犯罪者であったとしても、やむを得ず自らが人間の命を奪うこともある。初回のマカロニもすでにその瀬戸際に立たされていた。もちろんそれは法律で許された職務上の行為であるとはいえ、そうした極限状況を経験すること自体が本人のこころに重たいものを残さないわけがないだろう。

そういう状況が、実際マカロニにも訪れる。第20話「そして、愛は終った」。脚本は、後に『傷だらけの天使』でも萩原健一を支えることになる市川森一。市川は、これが『太陽にほえろ!』のデビュー作だった。そして犯人役を演じたのは、萩原にとってグループサウンズ時代ライバルだった沢田研二である。

沢田が演じたのは、美大の学生・清坂貞文。彼は、ひとりの老女を絞め殺してしまう。その女性はかつて清坂の家の家政婦をしていた。そのとき、清坂と叔母とが肉体関係にあることを目撃し、それをネタに金をゆすり続けていたのだ。ところが、遺体を始末しようとする途中で、清坂はマカロニと偶然出会い、ともにこころを通わせるようになる。だが結局、殺人事件の犯人であることが判明した清坂は人質をとって逃げようとする。それを制止しようとしたマカロニは、激しく葛藤しながらも初めてひとを撃つ。そして、初めてマカロニは犯人を銃で射殺してしまうのである。

マカロニが犯人を殺すという展開は、萩原健一自身による提案だった（前掲『ショーケン』、64－65頁）。もちろん、マカロニは「平気で」犯人を撃ったわけではない。その前に2人の交流が描かれているように、すでにマカロニは清坂に感情移入している。だからやむにやまれず撃った後も、後悔の念に苛まれて泣きじゃくる。しかも振り返ってみれば、清坂はマカロニに自分を撃たせるようわざと人質をとったと思しい。

そこには青春ドラマによくあるような友との別れ、それを通じての成長が描かれていると見ることができる。だが相手の命を図らずも自分が奪ってしまうという結末である分、通常の青春ドラマでは描くことのできない残酷さ、刑事ドラマだからこそ描かれ得るような成長のはらむ苦さがそこには感じ取れる。

「殉職」というアイデアはどのように生まれたか

ところが、こうした成長のプロセスのなかで、『太陽にほえろ！』は青春ドラマのフォーマットがはらむ本質的なジレンマに直面することになる。

それは、「成長のプロセスは永遠ではなく、いつかは終わりを迎える」ということだ。成長することの目的は成長の余地がなくなるまで成長を続けることであり、その意味で成長のプロセスには本質的な逆説がある。

青春ドラマであれば、たとえばそれは子どもの時期を過ぎ大人になるというかたちでやってくる。学園ドラマであれば、学校の卒業がその区切りとなることも多い。高校が舞台であれば、高校卒業が大人への第一歩として描かれる。その点、純粋な青春ドラマであれば、青春の終わり、言い換えれば「青春からの卒業」を描くことはそれほど難しいことではない。

ところが、刑事ドラマの場合、青春の終わりを描くことは意外に難しい。刑事自体が学校を卒業して就く職業のひとつであり、若者の警察官からの卒業をわかりやすく示すことは容易ではない。

そこで導き出された結論が、「殉職」という区切りだった。マカロニはボスと並んでこのドラマのもう一方の主役である。主役級の刑事がドラマのなかで死を迎えるという結末は、それまでの常識ではあり得ないこと、一種のタブーだった。むろん当時の番組関係者も大いに迷ったようだが、「青春からの卒業」を刑事ドラマのなかで示すにはこうするしかない、というのが最終的な結論だった。

この苦渋の決断は『太陽にほえろ！』のストーリー展開そのものに影響を及ぼし、マカロニ以降殉職というかたちで降板するのがひとつの恒例となった。松田優作演じる二代目新人刑事、「ジーパン」こと柴田純の殉職シーンも、あの「なんじゃこりゃあ！」というセリフとともにいまだに語り草になるほどだ。そして、現在放送される刑事ドラマの多くにも殉職というパターンは受け継がれている。殉職は、刑事ドラマ史における最大の発明のひとつになった。

そもそも殉職を提案したのは、ほかならぬ萩原健一だった。過剰とも言えるほどのマカロニ人気もあり、今後同じような役柄ばかりになることを恐れた萩原は、殉職による降板を提案したのである（同書、64－66頁）。

そこには、萩原がかねがね抱いていた不満があった。それは、『太陽にほえろ！』が「セックス」を描かないということである。犯罪には、痴情のもつれという表現もあるように、男女の恋愛、ひいてはセックスの要素が直接の原因になっていることも多い。だが岡田晋吉をはじめとしたスタッフは、夜8時台のファミリー視聴者層が多い時間帯ということを踏まえ、犯罪とセックスを直接結びつけて描かないことを番組の方針と定めた（前掲『太陽にほえろ！伝説』、24－26頁）。実際は、セックスを絡めたことは計3回あるのだが、逆に言えば、700回以上ものなかでよくたったそれだけにとどまったと言えるだろう。

だがそのことは一方で、大人の世界に深く踏み込めないということにつながる。そのときの萩原にとっては、大人の役柄を演じるために『太陽にほえろ！』という作品からの卒業が必要な時期が来ていた。翻ってみれば、先ほどふれた第20話の犯罪の動機もセックス絡みであり、この回のプロットが萩原主導であったことは示唆的である。降板直後に彼の出演した『傷だらけの天使』が夜10時台の放送でセックス描写も多かった背景には、そのような事情もあった（前掲『青春ドラマ夢伝説』、159－162頁）。

そうした経緯もあり、マカロニの死の描かれかたは決してヒーローのように美しいものでも、格好良いものでもなかった。むしろ惨めで無意味なものとして描かれた。それもまた、「刑事としてではなくふつうの若者として全くの無駄死にをしたい」という萩原健一の申し出によるものだった（前掲『太陽にほえろ！伝説』、211頁）。

マカロニが殉職する第52話「13日金曜日マカロニ死す」は、またもや拳銃がひとつのポイントになっている。

銃を持った男2人組がいるというタレコミを受けて、マカロニとゴリさんは2人がいる店を訪れる。だが隙を突かれ、相手が発砲。その弾を受けたゴリさんは意識不明の状態で病院に運ばれてしまう。手術は成功したものの意識はさめず、危険な状態が続く。

実は店に入る前、普段は拳銃に弾を込めないゴリさんが、今回は弾を込めようかどうしようか迷う場面がある。それをマカロニは笑って見ていたのだが、ゴリさんの予感が的中したかたちになったわけである。そのとき自分の取った態度を後悔し、責任を痛感するマカロニ。

その2人組は銀行強盗の犯人であることがわかり、顔を見ているマカロニは不眠不休で捜査に取り組む。情報を知っていそうなタレコミ屋を突き止めるが、焦って感情的になるあまり相手に暴力を振るってしまい、山さんに叱責され、殴られる。だがマカロニは、仲間がやられて燃えない奴がいるか、と反論する。

そしてようやく犯人の居場所を突き止めたマカロニだったが、激しい銃撃戦になる。そのうちマカロニの銃弾が尽きて絶体絶命のピンチに。しかし危機一髪のところに山さんが車で駆けつけて、無事犯人は逮捕される。解決後、ゴリさんのいる病院を訪ねるマカロニ。自分も今度ばかりはやられたと思ったが、命がけで山さんが助けてくれたと感謝するとともに、「やっぱり人間は生きてないとダメだね。刑事になって良かったよ」とゴリさんにしみじみ語りかける。ゴリさんもいつしか意識が戻っていて、涙ぐむ。

その帰り道。工事現場で立小便をするマカロニ。だがそのとき、通り魔がマカロニに襲い掛かる。ナイフで腹を刺されて、相手を捕まえようとするが逃げられてしまう。「熱いな」とうめきながらその場に倒れ、息を引き取るマカロニ…。

刑事も一市民である限り、犯罪に巻き込まれることもあるという事実をこれほど無慈悲に描いたものもあまりないだろう。だからこそ、この場面はインパクトも大きく、ずっと語り継がれるものになった。そしていまふれたあらすじからもわかる通り、マカロニが刑事という職業を自らの天職と思えるほどに成長したとき、新人刑事・マカロニの成長物語も終わりを告げるのである。

刑事たちの人間模様～群像劇としての『太陽にほえろ！』

700回以上も続くなかで、むろん『太陽にほえろ！』は新人刑事の青春ドラマのみに終始したわけではない。七曲署捜査一係一人ひとりの刑事がフィーチャーされ、事件とも絡めながらそれぞれの人生模様がじっくり描かれた。この群像劇としての力の入れ具合も、『太陽にほえろ！』が後に続く刑事ドラマのお手本になったところのひとつだろう。

独身の刑事については、恋愛模様が軸に描かれることが多かった。

なかでも、若い女性視聴者から絶大な人気を誇った小野寺昭演じる殿下こと島公之はその筆頭格だ。第70話「さよならはいわないで」をはじめとして、度々殿下の恋愛ストーリーが繰り広げられた。ただいずれも悲劇的な結末に終わる。そのことがさらに、殿下に対する女性視聴者のファン心理をくすぐることにもなった。

竜雷太が演じたゴリさんも七曲署捜査一係のなかの独身組のひとり。第122話「信念に賭けろ！」で恋人が現れ、進展を見せるが、第200話で別れてしまう。第310話では別の男性と結婚した彼女と再会するなど、2人の関係性が丹念に描かれた。またその後、聴覚障害者の女性と出会い、恋愛関係に（この女性の設定は、聴覚障害者の女性から届いた手紙をきっかけに実現した。当時としては珍しく、画面に手話通訳の字幕を入れる試みも行っている。同書、242頁）。だが結婚も間近というときに、ゴリさんは殉職してしまう。

開始当初は少年課の女性警官として登場したのが、関根恵子（現・高橋惠子）が演じた「シンコ」こと内田伸子だ。七曲署の刑事たちがよく通う小料理屋「宗吉」の一人娘（父親役はハナ肇）でもある。そして後に、希望していた捜査一係に配属になった。新人刑事たちとは年齢が近いこともあってお互い本音で言い合えるような間柄。とりわけジーパンとは恋愛に発展し、婚約もした。だがその矢先、ジーパンが殉職となってしまうという展開だった。

また既婚者の刑事の場合には、夫婦愛や家族愛が描かれた。その意味では、『太陽にほえろ！』にはホームドラマの側面があった。1970年代は驚異的視聴率をあげた『ありがとう』シリーズ（TBS系、1970年放送開始）に代表されるように、ホームドラマの全盛期。『太陽にほえろ！』が夜8時台の放送で視聴者層としてファミリーを意識していたこともあって、ホームドラマ的要素が取り入れられた。

露口茂演じる「山さん」こと山村精一については、夫婦の絆の深さにスポットが当たった。無口で厳しく、プライベートのことはほとんどしゃべらない山さんだが、妻に対する愛情の深さには格別のものがあった。第11話「愛すればこそ」から始まり、途中妻が人質に取られる事件などもありつつ、第206話で妻と死別することになる。その間、妻の遠縁の子どもを養子として育てることもしていた。

そして下川辰平が演じた「長さん」こと野崎太郎は、叩き上げの刑事という設定もあってか、団地暮らしの庶民的なマイホームパパであった。他の刑事たちが恋人や家族との関係において波乱万丈の展開になることが多いなかで、最も平穏無事な家庭生活を送っていた。第22話「刑事の娘」が長さん家族をフィーチャーしたシリーズの始まり。『太陽にほえろ！』自体の長寿番組化に伴い、娘が結婚して独立するまでが描かれた。

『太陽にほえろ！』の多彩なストーリー性、その源

こうしたところからも、ストーリーがいかにバリエーションに富んでいたかがうかがえるだろう。それらは、日本テレビと東宝のスタッフ、脚本家による共同作業によって毎回練られ、つくられていた。初期の段階では原作・企画者として「魔久平」（ま・くべい）の名がクレジットされているが、これは岡田晋吉、梅浦洋一、そして小川英の共同ペンネーム。警察小説『87分署』シリーズで世界的に有名な小説家、エド・マクベインにあやかったものだった。

とはいえ、そうした共同作業のなかで特に大きな役割を果たしたのは、やはり脚本家の小川英だった。

小川が自ら脚本を執筆することも多かったが、週1回の放送に間に合わせるには、6人の脚本家が同時に書き始める必要があった（同書、29頁）。だがそれぞれの脚本家が自分の好き

なように書いていては、作品の世界観が保てなくなる。そこで脚本全体の一貫性を保つ監修者としての役割を持たされたのが小川だった。

その際、岡田晋吉は、「どうやって金庫の大金を盗み出すか」「この新人には長ゼリフは任せられない」といった細かい部分だけでなく全体のストーリー展開にも注文をつけ、小川と激論になることもしばしばだった。それは根底においては、小川が手掛けてきた「刑事もの」の論理と岡田のバックボーンにある「青春もの」の論理とのぶつかり合いであった。小川は持ち前の柔軟さで、場合によっては全編書き直しということになっても即座に根気よく対応し、見事な脚本に仕上げたという。だが岡田も文句のつけ所がないほど完成度が高く、第一稿のまま1回の直しもなかった回が全718話中一度だけあった。それが小川の書き下ろした第52話、そうマカロニ殉職の回である（同書、136－140頁）。

その一方で、『太陽にほえろ!』では、時代に先駆けたとも言える斬新な試みもあった。それは、視聴者からシナリオやプロットを募集し、採用したことである。

元々それに限らず、『太陽にほえろ!』という作品自体が、常日頃から視聴者との関係性を強く意識していた。たとえば、第77話「五十億円のゲーム」では、銀行のキャッシュサービスを利用した犯罪の手口が描かれるが、放送中に「このシステムを犯罪に利用することは不可能です」というテロップをわざわざ入れた。

また、視聴者の声がストーリーに影響を与えることもあった。たとえば、当初スタッフは、マカロニを刺し殺した犯人を捕まえる話をつくるつもりはなかった。だが殉職の後、視聴者から「犯人を捕まえてほしい」という要望が相次ぎ、結局第65話「マカロニを殺したやつ」が制作された。この頃から、視聴者からのシノプシス（あらすじ）の投稿なども増えてきたという（同書、214頁）。

第247話「家出」もそうである。殿下のファンだった娘が家出をしてしまって帰らないという父親から、心配しているから家に帰るように娘にテレビから伝えてほしいという相談があった。そこでつくられたのがこの回で、同じような設定で家出した少年に「父親が心配しているから早く家に帰るように」と殿下が説得する場面を入れた（同書、227頁）。

視聴者からのシナリオ・プロットの投稿や募集は、こうした視聴者との密接な関係があって初めて成立したと言うべきだろう。

第79話「鶴が飛んだ日」は、視聴者の女子高生から送られてきたシナリオが元になった。この女子高生は山さんと殿下のファンで、劇中では2人が協力して麻薬犯罪に立ち向かう姿が描かれる（同書、216頁）。まさに一ファンの願望が実現したかたちで、テレビドラマの歴史においてもまれなケースだろう。

こうした流れのなかで、公式にプロット（シナリオ）募集もおこなわれた。それを通じて発掘され、番組のチームに加わった脚本家もいた。また向田邦子原作ドラマの脚本で有名な金子成人は、応募したプロットが第126話「跳弾」で採用されたことをきっかけに、同じ日本テレビの刑事ドラマ『大都会』シリーズで脚本を担当することになった。

こう見ると、『太陽にほえろ!』は長寿ドラマになるなかで、ストーリーに多様性を持たせることを心がけ、そのために広く人材を採用していたことがよくわかる。ほかにも、主婦層に受け入れられるストーリーを、ということで、あの俳優で声優の大山のぶ代が脚本に参加していた。大山が執筆したものは、第129話「今日も街に陽が昇る」から始まり、全部で5話に及んでいる。

『太陽にほえろ!』が変えた刑事ドラマの音楽

『太陽にほえろ!』は、刑事ドラマにおいて音楽がもたらす効果の大きさを再認識させた記念碑的作品でもある。ここでのキーパーソンも萩原健一で、彼が衣装とともに自分に決めさせてほしいと頼み込んだのが音楽だった（前掲『ショーケン』、57頁）。

『太陽にほえろ!』出演直前まで、萩原健一はグループサウンズのスターを集めて結成されたバンド・PYGで音楽活動をしていて、なかでも沢田研二とのツインボーカルは話題になっていた。だが1972年に解散。それ以来、歌は歌っていなかった。それでも『太陽にほえる！』の音楽を自分でやりたいという思いは強く、グループサウンズ仲間につくってもらうことにした（同書、57－58頁）。

基本は歌のないインストゥルメンタルで、従来の刑事ドラマの劇伴（ＢＧＭ）にはなかったロック色を出すこと。そのあたりは、グループサウンズ時代からロック志向の強かった萩原らしさが出ている。新しい試みということもあり、結局この条件が承諾されたのはクランクインの１日前だった（同書、58頁）。

萩原が劇伴担当として白羽の矢を立てたのが、グループサウンズ時代からの知己である大野克夫である。大野もまたグループサウンズ出身。堺正章や井上順も所属した人気グループのひとつ、ザ・スパイダースのメンバーとしてキーボードを担当。ＰＹＧのメンバーでもあった。そして曲の演奏は、ザ・スパイダースからＰＹＧという同じ経歴を持つギタリストの井上堯之が中心となり、ＰＹＧにいたメンバーたち、大野と井上に加え、ベースの岸部修三（現・岸部一徳）、ドラムの原田裕臣が担当することになった。「井上堯之バンド」というグループ名は、番組スタッフがつけたものだった（『大人のMusic Calendar』２０１６年7月31日付け記事）。

こうして出来上がったのが、「タラッタ―　タタタ―　タララ―　タララララ―ララ―♪」という旋律が心地好い、あのメインテーマをはじめとする数々のＢＧＭである。従来の刑事ドラマ、ひいてはテレビドラマ全般において、劇中に流れる挿入曲とくれば歌謡曲と相場が決まっていた。インストゥルメンタルという場合もあったが、そんなときも歌謡曲調のメロディであることが定番だった。そこに当時としては斬新なロックの演奏が流れてきたのだから、新鮮だった。

この『太陽にほえろ!』の劇伴は瞬く間に人気を博す。番組でレコード化にあたってプレゼントの希望者を募ったところ、40万通以上もの応募があった。放送100回を記念して発売された4曲入りのシングルレコードは、計30万枚を売り上げた。テレビドラマの劇伴としてはかつてない記録である（同記事）。

『太陽にほえろ!』の音楽はどこがすぐれていたのか？　むろん楽曲そのものの良さは大前提としてある。だがそのうえで、ドラマの劇伴としては作品の世界にしっくりなじみ、その魅力をより高めるものでなければならない。

その観点から見るとき、『太陽にほえろ!』における音楽の良さとして「走る」場面との相性の良さがひとつ挙げられるだろう。

しばしば指摘されるように、『太陽にほえろ!』の刑事たちはよく走る。もちろん逃げる犯人の追跡場面などでは必然的にそうなる。だがそれだけでなく、走る場面が多い。特に新人刑事などは、街の雑踏のなかを全速力で駆け抜けたりする。それはいうまでもなく、肉体の運動を通じて端的に躍動感を伝えるためだ。スタート時のメイン監督だった竹林進は、人間の最も美しい姿は走る姿だという信念を持っていたという（『太陽にほえろ！　10周年記念号』）。

出演者のなかでも、その点際立っていたのがジーパン、つまり松田優作だった。長身に長い手足、あだ名そのままのジーパン姿は、いっそう走る姿を引き立てる。松田は新人刑事役として勝野洋が入ってきたとき、アドバイスを求められて「走る姿を勉強しろ」と言った。走るのにも色々理由がある。だがそれを走る姿だけで、なにを目的に走っているのかをわからせなければならない。そう松田は説明したという。岡田晋吉は、第72話「海を撃て!!ジーパン」での犯人を追って堤防を疾走するシーンは芸術の域に達していたと絶賛する（前掲『太陽にほえろ！伝説』、76頁）。

ロックをベースにしつつ、場面に応じて感情の繊細な動きを表現するような旋律を兼ね備えた劇伴は、まさにこうしたセリフのないシーンで特にその効果を発揮した。もちろん、それ以前から印象的な刑事ドラマの劇伴が存在しなかったわけではない。だが、『太陽にほえろ！』のそれほどドラマのコンセプトと一体化したものは稀有だったと言えるはずだ。

七曲署はなぜ新宿にあったのか？

ドラマ開始時の時代背景についても少しふれておこう。

刑事たちの勤め先である七曲署（ちなみにこのネーミングは、開始当初の制作主任の名前が「大曲」だったので、それに因んだという。前掲『青春ドラマ夢伝説』、143頁）は、東京の新宿にある。劇中では新宿区矢追町となっているが、これは架空の町名だ。

1972年の新宿と言えば、前年に京王プラザホテルが西新宿にオープン。これに象徴されるように、新宿駅の西側が副都心として大規模な再開発が進められ始めた頃である。オープニングでボスを演じる石原裕次郎が悠然と歩いているバックに映っているのが、そのオープンしたばかりの京王プラザホテルである。1991年には東京都庁が移転してくるわけだが、すでに1970年代から新宿は高層ビルの街へと姿を変え始めていた。

それに限らず、1970年代前半はちょうど時代の変わり目だった。西新宿が再開発の中心になりつつあるなかで、新宿にはまだ、1960年代の反体制文化の名残が濃厚にあった。

1960年代後半、世界的な学生運動の盛り上がりがあるなかで、新宿はその中心のひとつになった。「ベトナム戦争反対」を唱える学生たちが新宿駅ホームで警官隊と衝突した「新宿騒乱事件」が起こったのも1968年のことである。

反体制運動は文化にも及んだ。やはりベトナム戦争反対を訴える若者らが新宿駅西口地下広場で定期的に集会を開き、そこで反戦歌を歌うようになった。「フォークゲリラ」と呼ばれ、最盛期には聴衆で地下広場が埋めつくされるほどの活況になる。あるいは、ヒッピーと呼ばれたドロップアウト志向の若者たちが集ったのも新宿だった。彼らは当時盛んになった既成の商業演劇に対抗するアングラ演劇の公演に詰めかけ、ジャズ喫茶で世のありかたについて政治的哲学的議論を交わした。

だがそうした反体制への巨大な熱気も1970年代に入ると急速に鎮静化していく。1972年に起こった連合赤軍によるあさま山荘事件、その後明らかになる内ゲバの凄惨さは、〝政治の季節〟の終わりを告げるものだった。若者はエネルギーの向けどころを見失い、「無気力、無関心、無責任」を特徴とする「しらけ世代」などとメディアからレッテルを貼られた。

『太陽にほえろ!』においてマカロニやジーパンがまとっていた一種異物のような空気感は、そんな時代を反映したものと思える。警察は、いわば体制の象徴だ。そのなかで、長髪やラフな服装だけでなく、警察官としての振る舞いにおいても体制への違和感を漂わせていたマカロニやジーパンは、依然としてどこか1960年代の空気を発散していた。

だが、彼らが殉職してドラマの舞台から去るとともに、そうした空気も作品のなかから次第に薄れていった。要するに、『太陽にほえろ!』は、戦後日本社会のひとつの転換期に登場した刑事ドラマであった。その証しとして、物語の中心が新宿という場所に設定されていたことを、時代の刻印としてぜひ記憶しておきたい。

1980年代における『太陽にほえろ！』の変化

そうした社会の変化のなかで、さらに1980年代に入る頃になると『太陽にほえろ！』という作品自体、徐々に変わっていかざるを得なくなった。

テレビ番組の宿命として、裏番組との激しい視聴率競争による影響もあった。岡田晋吉によれば、大きな節目となったのが1978年4月のキャンディーズ解散コンサートの中継だった。人気アイドルグループのキャンディーズは、その前年コンサートで突然解散宣言をおこない、社会現象となっていた。そしてその解散コンサートが、後楽園球場で5万5千人を集めて開催されたのである。その録画中継を、TBSが『太陽にほえろ！』の裏にぶつけてきた。果たして、その番組は32・3％という高視聴率を記録。この結果に勢いを得たTBSは、翌年裏で学園ドラマ『3年B組金八先生』をスタートさせる。そしてご存じのようにこちらも人気ドラマシリーズへと成長し、『太陽にほえろ！』の脅威となっていく（前掲『太陽にほえろ！伝説』、230頁）。

さらに時代も1980年代に入ると、後のバブル景気を予感させるような、軽く楽しい雰囲気のコンテンツに関心が向かうようになる。1979年に始まって人気を博した『噂の刑事トミーとマツ』（TBS系）は、まさにそうした時代を反映するように徹底して明るくコミカルな刑事ドラマだった。

『太陽にほえろ！』もそうした諸々に対応せざるを得ず、新たな模索の時期に入った。たとえば、新人刑事のキャラクター設定にそのあたりは如実に表れた。

『太陽にほえろ！』に登場した七曲署捜査一係の新人刑事は全部で18人。そのうち女性は関根恵子が演じたシンコこと内田伸子（先述のように当初は同署の少年課警官）と長谷直美が演じたマミーこと岩城（早瀬）令子の2人である。三代目のテキサスまでは先ほどふれたが、その後もボン（宮内淳）、スコッチ（沖雅也）、ロッキー（木之元亮）、スニーカー（山下真司）と続いていった。

大阪生まれでぼんぼんだから「ボン」、洋服からなにからイギリスものなので「スコッチ」などそれぞれに個性派なのだが、「軽くなる」という意味で新人刑事のキャラクター設定に変化が訪れるのは、八代目のドックこと西條昭（神田正輝）からである。「ドック」とは、医大中退という刑事としては変わり種の経歴から付いたニックネーム。それも自分からそう呼んでほしいと周囲に頼むという、それまでになかったパターンだった。言動も軽く、ダジャレをところかまわず連発したりする。「ゴリさん」をうっかり「ゴローさん」と呼んでしまうこともあった。

神田正輝が『太陽にほえろ！』に登場したのは、1980年。爆発的な漫才ブームが起こり、世の中全体がお笑い志向へと向かい始めたタイミングだった。その状況を見た岡田晋吉は、笑いを重視した作風への転換を決意する。その象徴的存在となったのが、ドックだったのである。『『太陽にほえろ！』の前半を支えたのが竜雷太だとすると、後半を担ってくれたのが神田正輝」だと岡田は高く評価する（同書、176－178頁）。

ここから、新人刑事にも「ダメ男」の系譜が生まれる。マイコン（石原良純）などもそうである。神田正輝も、ブレークしたのは学園ドラマ『青春ド真中！』（日本テレビ系、1978年放送）で演じた、見た目は二枚目なのにドジで頼りない教師役からだった。それがドック役のヒントになったのである。

また1980年代は、アイドル歌手全盛の時代でもあった。そのファンは、当然10代を中心に若い層が多い。そこで『太陽にほえろ！』にも増えつつあった若い視聴者向けにアイドル的魅力を持つ刑事を入れようという流れになった。ラガー（渡辺徹）の登場である。この目論見は見事に成功し、渡辺は歌手としてもヒット曲を飛ばし、まさにアイドルとして活躍した。

『太陽にほえろ！』は〝社会派エンタメ〟であることを貫いた

ただこうして時代の波に敏感に反応する一方で、社会問題を鋭く意識し、視聴者へのメッセージを発信し続けたところに、『太陽にほえろ！』らしい一貫した健全な刑事ドラマへの姿勢が感じられる。

たとえば、第269話「みつばちの家」では、高齢化社会をめぐる問題が取り上げられた。当時、高齢者の孤立を防ぐために見ず知らずの若者と高齢者が同居生活を送るという試みが実際にあり、その設定を取り入れた話である。加藤嘉がメインとなる老人を演じている。

また第656話のタイトルは「いじめ」。現在でも深刻な問題だが、当時からすでに憂慮されていた問題だった。石原良純演じるマイコンが、思わぬ活躍を見せる。いじめ問題は、第693話「わが子へ!」でも再度扱われる。

刑事ドラマは究極の〝社会派エンタメ〟であると「はじめに」でも書いた。『太陽にほえろ!』と言うと、ここでも書いてきたように刑事たちの人間ドラマや群像劇、華々しいアクションなどに目が向きがちだが、もう一方でこれほどテレビの社会的使命を果たそうと真摯に取り組んだ刑事ドラマも珍しいだろう。『太陽にほえろ!』は、〝社会派エンタメ〟としての刑事ドラマのひとつの理想形、その後の刑事ドラマにとってのあるべき道筋を示した。

1973

4

高度経済成長の終わりに現れた 天知茂演じる一匹狼刑事

非情のライセンス

1973年4月5日～1980年12月4日(全202話)
▶木曜22時～　制作／NETテレビ(テレビ朝日)、東映

主なキャスト　天知茂、山村聰、渡辺文雄、左とん平、多々良純、葉山良二、宮口二郎、梅津栄、北島三郎、テレサ野田、江波杏子、篠ひろ子、村松英子ほか

主なスタッフ　プロデュース／片岡政義、高橋正樹、桑原秀郎ほか　脚本／橋本忍、宮川一郎、橋本綾ほか　監督／永野靖忠、松島稔、鈴木敏郎、伊賀山正光ほか　音楽／渡辺岳夫　エンディングテーマ／天知茂「昭和ブルース」

「昭和ブルース」が印象深いハードボイルド刑事ドラマ

「うまれた～時が～悪い～のか～　それとも～おれが～悪い～のか～♪」と始まる「昭和ブルース」。主演の天知茂が渋い低音で哀愁たっぷりに歌うこのドラマのエンディングテーマである。

こうした楽曲はドラマ用につくられることが多いが、この場合は違った。オリジナルはザ・ブルーベル・シンガーズというグループが歌っていたもの。それを聞いたこのドラマのプロデューサー・片岡政義がこの歌のなかに戦中派に通じる世をすねたものの心情を感じ取り、そこからこのドラマを発想した（前掲『テレビドラマ全史』、240頁）。

確かに天知が演じる主人公・会田健は、世の慣習や風潮などにはまったく目もくれず、ひとり自らの信念にのみしたがって生きる一匹狼の刑事だ。特捜部に所属している同僚刑事もいるが、誰か決まった相棒がいるわけでもない。いつも基本は単独行動で、上司である矢部警視（山村聰）にもまったくこびへつらわない。私生活も独り身で、事件関係者の女性と気持ちを通わせることもなくはないものの、特に交際している異性も登場しない。ハードボイルドを目指す刑事ドラマは少なくないが、これほど絵に描いたようなハードボイルドもあまりほかにない。

捜査手法もアウトローという表現がぴったりだ。事件解決のためなら違法捜査も厭わない。

口を割らない相手は迷わず痛い目に合わせ、強引に吐かせる。そしていざとなれば、躊躇せず犯人を射殺する。そもそも特捜部に配属されたのも、警視庁捜査四課の刑事だったときに有無を言わさず暴力団員を10人以上射殺し、過剰防衛と新聞が書き立てる大問題になったからである。結局、第3シリーズの最終話では、やむを得ぬ事情とは言え自分も罪を犯し、刑務所に入ることになる。

ただ、情がないわけではない。なんらかの事情があることを知り助けたいと考える相手は、犯人とわかってもあえて逮捕しないこともある。この後でふれるが、特に第1話の加賀まりこや第4話の江波杏子など女性の場合がそうだ。ただ別に見返りを求めるわけではない。そのあたりもハードボイルドだ。

そして戦中派ということで言えば、会田にはもうひとつ重要な秘密がある。

会田は広島の出身。戦争中の原爆で両親を殺され、自分も被爆した。そして姉が米兵にレイプされ亡くなるという辛い出来事を経験している。そのことは、シリーズ中にも何度か重要なポイントになることとして、ストーリーのなかに登場する。

第2シリーズ第9話「兇悪の口紅」では親との関係に苦しむ犯人に自分の両親が原爆によって亡くなったことを告白し、同じく第2話「兇悪の傷痕」では、逃走中の殺人犯の姉で、長崎で被爆したことで病気になった女性に両親の原爆による死、そしてたったひとりの姉も戦後強姦され亡くなったことを告げて弟のことを聞き出す。同じく第46話「兇悪の閃光」では、会田が捜査のため広島に帰郷。そこで被爆二世である女性と出会い、自分も同じ境遇であることを打ち明けながら、結婚するかどうかに悩む彼女を説得する。

まだ戦争の記憶が多くの人びとのなかに生々しくあった1970年代の刑事ドラマには戦争が暗い影を落としていることがよくあるが、主人公の人物設定にここまで戦争が深くかかわっているケースはほとんどないだろう。そしてそこに、感情を表に出すことのない会田のハードボイルドさの一因もあるように思える。

「ニヒル」が代名詞だった俳優・天知茂

こうした会田の人物設定に説得力があったのも、天知茂という俳優の得難い存在感によるところが大きい。大げさではなく、天知でなければこの作品がここまで記憶に残るものになることはなかったのではあるまいか。

天知は1931年生まれ。松竹の大部屋俳優を経て、1951年新東宝にニューフェースとして入社。当初なかなか芽が出なかったが、徐々に活躍の場が広がった。そして中川信夫監督の映画『東海道四谷怪談』（1959年公開）で演じた民谷伊右衛門役で一躍注目された。その後は時代劇を主に活躍したが、一方で1960年代後半、三島由紀夫脚色、美輪明宏主演の舞台『黒蜥蜴』で美輪の相手役として明智小五郎を演じて評判になった。後年、2時間ドラマで人気を博し、天知の当たり役となった明智小五郎役の原点とも言える。

こう見ても、その経歴は決して華々しいものではない。いわゆる映画スターというよりは、その相手役、さらに言うなら敵役や悪役として重宝された。二枚目でありながら、いつも眉間に皺を寄せているような厳しい表情がそのポジションにはまっていたからでもある。

むろん演技力にも確かなものがあった。1960年代、自身の作品に起用した映画監督・中島貞夫は、天知茂をこのように評する。「僕が欲しかったのは、彼の独特の存在感と演技力の高さ。寡黙な人だったが演技に関しては妥協しない厳しさがあり、奥が深い。いろんな役をやりながら、本質的に持っている存在感というものを鍛えて、力を蓄えてきたのだと思います」(『週刊現代』2022年10月29日付け記事)。

天知茂は監督業にも関心が高く、映画で監督を務めたほかに、『非情のライセンス』でも第2シリーズ第39話「やさしい兇悪」で監督をしたことがある。その点、俳優としての自身を客観的に見つめる眼も備わっていたであろうことが推察できる。

ニヒルでありダンディ。これが天知茂という俳優を形容する常套句だった。とはいえ、「ニヒル」という表現はいまの時代あまり聞かなくなった。ニヒル、つまり虚無的であることが俳優の魅力だった時代がかつてはあったということである。それは言い換えれば、常に孤独の影がつきまとうということだろう。

家族も友人もなく、ただひとりだけで生きているように見える。だが寂しいなどと弱音を吐くことはなく、そのような素振りすら見せない。そんな一種近寄りがたい強さを感じさせる孤高の存在感。それが天知茂という俳優ならではの魅力だった。そしてその魅力が最大限に発揮されたのが、主演したこの『非情のライセンス』だった。

会田健というダークヒーロー

天知茂演じる会田の刑事らしからぬ刑事の姿、具体的には正義と悪の二面性のある姿は、第1話「兇悪の門」から早くも印象的に描かれる（原作が生島治郎の『兇悪』シリーズであったため、「兇悪」は必ず毎回のタイトルに付いていた。ひとつ付け加えると、この回の脚本は黒澤映画でも有名な橋本忍である）。

冒頭、物語はいきなり刑務所の囚人たちが収容されている大部屋の場面から始まる。そこに会田も囚人姿でいる。実はそこに麻薬密売で警察がマークしている男がいて、会田はその人物に接近するために潜入したのである。

興味深いのは、劇中そうした背景の説明がまったくないまま刑務所生活がかなり長く描かれることだ。おとり捜査や潜入捜査は刑事ドラマの大事な見せ場のひとつではあるが、普通上司から命令を受ける場面などが前段にあり、「これはおとり捜査だ」ということが最初からわかるようになっている。ところが、ここにはそれがない。当時リアルタイムで見ていた視聴者は、刑事ドラマと思って見始めたら延々刑務所のなか、天知茂も囚人として話が進むので戸惑ったのではないかと思ってしまうほどだ。

会田は、その男から信頼を得るために規則を犯し、囚人たちに禁じられたタバコを調達する。そしてそれが看守に露顕して懲罰を受ける。この流れにおいても、会田が刑事であることは視聴者に明かされない。しかも会田の振る舞いがあまりに堂に入っているので、刑務所ものとして見入ってしまう。

そしてようやく男からアジトの情報をつかんだ会田は、出所するとその場所に赴く。そこには女（加賀まりこ）がいる。互いに腹の探り合いが続くが、会田は女が男に騙されて麻薬中毒にされてしまったこと、それゆえ犯罪に手を染めてしまっていることを見抜く。そして結局、会田は女をあえて逮捕することなく、出直す機会を与える。

通常、刑事ドラマにおいてどのような同情すべき理由があったとしても、犯人を逮捕しないという結末にはならない。「見逃す」という選択肢は刑事ドラマにはないはずだ。しかし、会田はその禁じ手を犯した（実は、これが第3シリーズ最終話にかかわってくる）。

このような第1話のストーリーを見ても、会田健という主人公が善と悪の狭間にいる存在、そしてある意味では悪人さえも上回る「悪」を体現する存在であることが伝わってくる。

刑事ドラマにおいてはみ出し者の刑事は、ある種定番のキャラクターである。ただしそれは、警察という組織を前提にした性格づけだ。最後まで一個人として刑事の職務を全うすることはない。ところが会田においては、警察組織どころか本来刑事にとって絶対であるはずの法律さえ時には後回しにされ、会田個人の信ずる正義が貫かれる。これほど「ダークヒーロー」としての刑事をくっきりと造形し得た作品も少ないだろう。

江波杏子、左とん平、北島三郎　第2シリーズから加わった刑事たち

「ニヒル」と並ぶ天知茂の魅力である「ダンディ」に関しては、この作品の世界観に沿ったかたちで男女の哀歓も比較的よく描かれる。わかりやすいベタな恋愛模様ではなく、ハードボイルド的世界観を踏まえたうえでのものである。いまふれた第1話の加賀まりことの絡みもそのようなものだった。

したがって、女性ゲストもクールな雰囲気が魅力の俳優も多い。

第4話「兇悪のサファイア」にゲスト出演した江波杏子もそのひとり。この回の江波は、殺人の実行犯であることが濃厚な役人の妻。ずっと行方知れずの夫の居場所を聞く会田に、彼女は「もう死んでいる」と言うばかり。だが会田は、彼女の指から消えたサファイアの指

輪などから、彼女が夫を殺したのではないかと推理する。しかし、あえて真相は追及しない。夫の葬儀で骨箱を抱く妻とすれ違う会田。そこに「昭和ブルース」が流れる…。

ここでも会田は「見逃す」という選択肢を選ぶ。そしてこの場合の相手は、男性に依存することなく精神的に強さを持つ自立した女性だ。江波杏子はこの役柄にぴったりで、『非情のライセンス』の世界観にはまっている。そういうこともあってのことかはわからないが、江波は第2シリーズから江沢刑事役でレギュラー入りしている。劇中では幼馴染と婚約。だがその男は殺人犯という、やはりこの作品らしい一筋縄では行かない役柄だった。

第2シリーズから刑事役を務めたという点では、左とん平も同様だ。

実は左は第1シリーズでもレギュラー出演していたのだが、刑事役ではなかった。演じたのは、会田が利用するクリーニング屋の店主、竜巻太郎。そのかたわら町内の防犯会長をしていて、会田が捜査する事件にも興味津々という設定だ。同居する妹（テレサ野田）が会田を慕っていることもあり、なにかと絡みが多い。全体に暗いトーンの話が多いこの作品で、コメディリリーフとしての役割を一手に引き受けていた。しかし最終話では、会田と間違えられ、暴力団員に射殺されてしまう。

そして第2シリーズでは、今度は会田の同僚刑事・右田一平役で登場。刑事コロンボを思わせるよれよれのコート姿がトレードマークで、こちらでもコメディリリーフ役を担った。

それだけこの作品では重宝がられていたと言える。付け加えると、この第2シリーズには、北島三郎も刑事役で登場している。暴力沙汰などで部署を何度も異動させられているというわくつきの役柄だった。

高度経済成長が終わった年に『非情のライセンス』は始まった

とにかく話は基本的に暗く、重苦しい。刑事ドラマで暗いトーンのものはほかにもあるが、なかでもこのドラマの発散する暗さは筋金入りと言っていい。各回の結末も救いのないものであることが珍しくないし、救いのあるものであっても手放しで喜べるようなものはほとんどない。

『非情のライセンス』が始まった1973年は、第1次オイルショックがあり20年近く続いた高度経済成長に終止符が打たれた年だ。トイレットペーパーの買い占め騒動が起こるなど物不足による物価の高騰、いわゆる狂乱物価が庶民を苦しめた。確かに高度経済成長は日本人を平均的に豊かにしたかもしれないが、結局高度経済成長から多大な恩恵を受けたのは一部の大企業や富裕層にすぎなかったとも言える。

第1シリーズ第52話「兇悪」は、最終話にふさわしく会田が巨悪に挑む話だ。盗まれた機密書類をめぐって巨大商事会社の社長や政財界を陰から操る黒幕が暗躍し、その果てに先述したように竜巻太郎が会田と間違われて殺されるという悲劇が起こる。

黒幕が手を回した警察上層部からの捜査中止命令も聞かず、会田はただひとりで捜査を続ける。商事会社の社長と会田が対峙する場面。場所は商事会社の一室である。その部屋の立派さを言った後で、会田は「このビルは変な声が聞こえる」と語り出す。それは、「人のうめき声」であり、中小企業の一家など「あんたたちが手を汚さずに殺した断末魔のうめき声」である、と。

そしてラストは、太郎を失った悲しみを抱えつつ海辺でひとり涙にくれる会田をバックに「昭和ブルース」がフルコースで流れる。その最後の歌詞はこうある。「見えない鎖が　重いけど　行かなきゃならぬ　おれなのさ　だれも探しに　行かないものを　おれは求めてひとりゆく　おれは求めてひとりゆく」。

「ニヒル」であることがこれほど似合った時代もなかなかないだろう。

コラム2　ドラマ名「○○＋刑事」に入る意外な言葉

当然ながら、タイトルに「○○刑事」と付いた刑事ドラマは多い。古くは『七人の刑事』に始まり、『噂の刑事トミーとマツ』、『あぶない刑事』など枚挙に暇がないほどだ。「けいじ」「でか」「コップ」など読ませかたはさまざまだが、定番タイトルの筆頭であることは間違いない。

そのなかで、「刑事」という言葉とはイメージが合わない組み合わせもある。斉藤由貴や南野陽子といったアイドルが刑事を演じた『スケバン刑事』は、不良として取り締まられる側が取り締まる側になるという意外性がある。喜んで刑事をやっているわけではなく、劇中で「何の因果かマッポの手先」というセリフを吐く場面もあった（「マッポ」は警察官を意味する隠語）。

また、深田恭子が主演した『富豪刑事』も、ミスマッチの面白さだろう。原作は筒井康隆の同名小説。筒井らしく、「刑事＝庶民」という常識をひっくり返したわけである。実際、大富豪の孫娘である主人公は、莫大な金と豊富な人脈の力で難事件をあっさり解決してしまう。「たった○○億円ぽっちのために人を殺すなんて」というのが、お約束のセリフだった。

長瀬智也主演『うぬぼれ刑事』などは、宮藤官九郎脚本らしく聞いただけでちょっと笑ってしまうタイトルだ。長瀬演じる刑事が犯人の女性に一目惚れしてしまうという困った癖を持っている設定だった。

同じくコメディ的なものとしては、タイトル的にはちょっとずれるが『コドモ警察』というドラマもあった。大人の刑事がガスで子どもの姿にされてしまった設定で、子役時代の鈴木福や本田望結が刑事役で出演。コメディに定評のある福田雄一の脚本・監督だった。

最近の時代性を反映したものもある。『育休刑事』もそのひとつ。夫婦が2人とも刑事で、妻のほうが育休中という設定。育休に絡めた事件も登場する。『MIU404』でもあったように、警察にも働き方改革の波が押し寄せる時代ならではの設定だろう。昔の刑事ドラマだと、男性刑事が捜査のため家にもろくに帰れないことを半分自慢話のように言うくだりがよくあったが、それもいまや過去の遺物になりつつある。

これが2時間ドラマになると、惜しまれながら完結した伊東四朗主演の長寿シリーズ『おかしな刑事』や市原悦子主演の『おばさんデカ 桜乙女の事件帖』などは有名だが、「○○刑事」のパターンは意外にそれほど多くない。そもそも2時間ドラマでは、弁護士や検事を主人公とするものが多く、刑事自体を主人公にしたものは比較的少なめの印象がある。同じミステリーものとして、連続ドラマとの違いを際立たせるということもあるのかもしれない。

1975

5

青春ドラマの時代に生まれた バディもの刑事ドラマの原点

俺たちの勲章

1975年4月2日〜9月24日(全19話)
▶水曜20時〜　制作/日本テレビ、東宝

主なキャスト　松田優作、中村雅俊、北村和夫、柳生博、山西道弘、早川保、坂口良子、結城美栄子、佐藤蛾次郎、鹿間マリほか

主なスタッフ　企画/岡田晋吉、梅浦洋一　プロデュース/中村良男、山本悦夫　脚本/鎌田敏夫、播磨幸治、畑嶺明、上條逸雄(上条逸雄)、柏原寛司　監督/澤田幸弘(沢田幸弘)、山本迪夫、降旗康夫、出目昌伸、斎藤光正　音楽/吉田拓郎　メインテーマ/トランザム「俺たちの勲章」(後に「あゝ青春」として歌詞付きで発売)　挿入歌/中村雅俊「いつか街で会ったなら」

あまりにも70年代的な刑事ドラマ

「刑事ドラマ70年史」でも書いたが、バディものの原点と言えるドラマだ。これ以前にも刑事2人組を主役にしたドラマはあった。だがそれでもこの『俺たちの勲章』をバディものの原点と言いたくなるのは、そこに青春ドラマの要素が濃厚にあったからだ。1970年代は青春ドラマの時代。そのなかで生まれたあまりにも70年代的な刑事ドラマだった。

その点は、キャスティングにはっきりと表れている。主演は、松田優作と中村雅俊。2人は、横浜にある相模警察本部という架空の警察署の捜査一係に属する刑事役である。

松田優作は『太陽にほえろ！』のジーパンこと柴田純役で一躍大ブレークを果たしたわけだが、ジーパンは1974年8月30日放送の第111話で殉職。この『俺たちの勲章』は、その後初となる刑事ドラマ出演作だった。

『太陽にほえろ！』の新人刑事役には成長物語の主人公という側面があり、そこに青春ドラマ的要素があることは述べた。また同時期に松田は、『あばよダチ公』（1974年公開）で映画初主演。これは破天荒な青春映画で、警察に反抗する無軌道な若者をコミカルなタッチを交えながら描いたものだった。

松田優作と言うと〝青春〟というイメージはあまりないかもしれないが、不良性もまた青春ドラマに不可欠な要素だ。その点、松田優作という存在から発散される尖った匂いは、立派に青春の表現たり得た。

一方の中村雅俊は、まさに王道を行く青春スターだった。文学座研究生時代にデビュー作『われら青春！』（日本テレビ系、1974年放送）の新人熱血教師役でいきなり主演に抜擢された中村は、挿入歌の「ふれあい」（1974年発売）もミリオンセラーの大ヒット。瞬く間に青春ドラマのトップスターになった。熱く真面目だが、女性に弱くおっちょこちょいといった役柄がはまっていた中村は、クールな雰囲気を漂わせる松田優作とは対照的な個性の俳優だった。

「青春・刑事もの」から生まれたバディもの

そんな2人を組ませて刑事ドラマをつくろうとしたのが、『太陽にほえろ！』のプロデューサーだった岡田晋吉である。『われら青春！』のプロデューサーでもあった岡田は、『俺たちの勲章』を刑事ドラマのかたちをとった青春ドラマとして構想した。「このフレッシュな2人で、新しい『青春・刑事もの』を作ろうと考えた」（前掲『青春ドラマ夢伝説』、167頁）。劇伴に当時若者のあいだでカリスマ的人気を誇ったフォーク歌手・吉田拓郎を起用したのも、そのコンセプトに沿ったものだった。

青春ドラマという点で新しかったのは、主人公を1人ではなく、松田優作と中村雅俊の対照的な個性をベースにした2人にしたことである。当時学園ものの青春ドラマでは、教師であれ生徒であれ、主人公は1人というのが定番だった。だが現実の刑事においてはコンビを組んで仕事をするということもあり、まったく異なる性格の2人を主人公にするのはここでは自然な流れでもあった。

岡田晋吉は、松田優作演じる中野祐二と中村雅俊演じる五十嵐貴久のキャラクターを事細かに定めた。中野が「クール、非情」に対し、五十嵐が「心の中がホット、優しい」という性格的な部分はもちろんのこと、中野が「大酒飲み」に対し、五十嵐が「甘いもの（好き）」といったディテールまで決めた（同書、170頁）。少し話がそれるが、五十嵐を演じた中村雅俊が、第14話「雨に消えた…」にゲスト出演した五十嵐淳子と後に結婚するという嘘のような偶然もあった（同書、173頁）。

青春ドラマの見せ場である友情物語も、それぞれの個性が異なるほうが面白い。実際、真顔で冗談を言ったりからかったりする中野とすぐ騙されてしまう五十嵐のやり取りは、それが刑事という堅いイメージの職業だけにとても新鮮だった。その結果、対照的な2人を主人公とするバディものが刑事ドラマのサブジャンルとして定着していく。

実際、第1話から2人のコントラストを強調したような場面が随所に登場する。たとえば、冒頭場面。スケート場への強盗計画を事前に知った中野は、あえて強盗をやらせたうえで逮捕するという挙に出る。しかも犯行を終えて車に乗り込んでいる犯人のひとりにいきなり拳銃を突きつけ、他の仲間にもためらわず発砲する荒っぽさで、やりすぎと怒られ始末書を書かされる。

そこに新人として赴任したのが五十嵐。中野の捜査のやりかたを知り、わかっていたのなら説得して犯行を防ぐべきだったのではないかと詰め寄る。そうすれば、犯人も逮捕されずにすんだではないか、と。すると中野はまったく悪びれることなく「スケート場強盗はやめても銀行強盗をしたかもしれない」と言い放ち、五十嵐の言葉をまったく受けつけない。

鮮やかなコントラストである。揺るぎない性善説の五十嵐に対し、中野はそんな説は戯言にすぎないとはねつける。そんな2人が、バディを組むことになるのである。

青春の屈折を描く

1970年代のドラマで描かれる青春は、とにかく屈折していた。むろん一方で真っ直ぐな青春の輝きも描かれた。学園ドラマで熱血教師を演じるときの中村雅俊は、むしろそちらである。それに対し、松田優作は屈折した若者の代表であった。だから他人をすぐ信じるお人好しの五十嵐に対し、物事を正面からとらえず辛辣なジョークを吐く中野の対比は、2つの青春像の対比でもあった。いわば、青春の光と影である。

そのなかで、水谷豊がゲスト出演した回などはより色濃く青春の屈折を描いた物語になっている。水谷もまた、萩原健一との共演でカルト的人気を得た『傷だらけの天使』など1970年代の屈折した若者像を体現した代表的俳優であり、プライベートでも松田優作とは同志的な絆で結ばれた親友同士であった。そういうこともあり、2人は互いの主演ドラマにゲスト出演することも多かった。この『俺たちの勲章』も例外ではなく、第8話「愛を撃つ!」、さらに第15話「孤独な殺し屋」と2度水谷豊は出演している。

そのうちの第15話。中野と五十嵐は、殺し屋だとのタレコミのあった坂田という若者(水谷豊)をマークしている。だが坂田は、中野がチンピラのふりをして荒っぽく絡んでも沈着冷静で、決してしっぽをつかませない。

その後坂田は、彼が殺し屋だとするタレコミをした女を殺せというボスからの命令を受けて鹿児島に向かう(このドラマは地方ロケが多く、それがひとつの見どころでもあった)。その情報をつかみ、中野と五十嵐も鹿児島へ。実は女は、坂田が思いを寄せている大衆食堂の娘だった。だが彼女は、自分は殺し屋だと告白した坂田の言葉を聞いて「馬鹿にされた」と勘違いし、その腹いせに冗談半分で警察に電話したのだった。そして坂田は、命令通り娘を殺す。

だが部外者に秘密を漏らしたことで、坂田もまた「おやじさん」と呼ぶ恩人のボス(青木義朗)に命を狙われる。だが送り込まれた刺客を返り討ちに。今度は逆にボスの命を奪おうとする。それを防ごうとする中野と五十嵐。最後はモーターボートで対峙する2組だったが、ボスは坂田に殺され、中野に銃で撃たれ負傷した坂田も最後は自ら毒を飲んで死ぬ。

劇中、坂田は実の母親も殺していたことが語られる。そんな坂田を助け、殺し屋という仕事を与えたのがボスだった。だがそのボスも、坂田を愛していたわけではなく、結局便利な道具として重宝していたにすぎない。優しくしてくれたように思えた食堂の娘も、本当に気にかけてくれていたわけではなかった。

要するに、坂田という人間は、ひとが生きていくうえで欠かせない人間関係から完全に疎外されている。もちろん自分の蒔いた種ではある。だがそこまでの想像を絶する孤独にならなければならないほどの何事が彼の身にあったのか？　息を引き取る寸前の坂田に中野が投げかけた「お前にはまだ聞かなきゃならないことがたくさんあってよ」という言葉は、そんな思いから発したものだっただろう。すべてが終わり、帰りの機中、「奴はまだ22だそうです」と語りかける五十嵐に、何も答えずただ無言で中野がタバコを口にするところでこの回は終わる。

第12話「海を撃った日」

もうひとつ、第12話「海を撃った日」もまた青春の屈折が印象深く描かれた回だ。青春ものに欠かせないロードムービーの魅力が詰まった回でもある。

川崎で傷害事件を起こしたチンピラの矢野（小野進也）が栃木の足尾で捕まり、中野と五十嵐はその護送を命じられる。麻薬取締官が殺害されるという重大事件の捜査に取りかかっていた2人は不満を漏らすが、渋々その任を引き受ける。だが横浜へ帰ろうとする3人の周囲で怪しい動きが。しかも土砂崩れのため、歩いて山越えをせざるを得なくなる。すると山中で突然銃声が響き、3人は狙われる。

訳もわからず一緒に逃げることになった3人のあいだに不思議な絆が生まれる。「デカの癖に、変な奴だよ、お前たちはよ」と矢野。再び何者かに襲われ、中野と五十嵐は矢野を引き渡すよう脅迫されるが、その要求を拒む。

実は、矢野は麻薬取締官殺害事件に深いかかわりがある人物だった。かつて矢野がいた暴力団は、陰で警察関係者と手を結んで薬物を手に入れていた。麻薬取締官もそのひとり。そのことを暴かれたくない一味が矢野の口封じをしようとしたのだった。

そこから3人の決死の逃避行が始まる。みなそれぞれ傷を負い、疲労困憊だ。ようやく追手から逃れ、バスに乗り一息つく3人。だがそれも束の間、乗客のふりをした一味のひとりに矢野は撃たれてしまう。救急車のなかで息も絶え絶えの矢野を見て、とにかく近くの病院に行けと叫ぶ中野。だが運転手は、「警察病院に行けと命令されている」との一点張りで応じない。そして遠く離れた警察病院に着いたときには、矢野は息を引き取っていた。中野は「馬鹿野郎！」と言いながら、渾身の力で運転手を殴り倒す。

ラストシーン。中野は海辺にたたずんでいる。やってきた五十嵐が、証拠がなければ捜査はできないという上の判断を伝える。中野は、「証拠ねえ」とつぶやいておもむろに銃を抜き、誰もいない海に向かって引き金を引く。響く2発の銃声…。

矢野は紛れもなく犯罪者である。常識的にはそこに同情すべき余地はない。ではここで中野、そして五十嵐は、なぜ彼に同情するのか？　それはおそらく、警察であれ暴力団であれ、組織というものから無慈悲にコマのように扱われる若者という一点において共鳴する部分があるからだろう。中野が虚空に向かって撃った2発は、そんな組織に対するものだったのかもしれない。

その心情は、学生運動などで社会への不満をさらけ出すことができた〝政治の季節〟である1960年代末が過ぎた後、「しらけ世代」と呼ばれた1970年代の若者に共通するものだっただろう。しらけているように見えたのはあくまで上の世代にとってであって、当の若者たちは内側に鬱屈した熱いものを抱えていた。それは、刑事であろうが犯人であろうが関係ない。

実は第15話も第12話もともに脚本は鎌田敏夫。鎌田は1980年代に入って中流家庭の不倫を描いた『金曜日の妻たちへ』（TBS系、1983年放送開始）などで一躍有名になったが、元々は1970年代に岡田晋吉のつくる青春ドラマの書き手として頭角を現した。『俺たちの勲章』の直後に放送された中村雅俊主演の青春ドラマ『俺たちの旅』（日本テレビ系、1975年放送開始）のメインライターも務めた。

異例の最終回はどのようなものだったか

むろん、青春の挫折は中野と五十嵐にとっても無関係ではない。それどころか彼らは、最も手痛い心の傷を負うことになる。そのことが端的に示されたのが、最終話「わかれ」である。この回の脚本も、やはり鎌田敏夫だった。

覚せい剤販売にかかわった罪で服役中の竹中という男（樋浦勉）が脱獄する。それは、自分のことを密告したかつての交際相手、八代千恵（片桐夕子）を殺すためだった。五十嵐は、偶然千恵と出会い思いを寄せていた。そして竹中の逮捕後姿を消していた千恵が売春で摘発されたことで居所がわかり、五十嵐は身辺警護を申し出るが拒絶される。

千恵が五十嵐の前から消えたのは、上司からの命令で五十嵐が身分を隠して千恵から竹中の情報を得たからだった。そのことをいまも悔やむ五十嵐。そして千恵は、銃を構える竹中を前にしても逃げようとせず、撃たれて命を落とす。「自分が殺した」と号泣する五十嵐。お前も刑事なら、竹中を逮捕するんだ、と諭す中野。

警察は、千恵が生きていて会いたがっているというニセの情報を流して竹中を病院におびき寄せる。ところが、病院まで来た竹中の前に飛び出した五十嵐は真実を告げ、竹中を逃がす。さらに追いかけた中野と竹中の銃撃戦に通行人が巻き込まれてしまう。「貴様、それでも刑事か」と同僚から叱責されても、「いやだったんですよ、人が人を愛する気持ちを利用して捜査することが」と五十嵐は主張する。

2人は、竹中の居場所を突き止める。銃を撃って抵抗する竹中に対し、五十嵐は銃を捨て丸腰で近づいていく。最後は撃たれて負傷した五十嵐を守るため、中野が竹中を撃ち、五十嵐に手錠をかけさせる。

事件の解決後、五十嵐は「自分は刑事としては失格だ」と言って辞表を提出する。一方中野は一般市民を銃撃戦に巻き込んだ責任を取らされ、山間の警察署への左遷が決まる。それを知れば五十嵐は辞表を撤回するかもしれんなと言う係長（北村和夫）に、中野は五十嵐には左遷のことを教えないでほしいと頼む。五十嵐は「刑事をやるには優しすぎる」というのがその理由だった。中野自身は「デカ以外に何もできない男ですから」と言い、「ひとりには慣れてますから」と強がる。

結局2人は、「また会おう」と約束することもなく別れる。ラストシーンは、列車に乗ってどこかへ向かう五十嵐、そして射撃練習場で拳銃を撃ちまくった後、号泣しているようでも笑っているようでもある中野がカットバックで交互に映されて終わる。

刑事ドラマとしては異例の終わりかただろう。どんなに波乱が起こっても、最終的には変わらず刑事としての日常が続いていくというのが大方のパターンに違いない。少なくとも、希望の光は感じさせて終わるのが普通だ。だがここでは、ひとりは左遷され、もうひとりは辞職する。2人の将来はまったく見えず、希望よりはむしろ不安ばかりが募る。五十嵐などは、このまま刑事という仕事には戻ってこなそうにさえ見える。

だが1970年代の青春ドラマとして見れば、それは必然的な着地点とも言える。青春とは挫折して然るべきものであり、その結果若者は放浪し続ける。その点、ここでの中野と五十嵐は典型的な青春ドラマの主人公であった。

刑事ドラマ史に生き続ける『俺たちの勲章』のエッセンス

こうしたバディもののエッセンスは、その後の歴史にも生き続けている。たとえば、一見挫折などという辛気臭いものとは無縁そうな1980年代の『あぶない刑事』でもそうだ。

実は『あぶない刑事』も、岡田晋吉の企画だった。岡田は、『あぶない刑事』のなかに『俺たちの勲章』で試みた新しいアイデアを本格的に盛り込む。それは、中野と恋人のシーンである。『俺たちの勲章』には、毎回メインストーリーとは無関係に、中野が恋人と思しき女性（鹿間マリ）と横浜の街で会ってソフトクリームを食べたりする場面がある。女性はこのシーンだけにしか登場せず、素性も明かされない。2人にセリフは一切なく、穏やかな雰囲気の映像がただ流れるだけだ。

岡田は『俺たちの勲章』に関して、「現実から少し浮き上がったところで捉え、夢を組み込み、遊びを大切にしたいと思っていた」。そしてこの遊び心は、「更に進んで『あぶない刑事』へと発展して行った」とする（同書、173頁）。

したがって、『あぶない刑事』は、従来の刑事ドラマのイメージからすればはるかに〝軽さ〟を強調した作品になった。それがバブル景気の日本の感覚にもフィットして大ヒットしたことは繰り返すまでもないだろう。

だがバディものである限り、『あぶない刑事』もまた、『俺たちの勲章』の精神を受け継いでいる。つまり、『あぶない刑事』という作品には、一般的イメージと異なり、意外に屈折した影、あるいは秘められた熱い部分もあるということだ。その点については、『あぶない刑事』の項でふれたい。

1975

6

無国籍な空間で繰り広げられる
個性派たちのハードボイルド群像劇

Gメン'75

1975年5月24日〜1982年4月4日(全355話)
▶土曜21時〜　制作/TBS、東映

主なキャスト　丹波哲郎、夏木陽介、原田大二郎、倉田保昭、藤木悠、藤田美保子(現・藤田三保子)、岡本富士太、中丸忠雄、若林豪、伊吹剛、森マリア、千葉裕、夏木マリ、宮内洋、川津祐介、中島はるみほか

主なスタッフ　プロデュース/近藤照男、原弘男、樋口祐三ほか　構成/深作欣二、佐藤純彌(佐藤純弥)　脚本/高久進、池田雄一、西島大、小山内美江子、佐藤肇ほか　演出/鷹森立一、野田幸男、山口和彦、深作欣二、佐藤純彌(佐藤純弥)ほか　音楽/菊池俊輔ほか　ナレーター/芥川隆行　エンディングテーマ/しまざき由理「面影」ほか

個性派刑事ぞろいの「ハードボイルドGメン'75」 女性刑事もレギュラーに

『太陽にほえろ！』と並び、1970年代を代表する刑事ドラマと言えばこれだろう。タイトル通り、放送開始は1975年の5月。それからほぼ7年間にわたって全355話が放送された。あの「75」と地面に大きく書かれた空港の滑走路（実際は本物ではなく、自衛隊航空基地の滑走路や広い道路をそういう風に見せたそうだ）を横一列になってGメン一同がこちらに向かって歩いてくるオープニング（後年同じ横一列の歩きかたはしばしば模倣され、「Gメン歩き」とも呼ばれた）を覚えているひともきっと多いはずだ。

ひとつの部署に属する刑事たちの活躍を描く群像劇、つまりチームものという点では『太陽にほえろ！』とも共通する。ただ、異なる面も少なくない。

たとえば、服装ひとつとってもそうだ。『太陽にほえろ！』の刑事は基本みなネクタイにスーツ姿。だから、その対比でそうではないマカロニやジーパンのような新人刑事の個性も際立った。

それに対し、『Gメン'75』はこれぞ個性派の巣窟という感じだった。初期メンバーで言えば、関屋警部補（原田大二郎）、草野刑事（倉田保昭）、津坂刑事（岡本富士太）とみな、会社員風のスーツではなく、派手なジャケットやジーパンなど思い思いのラフな服装をしていることが多い。時代もあるだろうが、髪型もみな揃って長髪だ。服装だけでなく、Gメンのトップ・黒木警視（丹波哲郎）をはじめ、いずれも我が道を行くといった個性的連中の集まりだった。藤木悠演じる山田刑事だけは、いかにも刑事ドラマに出てきそうな「おじさん刑事」だったが、刑事ドラマらしからぬメンバーばかりのなかではそれが逆に個性にもなっていた。この圧倒的な濃厚さは、登場人物だけでなくストーリーなどにも当てはまる『Gメン'75』の特質だったと言える。

チーム構成という点で画期的だったのは、女性刑事がレギュラーとして最初から加わっていたことである。おそらく、刑事ものの連続ドラマとしては史上初のことだったのではないか。結局「紅一点」にとどまる限界もあったとはいえ、藤田美保子演じる響圭子、その後に加わる森マリア演じる速水涼子、夏木マリ演じる津川螢子など女性刑事がメインになる回も少なくなかった。その点は、時代に先んじていた。

コンセプトとして「ハードボイルド」を謳っていた点も『太陽にほえろ！』とは一線を画す。毎回冒頭では、そのことを強調するように「ハードボイルドGメン'75　熱い心を強い意志で包んだ人間たち」という芥川隆行（元アナウンサーで、数々の人気ドラマのナレーターでもあった）による名調子のナレーションが流れた。『太陽にほえろ！』が理想主義的なヒューマニズムをベースにしていたとすれば、こちらは人生のほろ苦さをにじませるような展開が多かったと言える。善良な市民だった人間がやむにやまれぬ事情から犯罪に手を染め、改心したのも束の間最後は命を落とす、というような悲劇的結末が少なからずあった。

このあたりは、『太陽にほえろ!』が夜8時台の放送であったのに対し、『Gメン'75』が夜9時台の放送だったこともあるだろう。1970年代においては、視聴者層という面での8時台と9時台の違いは、いまに比べて圧倒的に大きかった。夜9時はもう子どもの寝る時間であり、したがって9時以降は大人だけが見ている時間という前提があった。

当時のTBS系土曜夜は黄金のラインナップ。7時台には『まんが日本昔ばなし』(毎日放送)と『クイズダービー』、8時台には『8時だョ!全員集合』が続き、そして9時台には『Gメン'75』が控えるというわけである。相乗効果もあり、いずれも高視聴率を誇った。ちなみに『Gメン'75』の最高視聴率は、1978年1月28日放送第140話の32・2%である。

TBS土曜夜9時台の系譜

さて、そもそも「Gメン」とはなにか? 言葉自体は「ガバメント・マン」、すなわち政府関連の職員を指す。たとえば、「麻薬Gメン」とくれば、麻薬取締の仕事に携わる厚生労働省職員を指す。したがって厳密には、Gメンは警察官とは言えない。ただ、特定の犯罪に関して特別に捜査する権限を与えられた存在でもあり、その意味で警察官に近い職務を遂行する。

このドラマにおけるGメンも、警視庁から独立して設置されたチームだ。第1話「エアポート捜査線」では、その結成に至る経緯が描かれる。

関屋と津坂が、背後に国際犯罪組織の存在があると目される「国際線スチュワーデス殺人事件」の捜査をしている。そして怪しい男女を突き止め、関屋と津坂はそれぞれ動向を探る。追われていることに気づいた男はとっさにバスジャックをして逃走。関屋は取り逃してしまうが、たまたまそのバスに遭遇した草野が、これまた別の事件で通りかかった山田の運転でバスを追跡して見事男を取り押さえる（ここは顔見せの意味もあってかさっそく倉田保昭の凄まじいアクション、スタントシーンが見られる）。一方、女のほうを追った津坂は、実は彼女が黒木に潜入捜査を命じられた響であることを知る。

偶然も重なりながら5人が出会っていく過程は、事件の進展と見事にシンクロしていて飽きさせない。ちなみに関屋と津坂は警視庁捜査一課、草野は同捜査四課、山田は同捜査三課（スリ・万引き担当）、そして響が同外事課と各部門のスペシャリストが集まったかたちになっている。第1話ということもあり、それぞれのキャラクターが短いやり取りでわかるようになっているところも手際が良い。

Gメンは、劇中では「特別潜入捜査班」と呼ばれている。この表現からはスパイを連想するが、実際第1話の響刑事がそうだったように、身分を偽って潜入するなどいわゆるおとり捜査をするパターンの回はかなり多い。その観点では、刑事ドラマでありながらスパイアクションものの要素がかなりある。

そのあたりの特色は、前身となった番組からの流れにも由来する。1968年に同じTBS系土曜夜9時台の放送、同じTBSと東映の共同制作でスタートしたのが『キイハンター』(1968年放送開始)である。

ただし『キイハンター』は、私たちがイメージする刑事ドラマとはかなりかけ離れている。キイハンターの活躍を描くこのドラマ、そのメンバーが属するのは国際警察の特別室という設定だ。つまり、日本の警察組織の人間ではない。

その前歴もさまざま。丹波哲郎演じるボスの黒木鉄也(『Gメン'75』も「くろきてつや」だが、「黒木哲也」で微妙に漢字が違っている)は、元国際警察外事局の諜報部員。野際陽子演じる津川啓子(こちらも『Gメン'75』の夏木マリの役名と被るが、漢字が違っている)は、元フランス情報局の諜報部員。川口浩演じる吹雪一郎は、元FBI捜査官。谷隼人演じる島竜彦は、父が諜報部員で黒木の助手。最年少の大川栄子は黒木らの住むマンションの管理人の娘で「記憶の天才」の異名を持ち、黒木の秘書でもあった。そして千葉真一演じる風間洋介は、新聞の元社会部記者。

この多彩な経歴のメンバーが、スパイ活動が横行し、国際犯罪のはびこる日本の治安を守るため八面六臂の活躍を繰り広げる。ただし人気ドラマとして長寿化するとともに、国際犯罪を扱う以外にも色々なパターンの物語が登場するようになる。そのあたりは『Gメン'75』と同じである。またアクションシーンの中心だったのはいうまでもなく千葉真一で、この頃千葉は、『風来坊探偵』シリーズや『ファンキーハットの快男児』シリーズ（ともに1961年公開）など深作欣二が監督を務める一連のアクション映画でめきめき頭角を現していた。深作欣二も、『キイハンター』に構成や監督などでかかわっていた。

『キイハンター』はちょうど5年続き、1973年からは同じ枠、同じスタッフで『アイフル大作戦』が始まった。とはいえ刑事ドラマではなく、探偵学校が舞台のコミカルな風味の作品である。翌1974年からはやはり探偵学校から探偵局が舞台になった『バーディー大作戦』がスタート。主要スタッフもそのままであり、丹波哲郎も引き続きこの作品に出演している。

しかし、いずれの作品も視聴率的には思わしくなかった。そこでハードボイルド色を強め、巻き返しを図ったのが『Gメン'75』である。小田切警視役の夏木陽介は、出演交渉の際、プロデューサーの近藤照男から「これで失敗したらボクのプロデューサー生命は終わってしまう。ぜひ力を貸してくれないか」と懇願されたという（『にっぽんの刑事スーパーファイル』、54頁）。

丹波哲郎という俳優の魅力

そうしてスタートを切った『Gメン'75』だが、ここでキャスト面と制作面それぞれのキーパーソンにふれておきたい。

まずキャストでは、Gメンのリーダー・黒木警視（途中から警視正になる）を演じた丹波哲郎。『キイハンター』『アイフル大作戦』『バーディー大作戦』に引き続いての出演。長年にわたり、TBS土曜夜9時の顔であった。

丹波は1922年生まれ。1950年代から活躍し、『007』シリーズなど外国映画にも多数出演する国際派俳優だったことでも知られる名優だ。だが、〝伝説〟も多い。

たとえば、セリフを覚えないというのもそのひとつ。本人の弁では、まったく覚えないわけではないし、長ゼリフの暗記もいざとなればできる。大河ドラマ『春日局』（NHK、1989年放送）は橋田壽賀子の脚本。橋田と言えばセリフが特別長いことでも有名だ。そしてこのドラマに徳川家康役で出演した丹波哲郎にも台本30ページに及ぶ長ゼリフがあった。だが、丹波は本番一発NGなしでOKだったという（丹波哲郎・ダーティ工藤『大俳優　丹波哲郎』、252－253頁）。

ただ、セリフに出てくる名前を覚えるのは「面倒くさい」という理由で嫌いだった。実際、『Gメン'75』でも目の前にいるスタッフのボタンにセリフに出てくる名前を書いた紙を貼ってもらうなどしていた。別の作品では、みかんにセリフの名前を書いて置いておいたが、本番中に共演者が食べてしまいNGになったというオチもある（同書、253－254頁）。

良い演技者とはどういうものか聞かれた丹波哲郎は、「芝居をしないやつ」と答えている。表情にせよ動作にせよ動きすぎない。従うべきなのは自らのこころの動きであり、「それが動かない芝居でも、そのジーッと見つめている目つきで、もうすでに何かが現れているのが一番良い」とする。その意味で、演技するうえでは「自分のことしか考えない」（同書、256－257頁）。

いわゆる自然体というわけだが、「自分のことしか考えない」というのは自己中心的と受け取られ、良く思われない場合もあるだろう。だが丹波哲郎には、他人にはない愛嬌があった。現場でも度々愛嬌があると言われたようだが、自分自身ではそう思ってはいなかった。ただ「元来喜劇俳優なんだな、俺は」と、その点について自己分析もしている。「無理も何もしない。ありのまんま」でいることで、「本来持っているものが、そこで引き出される」。それが丹波哲郎においては喜劇性として現れる。「俺は本来あるんだね、喜劇性というのが」と丹波は、インタビューで語っている（同書、267頁）。

プライベートの丹波哲郎がスピード違反をしてしまって警官に車を停められた際、「ご苦労。Gメンだ」と言ってその場を切り抜けようとしたという嘘のような話は、後年バラエティ番組などで鉄板のエピソードになった。『Gメン'75』においても、どんなにシリアスな場面であっても黒木警視正が登場すると、見ているこちらがちょっとホッとしてしまうような不思議な安堵感があるのはその生来の喜劇性ゆえのことなのかもしれない。

プロデューサー・近藤照男の軌跡

制作面でのキーパーソンは、プロデューサーの近藤照男である。

1929年生まれの近藤は、元々は東映の美術部にいたという異色の経歴の持ち主である。美術監督として数々の映画に携わった。

そのひとつが『ジャコ萬と鉄』(1964年公開)である。高倉健が演じる主人公である網元の息子・鉄と荒くれものの漁師・ジャコ萬の対立、そして和解を描いたアクションものである。ここでジャコ萬を演じたのが、ほかならぬ丹波哲郎であった。そして監督が深作欣二。そう、ともに『Gメン'75』の中枢を担うことになる2人である。

特に近藤照男と深作欣二、それにもうひとり映画監督の佐藤純彌はずっと仲が良かったようだ。同じ仲良しグループで、『3年B組金八先生』の脚本でも有名な小山内美江子が当時の様子を振り返っている。

映画のスクリプターの仕事をしていた小山内は、美術部時代の近藤照男(小山内たちは「コンテル」と呼んでいた)、助監督時代の深作欣二、佐藤純彌と撮影現場で出会い、すでに顔見知りだった。そしてこの4人が、『キイハンター』で一堂に会することになる。

4人は、ホテルなどでアイデアを出し合った。いわば企画会議だが、そんなかしこまったものではなく、飲み食いしながら思いついたことを勝手にしゃべってアイデアを膨らませていった。近藤が新しいドラマをプロデュースするときはいつも同様で、他の3人が招集されて内容や配役を考えた。『アイフル大作戦』、『バーディー大作戦』、そして『Gメン'75』もそうだった(前掲『にっぽんの刑事スーパーファイル』、35－36頁)。深作と佐藤が「構成」としてクレジットされている裏側にはそんな経緯があったわけである。

小山内美江子や丹波哲郎によれば、プロデューサーとしての近藤照男は脚本をとても重視していた。「えらくなってからでも、制作部がシナリオライターの所に脚本をもらいに行くときに、必ずと言ってよく同行していました」というのは小山内の回想だ(同書、37頁)。このあたりは、ライバル関係にあった『太陽にほえろ!』のプロデューサー・岡田晋吉とも共通する。

近藤の個性が発揮されたのは、美術畑出身らしく画作りにもこだわったところだろう。小田切警視役で出演した夏木陽介は、「刑事が張り込みの最中、パンを食べたり牛乳を飲んだりするルーティンのシーンを嫌い、事件現場の検証シーンでも白い手袋ではなくハンカチやポケットチーフを用いて日本的な貧相さから遠ざかろうとした。畳の部屋を映すのも極力避けていたんだから、徹底していたよね」と回顧する（同書、55頁）。

確かにそう言われれば、いまでも目にする刑事ドラマのお約束的な部分が『Gメン'75』では綺麗に排除されている。取り調べ場面なども、ありがちな狭く薄暗い取調室などではなく、地下にある広い射撃場のスペースが使われていたりする。そうしたことが、日本が舞台でありながら、どこか無国籍的な匂いのする空間を作り出していた。

近藤照男は、1982年に東映から独立。ドラマ制作プロダクションである「近藤照男プロダクション」を設立した。やはりサスペンスやアクションものが主な守備範囲だったが、1990年代に入り、石ノ森章太郎の原作漫画をもとに高嶋政伸演じる若きホテルマン（ホテリエ）の奮闘を描いた『HOTEL』（TBS系、1990年放送開始）がシリーズ化されるほどのヒット作となった。

脚本・高久進の社会派としての面目躍如となった「沖縄3部作」

脚本に強いこだわりを持つ近藤照男のもと、『Gメン'75』のメインライターを務めたのが高久進である。

高久は1933年生まれ。映画の脚本執筆からキャリアをスタートさせ、次第にテレビドラマの世界へと軸足を移していった。『特別機動捜査隊』や『ザ・ガードマン』といった刑事ドラマの古典的作品やそれに類する作品はもちろん、『マグマ大使』のような特撮もの、『マジンガーZ』のようなアニメ、さらに『スーパー戦隊』シリーズなど、手掛けたドラマジャンルは実に幅広い。

『Gメン'75』における高久進脚本で印象的なのは、社会派としての顔である。

たとえば、国際テロ組織の犯罪を防ぐため、Gメンたちが全4話（第145話から第148話）にわたりヨーロッパを股にかけてテロ組織と攻防を繰り広げる一大巨編があるが、これも高久の脚本である。刑事ドラマにおいて犯人がテロ組織の場合、一方的な悪として描かれるケースがほとんどだろうが、ここでは犯人側の家族や恋人との関係など人間ドラマが描き込まれていてひと味違うものがある。

そうした高久脚本のなかでもひと際印象的なのが、沖縄の戦後、その複雑で苦悩に満ちた歴史を掘り下げた第59話から第61話までの全3話にわたる「沖縄3部作」だろう。渾身の力作である。

物語は、沖縄本土復帰前に起こった米兵2人による女子高校生2人への性的暴行事件に端を発する。目撃者もいるのだが、米国側の法廷でおこなわれた裁判の判決は「無罪」。現状もまだまだそうだが、アメリカ占領下における沖縄においても、そのような理不尽なことがまかり通っていた。しかも裁判では、同じ沖縄の人間（実は当の米兵2人と手を組んで米軍基地の武器を盗み、横流ししようとしている）が偽証したことが決め手になった。

そして、沖縄が本土復帰を果たしてから4年の月日が経った。そこに、かつての被告だった米兵のうちのひとりが東京で射殺される事件が起こる。その拳銃は、ある警察官のものだった。調べたところ、実はその警察官は暴行事件の被害女性の兄であったことが判明する。彼には弟がいて、その弟が拳銃を奪い、恨みを晴らすために罪を犯したのではないかとGメンは推理する。だが居場所を突き止め、捕えようとしたのも束の間、逃げた彼は通りかかったトラックにはねられ、死亡してしまう。

その際、彼は逃げる直前、Gメンに対して「ヤマトンチューになにがわかる」という言葉を投げかけていた。「ヤマトンチュー」は、沖縄の人々から見た本土の人々の呼び名である。その悲痛な、そして憎悪の入り混じった言葉に、その場にいた響刑事はショックを受ける。「同じ日本人なのに」という割り切れない思いがあったからである。そして、実は事件の真犯人であった兄を追って沖縄への出張を志願する。

響は、沖縄の歴史についてなにも知らずに生きてきた人間だった。だが沖縄へ行き、犯人の家族、もうひとりの被害者の兄である沖縄県警の刑事などいまだに怒りを抱く人々と出会うなかで、目を開かされていく。

古くは琉球王国時代から戦後に至るまで、沖縄は他者によって支配され、虐げられ続けてきた。響はそのことを理解しつつも、ではどうすればよいのか激しく苦悩する。だが結局、個人の力ではどうすることもできない。そうするあいだにも、もうひとりの被告だった元米兵が沖縄へ戻ってきて武器の横流しに手を染めようとする。それを知り、復讐の念に燃える被害者家族たち。だが、苦悩のあまり自ら命を絶つ者、あるいは米兵の銃弾に倒れる者など次々と命を落としていく。それはまるで、多くの民間人が殺され、亡くなった沖縄戦のようだ。戦後数十年が経っても、そうした人々にとって戦争はまだ終わっていないのである。

全3回にわたって繰り広げられてきた話は、最後自分だけ逃げおおせようとする元米兵の背中に向かって響が銃を撃つ瞬間で終わる。果たして銃弾が相手に命中したのか、当たったとしてもどこに当たったのかはわからないままだ。

人気となった「香港カラテシリーズ」

もちろんメインライターだった高久進は、社会派の作風に終始したわけではない。その守備範囲は広く、一大娯楽巨編となる回にも筆をふるった。

その主役となったのは、草野刑事を演じた倉田保昭である。

倉田は、『Gメン'75』出演以前から香港映画に出演し、国際的なカンフースターとしてすでに知られた存在だった。1970年代は、ブルース・リーが日本でも爆発的なブームを巻き起こすなど、カンフー人気が最高潮に達した時期である。

そんな時代背景のなかで企画されたのが、倉田をメインとする「香港カラテシリーズ」である。本格的に始まったのは第175話と第176話「香港カラテ対GメンPART2」からだが、それ以前にも香港ロケを敢行したことが第105話「香港－マカオ警官ギャング」以来何回かあった。短いシーンではあるが、その前段でもすでに倉田保昭による華麗なカラテアクションが見られる。

第175話は、麻薬シンジケートである香港チャイニーズ・コネクションが日本をターゲットに悪事を目論んでいるという情報をGメンが得たところから始まる。早速運び屋を逮捕したのも束の間、香港側は邪魔をされた報復のため担当検事を射殺。さらに山田刑事まで狙撃するなど徹底抗戦の構えを示した。

そこでGメン側は、香港に草野刑事と中屋刑事（伊吹剛）を派遣。現地で草野たちは、香港側の用心棒であるカンフーの使い手たちと激闘を繰り広げることになる。

最大の強敵となる仔（チャイ）を演じるのが楊斯（ヤン・スエ）だ。ボディビルダーとしても有名だったヤンは、カンフーの達人（ブルース・リーのスパーリングパートナーでもあった）であることに加えて、相手を圧倒するような筋骨隆々とした体軀の持ち主。まるで漫画かアニメのようなビジュアルで、大いに人気を博した。

倉田保昭との対決は、当然ながら格闘技アクションの最高峰と言っても過言ではないもので、テレビの前の子どもたちの目を釘付けにした。続編も制作され、第２０１話「Ｇメン対香港カラテ軍団ＰＡＲＴ２」では、再び倉田保昭と楊斯（このときは敗れた兄の弟という設定で登場）が相まみえることになる。

とはいえ、単なる痛快娯楽巨編にとどまらないところが『Ｇメン'75』の面目躍如たるところでもあった。高久脚本の醍醐味である社会派の魅力も、この「香港カラテシリーズ」にはぎゅっと詰まっていた。

そこには、草野刑事をめぐる父子の複雑な歴史が描かれている。草野にはともに暮らしていた父親がいたが、殺されてしまっていた。ところが、香港に行った草野は、実は自分には戦争中に中国で生き別れになった日本人の父親がいたことを知る。その男性は、香港チャイニーズ・コネクションにとらわれている。必死に救い出そうとする草野。だがその後さらに明らかになったのは、その男性も本当の父親ではなく、実の父親は日本軍に殺された中国人であるという事実だった。

つまり草野は過酷な運命に翻弄された子ども、自分の出生の秘密も知らされずに育った戦争の犠牲者だったわけである。そのことを知った草野は、任務の終了後中国の難民を助ける仕事に身を投じることを決意。Gメンを辞職する。

殉職でも人事異動でもなく、刑事ドラマにおいて主要メンバーの刑事がこのようなかたちで物語から退場するのは珍しい。しかし、国際的な犯罪をバックに個人の悲しい運命を絡めたこのストーリーはとても見応えのあるもので、刑事ドラマ史上においても記憶に残るものだろう。

その後も香港ロケは恒例化し、新メンバーを加えつつ香港カラテとの対決は続いていく。『Gメン'75』最大の売り物として、番組の長寿化をもたらす大きな原動力になった。

荒唐無稽な味わいが堪能できる「背番号3長島対Gメン」

この「香港カラテシリーズ」だけでもありがちな刑事ドラマの域から十分に脱しているが、それだけでは終わらなかった。うっかり見過ごしてしまいそうだが、実は冷静になってみるとよくわからない設定や展開の回も散見されるのがこの『Gメン'75』で、その点荒唐無稽とでも呼ぶべき捨てがたい味わいがあった。

それは、『西部警察』的な物量作戦によるアクションシーンの荒唐無稽さとも異なっている。現実離れした部分はドラマというフィクションに当然つきものではある。しかしそれだけでなく、刑事ドラマということで犯罪が絡むとつい「なんでもあり」と許容してしまうが、よく考えたらとても成立しそうにない話を疑わせることなく面白く見せてしまう職人芸的な技の冴えがあった。『Gメン'75』というドラマの持つなんとなく癖になる魅力は、そのあたりから来るものだったのではないかと思う。

その一例として、第20話を振り返ってみたい。タイトルは「背番号3長島対Gメン」。脚本は池田雄一である。池田も幅広い作風で活躍したが、凝った謎解きやトリックに力を発揮する面を持つ脚本家であった。ちなみにこの回は、2008年に東映がDVD収録作品を決めるためファンによる人気投票をおこなった際、見事第1位に輝いている。

背番号3の長嶋（タイトルは「長島」となっているが、正式にはこちらの漢字）とくれば、昭和世代にはおなじみのプロ野球読売巨人軍の「ミスタージャイアンツ」こと長嶋茂雄である。ただこの回は、長嶋がゲスト出演してGメンと対決するわけではない。

ある日、関屋のもとに「親展」と書かれた封筒が送られてくる。中には当時巨人の監督だった長嶋の写真が入っていた。しかも犯罪予告を書いた紙が同封されている。取り合わせの意味がわからず困惑する関屋だったが、そこに送り主の女性から電話が入る。声を聞いても自分のことが誰かわからない関屋を詰《なじ》る女性。そしてその後もプロ野球選手の写真が次々と送られてくる。どうやら謎解きのつもりのようだ。

実はその女性は、1年前に関屋が麻薬取引の罪で追っていた男性の妻だった。その夫が熱烈な長嶋ファンで、警察から逃げていたのに長嶋の引退試合を見たさに球場に行ったがために関屋に見つかり、あげく射殺されてしまう（この夫役は川谷拓三。この場面で撃たれて悶絶する演技は必見）。関屋は身分を偽って妻を騙し、夫の居場所を突き止めていたのだ。それ以来、妻は関屋に復讐することに執念を燃やしていた。

その復讐方法は、巨人戦の試合中の球場にダイナマイトを仕掛け、5万人の観客を人質にしたうえで、球場でおこなわれる麻薬取引で莫大なお金を騙し取るというものだった。そしてまんまとその企ては成功する。しかし、妻の目的はそれだけではなかった。試合も終わり、観客もいなくなった球場のスタンドで、妻は関屋をダイナマイトで殺そうとする。危ういと思ったその瞬間、妻は射殺される。いつのまにかその場に来ていた黒木が撃ったのだ。その死体をじっと見つめる関屋。そこに関屋のモノローグが被さる。「犯人の死にいちいち心を動かしていては、俺たちの商売は務まりはしない」「だがクズのような亭主の復讐にかけたこの女の暗い情熱は、不思議と俺の心に染みとおった」「デカとホシとは、ひょっとすると同じ硬貨の裏表なのかもしれないと俺は思った」。

高久進によれば、『Gメン'75』は5月というテレビドラマとしては中途半端なタイミングで終わってしまった『バーディー大作戦』の穴埋めとして、当初9月までの19話で終わる予定だった。テレビとしては珍しく渋いハードボイルド色を前面に押し出すことができたのは、そのような事情で視聴率をそれほど気にせずとも良かったからでもあったようだ。

だが蓋を開けてみると予想外の高視聴率を記録し、めでたく延長が決まる。第20話は、それを記念する第1作目だった。当然スタッフの喜びも格別で、力が入っただろう。その熱気は、画面を通してもぐいぐい伝わってくる。球場のスタンドに200人ものエキストラを入れて撮影したことなどもそうだが、レギュラー陣の演技も乗っている感じがある。

ただ、話としてはかなり破天荒である。

まず、女性がほぼ1人で5万人を人質にするという計画があまりに壮大で、現実離れしている。球場の観客席など各所に複数のダイナマイトを仕掛けるのだが、いつどうやって仕掛けたのかも、つい気になってしまう。

しかも、その犯罪計画を関屋に予告するのに長嶋や王の写真を使ったクイズ形式にする必要性もわからないと言えばわからない。夫が生粋の長嶋ファンということはもちろんあるが、それにしてもひねりが利きすぎている印象だ。ただこの謎解きがあることで、黒木が蘊蓄を傾けるほど野球好きな一面があることがわかって思わずニヤリとしてしまうのだが。

ただこうした荒唐無稽さゆえに、夫を殺された妻の悲しみや恨みの深さがひしひしと伝わってくるのもまた確かだ。妻を演じる中原早苗の迫力たっぷりの熱演も見応え十分だが、現実生活で中原の夫でもあった深作欣二のダイナミックでテンポの良い演出が、単なる荒唐無稽では終わらせないある種のリアルさを醸し出している。だから関屋のラストのハードボイルド的な苦みの混じったナレーションも、すんなり耳に入って来ると言える。深作を一躍有名にした『仁義なき戦い』の公開は1973年。このときすでに有名な存在になっていた。

『Gメン'75』には数々の名物企画、人気シリーズがあった

ここまで紹介してきた以外にも、実に多彩な作風の話がこのドラマにはあった。そのふり幅は、刑事ドラマ史上でも屈指のものだろう。

先ほどふれた「香港カラテシリーズ」のように、海外ロケを敢行したスケールたっぷりの回も多かった。ほかにも、国際テロ組織を追ってヨーロッパ各国をロケして制作されたシリーズ（第145話から第148話）など、ストーリーはもちろんだが異国情緒あふれる風景を楽しめる要素もあった。さらに、飛行機を使ったスカイアクション（第172話と第173話）や白バイアクション（第205話）などアクションのバリエーションを増やそうとする試みがあったのも印象深い。

また一転して番組後期には、ホラーテイストのシリーズが人気を集めたこともあった。「黒谷町シリーズ」と呼ばれるシリーズで、「長野県黒谷町」という架空の土地を舞台にした一連の作品。第273話「怪談・死霊の棲む家」がシリーズ第1作となるが、2作目の第276

話「夜囁く女の骸骨」から『Gメン'75』のなかでも一二を争う凶悪犯・望月源治（蟹江敬三）が登場し、若林豪演じる立花警部補と対決する。望月は殺人に微塵の躊躇も見せず、捕まっても逃げては犯罪を繰り返す。その後第285話「満月の夜 女の血を吸う男」でようやく望月が死んで一件落着かと思われたのだが、シリーズ人気の高さゆえか、望月の兄弟（これもまた極悪人という設定）なども登場し、結局10回分が制作された。

最後に作風のバリエーションということではないがひとつ付け加えておくと、全部で21人の刑事役レギュラーがいたにもかかわらず、殉職による退場は関屋警部補（第33話「1月3日関屋警部補・殉職」）と津坂刑事（第104話「77・5・14津坂刑事殉職」）の2人のみと少ない。これは、当時ライバル関係にあった『太陽にほえろ！』が殉職をひとつの売りにしていたのを踏まえて意識的に避けたからとされる。『Gメン'75』の場合、刑事の退場は、物語の展開のなかで因縁の犯人を追うためにインターポールなど別の職場に異動というようなパターンが多かった。

『Gメン'75』特有の〝熱さ〟はどこから生まれたのか？

1970年代のちょうど折り返し地点で始まり、1980年代前半まで続いた『Gメン'75』。終了の半年後には『Gメン'82』がスタートするが、わずか17話で終わっている。その理由はさまざまだろうが、ひとつ言えるのは、この作品が1970年代後半という時代の空気感のなかにおいてこそ特に魅力を発揮したのではないかということだ。

それは具体的にどういうことか？

1975年は、終戦からちょうど30年の年。海外では長期化していたベトナム戦争も集結し、「戦争」というものとの心理的距離が生まれていた。高度経済成長を経て国民は平均して豊かになり、国際社会においても日本は経済大国として一定の役割を担うようになっていた。その意味では、1970年代後半は一見安定した時代だった。

だが一方で、日本社会は新たな難しい局面に差し掛かってもいた。ドルショックやオイルショックを経て1970年代前半には長く続いた高度経済成長が終わった。それは経済だけの問題ではなく、敗戦からの「復興」という共通の目標を日本人が失ったことを意味する。それまで自ずと醸成されていた国民の一体感に陰りが見え、個人主義的メンタリティも高まり、社会そのものが漂流し始めた。すなわち日本社会は、一種の〝根無し草〟と化し始める。

そのことは、世の中に新たな緊張感を生み出した。もちろん個人主義の高まりが悪いわけではない。だが一体感の喪失とともに生まれた緊張感の一部は、犯罪というかたちになって現れる。

この頃、刑法犯は増加傾向にあった。そしてそれだけでなく、従来とは質的に異なる犯罪も出現していた。テクノロジーの進歩に伴うコンピュータ犯罪やモータリゼーションの進展による各警察の管轄を越えた広域犯罪、都市化の進行による人間の孤立が一因となった通り魔のような動機なき犯罪、また国際化の一層の進展による国際規模の犯罪など、それまでに見られなかったようなタイプの犯罪が目立ち始めたのである（『平成12年版犯罪白書』、33－34頁）。

前にもふれた『Gメン'75』の無国籍感あふれる雰囲気は、単なる制作側の好みにとどまらず、こうした時代の空気をビビッドに反映したものだったのではないだろうか。

この作品のなかの日本は、言うならば日本であって日本ではない。同じ日本でありながら、私たちの慣れ親しんだ現実感に乏しい。だから現実の警察組織にはない架空の部署がしっくりはまる。Gメンたちは、現実の警察の縦割り的な組織を無視するように、都市化による人間関係の希薄化がもたらす犯罪、国境を越えた国際テロなどあらゆる新しい時代の犯罪に縦横無尽に立ち向かう。

こうしたGメンのオールマイティさは、この作品特有の〝熱さ〟の源になっていた。このドラマを見ていると、Gメンがこの世のすべての犯罪と対決しているような錯覚に陥る。まるで時代そのものに対峙するようなGメンのエネルギーは、画面を突き抜けてこちらにあふれ出てくるようだ。

見方を変えれば、ある意味それは失われつつある1960年代的な〝熱さ〟をもう一度自分たちの手に取り戻そうという試みでもあったかもしれない。たとえば、先述した「沖縄3部作」などは、特に政治的メッセージや高邁な理想が語られるわけではないが、世の理不尽に対する怒りという面で、1960年代にあった政治闘争の熱気がよみがえったかのようだ。それは、ライバル関係にあった『太陽にほえろ!』が終始守り続けたある種中立的な健全さとの大きな違いのように思える。

だがそうした〝熱さ〟は、1980年代に日本社会全体を覆い出す徹底してクールな「軽さ」志向のなかで、今度は「暑苦しい」などとネガティブにとらえられるようになる。それとともに、刑事ドラマの世界も1980年代を境に大きく様変わりしていくことになるのである。

コラム3　刑事ドラマの劇伴は作品の出来を左右する

つい口ずさんでしまうのが、刑事ドラマで流れる劇伴のメロディ。オープニングだけでなく、劇中色々なアレンジで繰り返し耳に入ってくることもあって脳内にインプットされてしまうのだろう。ドラマの雰囲気づくりや盛り上がりには欠かせない。ある意味ドラマの出来を左右すると言ってもいい。

『七人の刑事』の山下毅雄は、その主題歌で日本レコード大賞作曲賞を受賞。山下は、アニメ『ルパン三世』などの音楽でも有名だ。

『キイハンター』や『Gメン'75』の音楽は菊池俊輔。映画監督・木下恵介の実弟で『特捜最前線』の音楽も担当した木下忠司に師事した。刑事ドラマ以外にも、『仮面ライダー』シリーズや『赤い』シリーズ、『暴れん坊将軍』、『ドラえもん』とこちらも守備範囲は広かった。

もちろん『太陽にほえろ!』の大野克夫も語り継がれる存在だ。グループサウンズ出身の大野は、『勝手にしやがれ』などジュリーこと沢田研二の一連のヒット曲の作曲をしたことでも知られている。

『あぶない刑事』の音楽を担当した志熊研三は、アニメ映画『劇場版ダーティペア』の音楽なども担当。また杉山清貴&オメガトライブの楽曲制作に携わるなど、現在再評価されている「シティポップ」の分野にも貢献した。ちなみに『あぶない刑事』のオープニングテーマは、舘ひろしが作曲したものを志熊が編曲したものである。

1990年代の作品となると、やはり『古畑任三郎』と『踊る大捜査線』だろうか。『古畑任三郎』の音楽は本間勇輔。本間は特にフジテレビ系列の仕事が多く、しかも『ひらけ！ポンキッキ』『世にも奇妙な物語』『僕の生きる道』『FNSスーパーニュース』などジャンルを問わない。

『踊る大捜査線』は、松本晃彦。叔父にサックス奏者として有名な松本英彦を持つ。吉川晃司やサザンオールスターズらのプロデュースを手掛ける一方、細田守監督のアニメ映画『サマーウォーズ』の音楽でも知られる。

2000年代以降では、やはりまず『相棒』だろう。音楽は池頼広。池の仕事では、『相棒』と並んで『ゴンゾウ~伝説の刑事』や『都市伝説の女』など刑事ドラマのほかに、『女王の教室』、『野ブタ。をプロデュース』、『家政婦のミタ』など、日本テレビ制作のドラマの劇伴も目立つ。近年だと、『新参者』、『MOZU』、『SP 警視庁警備部警護課第四係』などの菅野祐吾、その弟子で『MIU404』などの得田真裕も存在感を示している劇伴の作曲家たちだ。

1977

7

時代に左右されない面白さ
脚本の力で魅せる刑事ドラマ

特捜最前線

1977年4月6日〜1987年3月26日（全509話）
▶水曜22時〜　▶木曜21時〜　制作／テレビ朝日、東映

主なキャスト　二谷英明、藤岡弘（現・藤岡弘、）、大滝秀治、誠直也、西田敏行、荒木しげる、本郷功次郎、横光克彦、渡辺篤史、夏夕介、桜木健一、三ツ木清隆、関谷ますみ、愛田夏希ほか

主なスタッフ　企画／高橋正樹　プロデュース／斉藤頼照（東映）、深沢道尚（東映）、五十嵐文郎（テレビ朝日）ほか　脚本／長坂秀佳、塙五郎（舘野彰）、藤井邦夫、佐藤五月ほか　音楽／木下忠司　主題歌／チリアーノ「私だけの十字架」

脚本で魅せる刑事ドラマの代表

二谷英明演じる神代課長のもと特命捜査課に集った刑事たちの活躍を描いた作品。「特捜」の文字が入ったタイトルからも察しがつくように、同じ局で同じ放送枠だった長寿番組『特別機動捜査隊』の後継番組として始まった。そしてこちらも奮闘し、1977年4月からちょうど10年間続く長寿ドラマとなった。最高視聴率が1984年1月8日放送第347話「暗闇へのテレフォンコール！」の27・4％であるように、高視聴率回が番組の歴史の後半に集まっているところを見ても衰えぬ安定した人気を保ち続けた。

その大きな理由として、まず脚本の力をあげたい。

刑事ドラマに限らないが、ドラマを魅力的にするために欠かせないのは話の面白さだろう。当たり前と言われるかもしれないが、高い水準で物語としてのクオリティをキープするのは決して簡単なことではない。しかも長寿ドラマとなればなおさらである。そしてその実現のために最も大切なのがすぐれた脚本であることもまたいうまでもない。

『特捜最前線』は、脚本のクオリティという点ではおそらく刑事ドラマ史上最高峰のひとつに位置するものだ。ストーリーの展開、キャラクターの造形、印象的なセリフ、社会的なメッセージ性など、いずれの点においても見応え十分で飽きさせない回が多い。いわば、脚本で魅せる刑事ドラマだった。

そのメインライターとして中核を担ったのが、長坂秀佳である。全509話中109話を執筆。そのなかには「長坂秀佳シリーズ」と大きく銘打たれて放送されたものもある。ホームドラマなどと違い、脚本家はあくまで裏方という場合が圧倒的に多い刑事ドラマにおいて、脚本家の名前を冠したシリーズが企画されるのは異例中の異例であり、いかにこの作品における長坂秀佳の存在が大きかったかの証しだろう。

紆余曲折の末、メインライターになった長坂秀佳

とはいえ本人の回想によれば、長坂が『特捜最前線』の脚本を引き受けるまでにはかなりの紆余曲折があった。

この直前まで、長坂はTBS系列のドラマ『刑事くん』（1971年放送開始）の脚本を書いていた。主演の桜木健一は『柔道一直線』（TBS系、1969年放送開始）でブレークし、当時屈指の人気を誇った青春スター。したがって、主人公の三神鉄男は新米刑事という設定で、その成長を描くストーリーだった。つまり、青春ものの要素を持つ刑事ドラマである。放送時間は30分。「刑事くん」というタイトルは、むろんそのコンセプトを表現したものである。

長坂秀佳は、佐々木守、市川森一らとともに多くの回の脚本を担当した。そこで得た人脈が、『帰ってきたウルトラマン』（TBS系、1971年放送開始）や『人造人間キカイダー』（N

ETテレビ系、1972年放送開始）などの脚本の仕事にもつながった。そうしたなか、『刑事くん』シリーズの終了後に舞い込んできたのが、『特捜最前線』の企画だった。こちらは『刑事くん』よりも長い1時間もので、『太陽にほえろ！』よりも『刑事くん』が刑事ドラマとして〝本家正統派〟であるとの自負を抱いていた長坂は、ここでそのことを証明すべく一も二もなく脚本執筆依頼を引き受けた（長坂秀佳『長坂秀佳　術』、124－132頁）。

そうしてパイロット版の台本は無事完成。監督やプロデューサーがそれを読む最終チェックの段階となった。ところがここで、思わぬ事態となる。読んだひとりの監督が脚本にクレームをつけたのである。長坂はその言葉に猛烈に反発したが、結局物別れに。その結果、なんと第1話は一転して別の脚本家が担当することになってしまった。

だが、長坂の才能を見込んでいたプロデューサーの斉藤頼照はそこであきらめなかった。このパイロット台本は、多少の手直しを加えたうえで、第7話「愛の刑事魂」として放送が実現する。

内容は、子どもの誘拐事件を扱ったもの。偶然犯行現場を目撃してしまった女の子が犯人に連れ去られる。捜査が始まり、藤岡弘（現・藤岡弘、）演じる桜井刑事と西田敏行演じる高杉刑事が女の子の両親のもとを訪れる。ところが、小さな町工場を営む両親はずっと仕事に追われ忙しく、子どもの写真は1枚もないという。そして子どもが誘拐されたにもかかわらず、工場を休むこともない。

桜井は、そんな両親に疑いの目を向ける。だが自らも家庭が貧しい境遇で育った高杉は激しくそれを否定し、「子どもは助けを呼んでいる」と別のところに犯人を探そうとする。

長坂秀佳によれば、両親の手元に子どもの写真が1枚もないという一見ありそうにない話は、警視庁に事前に取材した際に聞いた実話だったそうだ（同書、141－142頁）。長坂は、『太陽にほえろ！』とはまた異なるリアルな刑事ドラマを目指し、このエピソードを自分の書いた最初の脚本に盛り込んだのである。

その意味でこの第7話、全体的には高杉の主張に象徴されるように人情ものの要素が強い。最後のシーンもそうだ。逮捕された被疑者が特命捜査課の部屋にやってくる。それがちょうど食事時で、刑事たちは蕎麦を食べている。すると神代は、たまたま1杯余っていた蕎麦を被疑者に勧めるのである。最初は驚いた被疑者だが、それを食べ、最後は更生を誓う。この場面なども、単なる勧善懲悪に終わらないものにしようという脚本家・長坂秀佳の意志を感じさせる。

「バクダンのナガサカ」が生まれた回

そこから長坂と『特捜最前線』の長い付き合いが始まった。長坂にとって執筆2本目となる第17話「爆破60分前の女」では、過激派による爆弾事件が題材になっている。この脚本の鮮やかさもあり、爆弾事件は長坂脚本の定番のひとつに。「バクダンのナガサカ」の異名も生まれた。

ある日、神代と桜井の2人だけの特命捜査課の部屋（警視庁内ではなく、東京総合ビルというビルの33階にあるという設定）に小包が届く。なかには、車のラジコン模型。そしてそこに遠隔操作で爆破させることのできるダイナマイトが仕掛けられている。もしそれが爆発すれば、警察関係者以外の多くの人びとにも被害が及ぶ危険がある。するとそこに犯人グループから電話がかかってくる。狙いは開催中の財界首脳会議に出席する要人の狙撃。そのため、神代を人質に取り、元々会議の警護役だった桜井を脅して自分たちを会場まで送らせ、目的を達成しようとしていたのだった…。

この回、まず犯人と神代の息詰まる駆け引き、さらに特命捜査課の刑事たちのチームワークが見ものだ。犯人は周到で、部屋のなかの会話などは無線を使って筒抜けのため、戻ってきた船村（大滝秀治）たちに真実を伝えることはできない。だが神代はそれとなく異常事態を伝えようとする。その様子を敏感に察知し、なにかが起こっていると察する船村。そしてある工夫をして知ろうとする。こうした細かな心理戦が随所にあって私たちを飽きさせない。

犯人グループは6人だが、そのなかに女性が1人いる。桜井は、仲間内で彼女が置かれている女性ゆえの立場の低さを察知し、あえて女性を挑発。それによって犯人グループのなかにくすぶっていた差別意識を露呈させ、グループ内に亀裂を生じさせる。いまだ女性蔑視が根強い時代に、そのことを物語の核心に織り込んだ脚本が絶妙だ。

結局、なんとか危機一髪のところでテロは回避され、犯人たちは逮捕される。だがそうなっても犯人のリーダーは「自分たちは右でも左でもない。我々は正義だ」と神代に対して主張する。それを聞いた神代は怒りに震え、リーダーにビンタを食らわせる。そして「二度と正義などというな。殺人を犯す正義などない」と言い、にらみつける。この神代の激高は、ずっと後になる『相棒』の杉下右京を少し彷彿とさせる。

ボス役の二谷英明、「特命へリ」の藤岡弘

すぐれた脚本を得て、俳優陣も輝いた。

特命捜査課は基本的に男くさい部署である。刑事はすべて男性。女性警官もいるが、たまに捜査に駆り出される程度だ。

その刑事たちを束ねるのが課長の神代恭介。演じるのは二谷英明である。

二谷が1960年代の日活アクション路線全盛期を支えたスターのひとりだったことはよく知られているだろう。当時は「ダンプガイ」の愛称で親しまれた。いうまでもなく、日活

アクション路線のスターには、石原裕次郎もいた。つまり、日活出身者のうち二谷と石原の2人が、長寿刑事ドラマのボス役として人気を博したことになる。

ただ、それぞれのドラマ開始時、石原は37歳、二谷が47歳だったので、双方ともにボスとしての威厳や重厚感は変わらないものの、『特捜最前線』の二谷のほうが落ち着きのようなものが感じられる。二谷英明が演じる神代は、冷静に状況を判断して指示を飛ばす司令塔的存在として描かれることが多い。頼れる上司感を醸し出している。

とはいえ、熱い場面もある。先述したように、自らの警察官としての正義に照らして理不尽な犯人の行動を目にすると激高し、思わずビンタを食らわせる場面などはそのひとつだ。また自分の娘が暴力団員に射殺された事件や部下の殉職などに際しては、辛い本音や情の深さなどを見せる一面もある。このあたりの描きかたのメリハリが、神代というキャラクターに奥行きを与えていた。

刑事・桜井哲夫を演じた藤岡弘も印象深い。いうまでもなく藤岡は、初代仮面ライダーを演じたことで有名だ。ともに東映による制作。同様に東映の特撮もの出身で刑事ドラマに出演するというパターンはいまも多い。この『特捜最前線』でも、誠直也や荒木しげるがそうである。

そのなかで藤岡は、この作品におけるアクションシーンの主役と言っていい。特に、捜査用のヘリコプターである「特命ヘリ」の操縦役というところが際立ったポイントにもなっている。通常は車やパトカーで犯人を追跡するところをこちらは空から追跡するというわけで、映像自体が当時としては新鮮だった。

この桜井は当初は我が道を行くタイプの刑事で、第52話「羽田発・犯罪専用便329！」でいったん特命捜査課から外れ、物語の舞台から姿を消す。国外逃亡した被疑者の捜査のためアメリカ・ワシントンの日本大使館に派遣され、やがてニューヨーク市警に異動するという展開だった。だが第103話「帰ってきたスキャンダル刑事！I」から復帰。その後はもうひとり途中から加わった橘刑事（本郷功次郎）とともに神代を支える存在になっていく。複雑な感情を内側では抱えつつ、与えられた職務を全うするとともに、時おり激情をほとばしらせるような役どころは、藤岡弘にぴったりに思える。

西田敏行が演じた「ナーンチャッテおじさん」

一方、人情派の刑事も粒ぞろいだった。

まず、西田敏行が演じた高杉陽三。西田本人と同じく東北出身の設定。わりと素直に感情が出るタイプで、事件の被害者や関係者に感情移入してしまうことも多い。それで周囲からたしなめられることも少なくないのだが、それでも気持ちを抑えきれないところに人の良さがにじみ出る。先述の第7話でもそうだったが、ある意味典型的な人情派刑事である。

加えて、コミカルな部分も担っている。西田敏行と言えば、コミカルもシリアスも自由自在な極めつきの演技派というイメージだが、その達者さはこの頃から発揮されていた。

たとえば第54話「ナーンチャッテおじさんがいた！」では、その西田のコミカルな演技が堪能できる。『特捜最前線』はどんなタイプの物語もできなければならないと考えた長坂秀佳が、刑事ドラマに従来なかったような喜劇を試みた回である（同書、145－146頁）。

話は、電車のなかでのトラブルから始まる。車両内で我が物顔に振る舞い、タバコを吸ったり大声をあげたりする輩たちに勇気を奮って注意した男性が逆恨みされ、暴行された末殺される事件が起こる。父親を殺され寂しそうにしている小さな男の子と出会った高杉は、必ず犯人を捕まえることを約束する。

その一方で、「ナーンチャッテおじさん」（今福正雄）が世間の話題になっていた。こちらも電車のなかで見かける輩たちに近づき注意するが、相手が「なんだオッサン」などと突っかかってくると、舌を出し、頭の上に両手で輪っかをつくって「ナーンチャッテ」と珍妙なポーズをとる。その可笑しさに見ていた他の乗客が思わず笑い出す。すると拍子抜けした輩たちを尻目に、「ナーンチャッテおじさん」はいつのまにか姿を消している。

高杉がこの「ナーンチャッテおじさん」の家を突き止め、事情を聞いてみると、実はこの男性の息子も同じように電車内トラブルで殺されていた。だが結局、この男性も同じ犯人に殺されてしまう。

男の子、そしてこの男性の思いも受け、高杉は電車内で単独捜査に取りかかる。このときの捜査の仕方が意表を突いている。高杉が自ら「ナーンチャッテおじさん」になるのだ。この場面、高杉の「ナーンチャッテおじさん」ぶりがテンポよく描かれる。そこで西田敏行が醸し出すそこはかとないユーモアは抜群で、犯人逮捕のためという真剣な目的があることはこちらもわかっているのだが、思わず笑みが浮かんでしまう秀逸さだ。

そして結局高杉の執念が実り、とうとう電車のなかで犯人と遭遇。無事逮捕して一件落着となる。神代は最後高杉に対し、「笑いという奴はな、時には武器になり得る。それも大きな武器にな」と語りかける。

このように高杉は、基本はシリアスな『特捜最前線』にあって、コミカルな味わいを加える貴重な存在だった。しかし、当時30代になったばかりの西田敏行は俳優としてブレークを果たし、次から次へと出演依頼が舞い込む状況になっていた。『特捜最前線』と並行しても、『三男三女婿一匹』(TBS系、1976年放送開始)や『西遊記』(日本テレビ系、1978年放送開始)などの人気ドラマに出演。そのこともあって、『特捜最前線』では出演しない回も増えていった。その結果、第105話「さようなら、高杉刑事!」で降板するに至る。

船村刑事役、名優・大滝秀治の独壇場

もうひとり、大滝秀治が演じた船村一平も忘れがたい。こちらは人情派でも刑事生活40年という大ベテラン。「おやじさん」と呼ばれ、神代との付き合いも長く深い。

ベテランというと沈着冷静というイメージがある。実際船村も普段はそうで、神代の堅実な片腕という感じなのだが、それにとどまらないのが船村の魅力だ。もう一方では感情豊かでもあり、犯人を逮捕することはもちろん重要だが、事件にかかわった人間の心情に配慮することにも特に気を配っているような刑事である。

また時には情熱あふれる姿で、脇目もふらず捜査に没頭することもある。第172話「乙種蹄状指紋の謎!」はそんな船村の刑事魂が堪能できる回で、名優・大滝秀治の独壇場の回のひとつだろう。

ある日、強盗事件が起こる。金を取られた手提げ金庫には、ひとつの指紋が残されていた。その主は、かつて船村が捕えたことのある男性(織本順吉)であることが判明する。だが船村には納得がいかない。その男性は刑を終えていまは真面目に働いている。つい最近もばったり出会い、船村は更生した姿を目の当たりにしていたからだ。

しかし、周囲は指紋という動かぬ証拠を根拠に男性が犯人であることを主張。船村は孤立する。だが問題の金庫が中古品であることを突き止めた船村は、周囲の冷ややかな視線を浴

びながらも金庫を手に可能性のありそうな場所を自ら訪ね歩く。そしてとうとう、その男性が営業の仕事でたまたま立ち寄った店で、壊れていた金庫を修理してやっていたという事実をつかむ。指紋は事件の前にすでに付いていたのである。

この回は、大滝秀治のあの鋭いまなざし、そして独特のトーンの声、セリフの言い回しがあることで面白さが格段に増している。過剰と言えばその通りだが、その演技から伝わってくるほとばしる感情の力に圧倒され、こちらも感動してしまう。脚本はやはり長坂秀佳で、指紋の照合という一点に絞った物語の思い切った構成、展開のスピーディかつスリリングさが相まって、大滝の演技を際立たせる効果をあげている。

1925年生まれの大滝は、『特捜最前線』開始時ですでに50代になっていた。だが、俳優としての最盛期はこの頃から始まったと言ってもよい。大衆の人気という点ではこの作品への出演も大きなきっかけになった。また同じく警察官役ではあったが、小さな駐在所の警官役でまったく作風の異なる倉本聰脚本の東芝日曜劇場『うちのホンカン』（TBS系、1975年放送開始）が高い評価を得て、幅広い演技力も知られるようになっていく。

刑事ドラマにおける「中庸の良さ」とは

『特捜最前線』の放送は、1970年代後半から1980年代後半にかけて。日本社会に豊かさが広く行き渡った時代背景、バブル前夜の雰囲気もあって、刑事ドラマもシリアスからコミカルへ、重さから軽さへ、といった変化があった時期である。

確かに『特捜最前線』にも時代性を反映した部分はあった。だがこの作品の場合は、むしろ時代に左右されない面白さのほうを強調すべきだろう。長坂秀佳が目指したように、王道を行く正統派の魅力がある。アクションものと人情ものの二者択一ではなく、両方の要素を独自のスタイルで融合させた。

当然、アクションものと人情ものには本質的に相反する部分がある。だから安易に混ぜては危険だが、この『特捜最前線』はその難題をクリアしている。両者の要素のバランスの取りかたが絶妙なのだ。いわば、「中庸の良さ」が感じられる。

また単に事件が解決して一件落着というのではなく、物語の描きかたにおいて豊かな余白がある。見ているこちらに重い問いが投げかけられることもしばしばで、だからいつまでも余韻が残る回も珍しくない。わかりやすい派手さがないゆえ一般的には目立たないが、刑事ドラマ史上でも渋い輝きを放つ名作のひとつであることは間違いない。

1979

8

まるで西部劇のような銃撃戦！
映画のスケールを目指した娯楽大作

西部警察

1979年10月14日～1984年10月21日（全236話）
▶日曜20時～　制作／石原プロモーション（石原裕次郎）、テレビ朝日

主なキャスト　渡哲也、石原裕次郎、寺尾聰、舘ひろし、藤岡重慶、苅谷俊介、五代高之、庄司永建、古手川祐子、加納竜、峰竜太ほか　ナレーター／小林清志

主なスタッフ　企画／小林正彦、高橋正樹　プロデュース／石野憲介ほか　脚本／永原秀一、柏原寛司、峯尾基三　演出／小澤啓一、澤田幸弘、村川透　技斗《きとう》／高倉英二　音楽／鈴木清司　エンディングテーマ／石原裕次郎「みんな誰かを愛してる」「夜明けの街」ほか

「コンクリートウェスタン」登場！

とにかく始まったとたん、刑事も犯人も銃を撃ちまくる。

第1話「無防備都市（前編）」。立てこもった銀行強盗2人を大門圭介（渡哲也）と松田猛（寺尾聰）がライフルで有無を言わさず狙撃し射殺したかと思えば、米軍の演習場から盗まれた最新鋭の多目的装甲車が銀座のど真ん中、そして国会議事堂前に姿を現して世間は騒然となる。そして警察と装甲車とのあいだで繰り広げられる激しい銃撃戦。しかも大門ら刑事たちはピストルだけでなくライフルやショットガンなどを手に応戦という物々しさだ。

もはや刑事ドラマというよりは、西部劇の銃撃戦と言ったほうがしっくりくる。大門圭介率いる「大門軍団」（刑事たちも「団長」と呼ぶ）も、警察官ではなくアメリカ西部開拓期の保安官のようなものと考えれば合点がいく。それもそのはず、テレビ朝日による初回の宣伝には「コンクリートウェスタン」の文字が躍っていた。つまり、コンクリートに覆われた大都会という荒野で繰り広げられる現代版西部劇というわけである。むろん「西部警察」というネーミングもそこに由来する。

とはいえ、派手な銃撃戦と言うだけなら、それまでの刑事ドラマにもなかったわけではない。アクションは刑事ドラマに欠かせないものである。だがそのなかで『西部警察』がいまも語り継がれるほどに一頭地を抜くことができたのは、圧倒的な物量の凄さがあったからだった。

先述の装甲車も銃弾をものともせずパトカー2台を踏みつぶし、またマシンガンで別のパトカーを爆発炎上させる。さらには迫ってきたヘリコプターを撃墜するという派手な暴れっぷりを見せる。

全236話で飛ばしたヘリコプターは600機、使用された火薬の量は4・8トン、壊した車両は約4680台、そして始末書45枚（『日刊スポーツ』2020年8月16日付け記事など）という数字を見ても、アクションシーンへの力の入れ具合がわかろうというものだ。

特に車両に関しては、番組のスポンサーでもある日産自動車の全面協力があったことが大きい。当時警察のパトカーに同社のセドリックが採用されていたこともあったが、それ以外にも大門軍団が乗る特殊車両、いわゆる「スーパーマシン」の数々も日産の車をベースに日産の技術者たちが直々に改造したものだった（後述）。

石原プロ制作による初の刑事ドラマ『大都会 闘いの日々』

ここから見えてくるのは、『西部警察』がテレビドラマでありながらテレビの枠を超え、映画に匹敵するスケールを目指していたということである。そこにはやはり、このドラマの制作を主導したのが石原プロモーションであったことが深くかかわっている。

戦後映画スターの象徴的存在だった石原裕次郎が、最初は出演を渋っていたという『太陽にほえろ！』の成功を間近で見て「よし、自分たちも」と刑事ドラマに乗り出した話にはここまで何度かふれた。その記念すべき第1作が、同じ日本テレビで放送された『大都会 闘いの日々』（1976年放送）である。同じく渡哲也の主演であり、『西部警察』と同様にシリーズ化もされた。こちらの『大都会』シリーズのファンも、いまだに多い。

ただ、シリーズ第1作に関しては、『西部警察』とはテイストがかなり異なっていた。渡が演じる主人公の刑事・黒岩頼介は、警視庁刑事部の捜査四課所属。いわゆるマル暴の刑事である。しかもそのことがもとで、妹の恵子（仁科明子）が暴力団の男たちに暴行されたという忌まわしい過去があり、いまもその辛い記憶を引きずっている。

このようにシリーズ第1作は、黒岩の内面の苦悩や葛藤にスポットが当てられていた。派手なアクションとは対極にある重厚な人間ドラマが展開されたわけである。それとともに、社会における暴力団の存在、そしてその撲滅を目指す警察組織、さらにそれらを報道する記者クラブの動きが綿密なディテールで描かれ、世の不条理をも見据えるようなリアリズムを追求した作品となった。犯人逮捕で終わらない回もあったことは、その表れである。

そのコンセプトの中核を担ったのが、原案と脚本を担当した倉本聰だった。

倉本と石原裕次郎は、日活時代からの顔なじみ。そしてこの頃、偶然再会する。当時石原は、アクション映画をつくろうと意気込んでいた。ところが倉本と話した石原は、一転して人間ドラマを描いたものをつくることに傾く。石原プロの幹部・小林正彦などは驚き困惑もしたが、結局倉本にそのテイストでの刑事ドラマの脚本執筆を依頼することになった。

当初『夜の紋章』というタイトルだったそのシナリオは、『大都会 闘いの日々』となって結実した（『石原プロモーション58年の軌跡』、54−55頁）。現在でこそ刑事ドラマにマル暴は付き物だが、それを中心に描いたという点で原点となった作品と言えるだろう。

単なる勧善懲悪ではなく人間の心理の奥深くに分け入るような内容に、作品としての評価は高かった。倉本聰と渡哲也は、1974年のNHK大河ドラマ『勝海舟』で脚本と主演としてタッグを組んでいたが、渡は病気、倉本はスタッフとの衝突があってそれぞれ途中降板していた。石原プロモーション制作による初のテレビドラマであることに加えて、そうした経緯もあってこの作品にはとりわけ力が入っていた。

『大都会』シリーズが路線転換した理由

ただ、視聴率はもうひとつ伸び悩んだ。決して悪いわけではなかったが、当時のヒットの基準である20％を超えることはなかった。チーフプロデューサーだった日本テレビの岡田晋吉は、マル暴ということで物語の世界が限定された特殊なものになってしまったことにひとつの原因があったのではないかと分析する（前掲『青春ドラマ夢伝説』、178頁）。またそのことに付随して、どうしても重苦しい雰囲気の、痛快さに欠けるストーリー展開が続いてしまってもいた（山本俊輔／佐藤洋笑『NTV火曜9時アクションドラマの世界』、81頁）。

そこで一転、第2シリーズとなった『大都会 PARTⅡ』（1977年放送開始）では、大きく方向が転換されることになる。アクションを前面に押し出した娯楽路線への転換である。新たなコンセプトも徹底したものだった。プロデューサーだった山口剛は語る。「犯人は怪物で、刑事全員がかりで射殺しても憐みの情も湧かないような、凶悪で巨大な悪を設定する（笑）。でもこれが大変でね。毎回毎回そういうのを作るんでエライことになっちゃった。狂信的な無差別殺人者が犯人というのが多かった」（同書、116頁）。

とはいえ、そこに至るまで、脚本家のあいだではアクションドラマと人間ドラマのどちらの路線で行くかで意見の衝突もあったようだ。

事前の企画段階で、斉藤憐と永原秀一のあいだで交わされた激しい議論があった。戯曲『上海バンスキング』の作者としても有名な劇作家の斉藤は、犯人を主人公に据え、その動機など人間ドラマを極めることを主張した。倉本聰がシリーズ第1作で敷いた路線を踏襲する立場である。それに対し永原は、「悪いヤツはやっつける。そのためには犯人に理由があっちゃ困るんだよ！」と、真っ向から対立した。そして「やっつける」際のアクションに重きを置くことを主張した（同書、93－94頁）。

この議論は、結局アクション路線の勝利となる。ただ、石原裕次郎の役柄を当初予定した新聞記者から外科医に変えることで、人間ドラマの要素を盛り込むことも忘れなかった。

「アクションか人間ドラマか」という選択は、この作品に限らず刑事ドラマ全般についてまわる基本的な問題である。そして多くの場合、この問題は、チームのなかに武闘派刑事と人情派刑事の両方を配置することでとりあえず回避される。だが、視聴率を求めた石原プロモーションの出した結論は徹底したアクション路線への転換だったわけである。

こうしてスタートした『大都会 PARTⅡ』は、視聴率も20％を度々超えるなど、制作側が期待した成果をあげた。

たとえば、第1話の「追撃」。ここで早速、大規模なカーチェイスの場面がある。当時アメリカ映画の刑事ものにおいては、『ブリット』（1968年公開）や『フレンチ・コネクション』（1972年公開）などカーチェイスを見せ場にする流れがあった。それに石原プロも対抗心を燃やしたわけである。このシーンが初回に持ってこられたことで、アクションが売りであることが自ずと視聴者にも伝わった（同書、99－100頁）。

また、『太陽にほえろ！』との違いは、両方に出演していた松田優作の劇中での立ち位置の違いにも表れている。

『太陽にほえろ！』での松田優作演じるジーパンもまたハードなアクションが魅力の刑事だったが、基本的なトーンはシリアスだった。それに対し、『大都会　PARTⅡ』で松田が演じた刑事・徳吉功はやたらと軽い。隙さえあれば真顔でジョークを飛ばす。たとえば、取り調べ中の被疑者に殺人の証拠を見せろと言われ、「そんな、キンタマ見せるようなわけにはいかないもん」と返すといった具合だ。

それらはアドリブであった。当時松田優作は、「現場で遊べるという点では（『太陽にほえろ！』よりも）『大都会』の方が遊べるので面白い」（同書、141頁）と語っている。これが『探偵物語』（日本テレビ系、1979年放送開始）の工藤俊作にもつながっていったわけだが、渡哲也の「静」に対し、松田優作の「動」が、このドラマの大きな魅力にもなっていた。

『西部警察』の放送局が変更になった理由

こうして軌道に乗った石原プロ制作のアクション刑事ドラマ路線だったが、アクションものの理想を追求しようとするとき、鍵になるのは制作費である。限界を定めずスケール感のあるアクションシーンを撮ろうとするなら、制作費がどれだけあっても困ることはない。とりわけ映画のスケールを基準に考える石原プロモーションにとって、予算の増加は切実な願いだった。

そうした折、テレビ朝日から思わぬオファーが舞い込む。『大都会PARTⅢ』の終了後、その続編をわが社で、というオファーだった。人気ドラマシリーズが途中で放送局を変更するのは、通常あり得ないことである。石原裕次郎も、即座に断った。だが石原プロの小林正彦は、このオファーをチャンスと見て受けることを主張した。そして、「1話につき制作費は3500万円（当時のテレビ朝日の看板番組である2時間ドラマ枠『土曜ワイド劇場』が3200万円だった）」「番組スポンサーについては広告会社ではなく、石原プロの自主営業を認めること」という2つの条件をテレビ朝日に突きつけた（前掲『石原プロモーション58年の軌跡』、58頁）。

いずれも業界のルールを無視した破格の要望である。ただ石原プロとしては、プロダクションの経営安定だけでなくアクションの充実のために必要になる莫大な予算を確保するための選択であり、譲れない条件だった。そして最終的にはテレビ朝日もこの条件をのみ、『大都会PARTⅢ』終了からわずか1か月後の1979年10月から『西部警察』が始まることになる。第1話からいきなり装甲車が東京のど真ん中に出現してパニックを起こし、警察と激しい銃撃戦を繰り広げるという度肝を抜くストーリーも、車両やエキストラ、さらに爆破シーンのための火薬などをまかなう潤沢な予算があってこそのことだった。

勧善懲悪を基本にしたアクション路線は、子どもたちにもわかりやすかった。『大都会』シリーズが火曜夜9時台の放送だったのが日曜夜8時台になったことも加わって、子ども世代の視聴者も大きく増えた。

そこで登場したのが、「スーパーマシン」と称される一連の特殊車両である。石原裕次郎のアイデアで、ちびっ子ファンへのサービスという意味合いがあった。

特殊車両第1号は、「マシンX」。日産スカイラインの五代目となるC210型・2000GTターボ、通称ジャパンを改造したもの。警視庁のシステムと結ばれたマイクロコンピュータが搭載され、車載モニターなど全部で52の特殊装置が備えられている。当時の科学捜査の粋を集めたもので、最高時速は240㎞。

「マシンX」がお目見えしたのは、第45話「大激走！スーパーマシン」。この回は、犯人グループに元レーシングドライバーがいるという設定で、使っている車も高性能の「マーキュリー・クーガー」。だから通常の警察車両では、簡単に逃げ切られてしまう。そこで「マシンX」の出番と相成るわけである。目論見通り、持ち前のスピードを生かして犯人を追い詰めることに成功。事件は無事解決となる。

ほかにも「スーパーZ」「マシンRS（情報分析車）」「マシンRS－1・RS－2・RS－3」「特別機動車両サファリ4WD」、また劇中で初回から登場するものとして、石原裕次郎演じる捜査課長・木暮謙三の愛車「ガゼール オープン」といった特殊車両が人気を呼んだ。ミニカーなど子ども向け商品としても展開されたのは、その証しだ。また特殊車両の装備の一部が後に実際の警察車両で実用化されるというおまけもついた。

「石原裕次郎が太陽なら、渡哲也は月」

これら特撮ドラマに出てくるような特殊車両の数々が『西部警察』の人気の一因になったことは間違いないが、俳優陣の魅力も見逃せない。

なかでも際立っていたのは、やはり渡哲也の存在感だろう。角刈りにレイバンのティアドロップサングラス姿で、愛用のショットガン「レミントンM31」で犯人を狙撃する。「大門軍団」を率いるリーダーである大門圭介の放つオーラは、本作のアイコンと呼ぶにふさわしい。

1941年生まれの渡哲也は1964年に日活に鳴り物入りで入社。映画主演を重ね、「裕次郎二世」と呼ばれるようになった。『東京流れ者』（1966年公開）などのヒットを通じ、日活を背負う存在になっていく。だが映画産業の衰退が明白なものになるなか、1971年に日活はロマンポルノ路線へと舵を切る。それに伴って渡も日活を退社した。

そんな渡が新たな所属先として選んだのが、石原プロモーションだった。当時石原プロモーションは多額の借金を抱え苦しい状況に置かれていたが、石原裕次郎を尊敬する渡はそれを承知のうえで入社した。その後渡は、石原を公私にわたって献身的に支えていく。そして石原が1987年に亡くなった後は、石原プロモーションの社長に就任した。

俳優としての渡哲也は、国民の娯楽の中心がちょうど映画からテレビへと切り替わる過渡期を代表するスターだった。むろん映画への熱い思いは石原裕次郎とともにずっと持っていたが、石原プロの再建を優先しなければならない現実もあってテレビドラマへの出演も増えた。その際は、時代劇と刑事ドラマが主たる活躍の場となった。

渡哲也の演技する姿において印象に残るのは、その折り目正しさである。むろん作品によって役柄は変わるのだが、どんな場合でも背筋がピンと伸びた、一本筋の通った佇まいがあった。その姿からは、静謐と形容したくなるような凛とした風情が感じられた。

『東京流れ者』の監督である鈴木清順は、渡哲也をこう評したという。「石原（裕次郎）さんが太陽なら彼は月です。月は満ち欠けを繰り返しながら、昼は白く空に浮かび、夜には輝く。決して己を曲げない、それが渡哲也という役者なんです」（『週刊文春』２０１７年8月17日・24日夏の特大号）。

石原裕次郎が高度経済成長期の日本を明るく照らす太陽だったとしたら、渡哲也はその熱狂が一段落して夜を迎えた日本を静かに彩る月だったのかもしれない。

『西部警察』が生んだスター、舘ひろし

「大門軍団」の他の刑事たちも、それぞれ個性派ぞろいだった。オリジナルメンバーで言う

と、冷静で射撃の腕も立つ松田猛（寺尾聰）、髭面で帽子をいつも被っている「おやっさん」こと谷大作（藤岡重慶）、口ひげに角刈りで大柄というごつい風貌だが涙もろいところもある源田浩史（苅谷俊介）、若手新人刑事で成長途上にある甘い顔立ちの兼子仁（五代高之）など。

そしてこの作品がテレビ初出演となったのが、舘ひろしである。

舘は1950年生まれ。大学在学中にピーター・フォンダ主演の映画を見てバイクに魅せられた。そして東京・原宿でバイクチーム「COOLS」を結成。それが芸能関係者の目に留まり、映画『暴力教室』（1976年公開）に出演を果たす。主演は松田優作で、教師役。舘はバイクを乗り回す不良役で、松田優作と殴り合うシーンは話題になった（『読売新聞』2021年1月30日付け記事）。そしてこのときの演技が東映の上層部に認められ、舘の主演映画が相次ぎ公開された。

『西部警察』への出演は、そうした一連の流れのなかで実現したものだった。すでに音楽活動も始め、熱狂的ファンを生んでいた舘だが、この作品への出演によってその存在は一躍世に広く知られるところとなった。

舘ひろしが演じたのは、大門軍団のひとりである巽総太郎。そのビジュアルは当時不良の代名詞的存在だった舘のイメージに沿ったもの。サングラスに革ジャン、リーゼントで真っ白なハーレーダビッドソンにまたがり疾走する。これが刑事というのも破格だったが、それに合わせて性格も戦闘的。刑事でありながら権力や権威が嫌いで斜に構えている。捜査手法も荒っぽく、犯人にはまったく容赦しない。拳銃も常に2丁携帯している。まさに「コンクリートウェスタン」の象徴のような存在だった。

ところが、巽の退場は早かった。第30話「絶命・炎のハーレー」で、巽は殉職する。爆弾犯を松田刑事とともに追っていた巽だが、自分をかばって松田が撃たれ意識不明の重傷を負ってしまう。そこで巽は懸命に犯人を追う。犯人の狙いは幼稚園児を乗せた送迎バスの爆破。犯人とのカーチェイスで怪我をしつつも寸前で爆弾を発見した巽は、それを取り外して空き地へ運んだものの爆発によって命を落とす…。

実はこの殉職は予定通りでもあった。元々舘の出演契約は半年限りになっていた。音楽活動にも意欲を燃やしていた舘は、契約通りのタイミングでの降板となったのである。

しかし、すでに人気も定着していた舘ひろしの不在を惜しむ声は多かった。そして石原裕次郎の「戻ってこい」という舘への直々の言葉が決め手となって、舘の再登板が実現することになった。異例の展開である。

とはいえ、巽は殉職してしまっている。ではどうするか？　ありがちなのは似た容姿の辻褄を合わせるため巽の兄弟役という設定にするなどだろうが、『西部警察』はそうしなかった。まったく別の役柄で舘ひろしを再登場させたのである。視聴者からすれば混乱しておかしくないところだが、劇中で特に見た目が似ていることの説明もなく、2人のつながりが示唆されることもなかった。そのあたりの良い意味での鷹揚さは、アクションものの極致である『西部警察』らしい姿勢でもあった。

舘ひろし2度目の登場と「特機隊」

舘ひろしの2度目の役名は鳩村英次。役職は西部署に新設された特別車両機動隊（特機隊）の隊長である。アメリカ・ロサンゼルス市警のSWATで研修中のところを大門に呼び戻された。アメリカ帰り（やたら英語でスラングを連発する）ということもあり、独立心旺盛で人情には疎く、また権力や権威を振りかざす相手には徹底して反抗する。このあたりは、巽総太郎のキャラクターとも被るが、愛車はハーレーではなく、スズキGSX1100S「KATANA」だ（その後車種の変遷はある）。アメリカで付いたニックネームが「ワイルド・ハート」。むろん「ハート」は「鳩（はと）」から来ている。

鳩村英次は第109話「西部最前線の攻防（前編）」からの登場である。

物語は軍需産業でのし上がった前田製鋼という企業が誘拐組織のターゲットとなるところから始まる。莫大な身代金が要求されるのだが、一族企業で血筋にこだわる総帥はその要求に応じて金で解決しようとする。むろん大門軍団がそれを許すわけにはいかない。

そこで登場するのが、鳩村英次。鳩村は身分を偽って前田家の運転手として入り込む。だが結局、犯人を取り逃がし、新たな人質までも奪われる。しかも銃器マニアの前田家の孫が隠し持っていた最新鋭の対戦車ミサイルも敵の手に渡ってしまう。鳩村は決死の覚悟で、犯人に立ち向かうことになる。

いきなり対戦車ミサイルに狙われることになる展開も凄いが、初お目見えとなる特別車両機動隊の物量もそれに劣らない。劇中のセリフでは、白バイとそれ以外のオートバイ合わせて30台という説明。それはいいが、現場に向かってその全部と思われるオートバイが疾走する。このエピソードでは、ただそれだけで特別な任務を請け負うわけではないのだが、ロングショットでバイク数十台が走ってくる姿をとらえた映像は壮観だ。ほかの刑事ドラマではあり得ないようなスケール感で、「これぞ西部警察」という思いが湧いてくる。

こうして確立された「西部警察ワールド」によって人気も安定し、引き続きPART－Ⅱ、そしてPART－Ⅲが制作され全236話が放送された。途中殉職劇もあったが、PART－Ⅱからは三浦友和演じる沖田五郎が加わるなど新キャストも加入。さらに新しいスーパーマシンも次々に追加された。そして全国縦断ロケも敢行。各地は「西部警察軍団」のお目見えに沸いた。

『西部警察』が具現した〝破壊の快楽〟

このように刑事ドラマ史上屈指の娯楽大作となった『西部警察』だが、そうした作風が支持された時代背景にも少しふれておこう。

『西部警察』は、マッチョな世界観に貫かれている。凶悪事件も多い犯罪の捜査を仕事とする職業柄や当時の職業観もあって、刑事と言えば男性の職業という強固なイメージもあった。実際、『Gメン'75』のように少しずつ女性刑事がレギュラー出演者として加わる時代になりつつあった当時にあっても、『西部警察』では男性刑事のレギュラーしかいなかった。

むろんそのキャスティングは、おそらくアクションものの極限を目指したドラマのコンセプトから導き出されたものであり、それ自体を批判するのは筋違いだろう。ただ、『西部警察』と同年に始まった『噂の刑事トミーとマツ』とのコントラストを考えると、そこには興味深いものがある。

『噂の刑事トミーとマツ』のトミーとマツは、マッチョな世界観から抜け出しかかっている。トミーは血を見るだけで気絶するほどの臆病者。さらに犬、火、高所もダメというひ弱な性質でとても刑事向きとは思えない。マツはいつも大声でがさつ、刑事としてはおっちょこちょいで失敗も多い。刑事としてはそんな欠点だらけの2人だが、なぜか息の合ったところもあり、何だかんだ事件を解決していく。

このように対照的な刑事像を具現した2つのドラマがヒットしたことは、まもなく1980年代に入ろうとする時代がはらんだ二面性を考えさせる。当時は日本人が平均的に豊かになり、その恩恵を実感し始めていた時期。多くの人々が経済的に余裕を持つようになり、思いのまま自分の好きなことにお金を使い始める。いわゆる消費社会の本格化である。

そのなかで人びとは遊び心を重視するようになる。その中心にはテレビがあった。漫才ブームが起こり、お笑い番組やバラエティ番組が人気を博し、ボケとツッコミによる掛け合いが普通のことになった。『噂の刑事トミーとマツ』は、その意味で刑事ドラマのバラエティ化、漫才化を示すものだった。

もう一方で、消費社会は日本人に〝破壊の快楽〟を教えた。消費しようにもしきれない有り余るモノはいっそ破壊する。現実ではそんなことはなかなかできないが、ドラマという虚構のなかではそれが可能だ。そしてその破壊が惜し気もなくおこなわれればおこなわれるほど、その快感は増す。壊した車両が4600台余りという『西部警察』は、そうした大量破壊への私たちの秘かな欲望を満たしてくれたのである。

コラム4　時代とともに変わる刑事ファッション

専門的な職業には決まった服装、ファッションがある場合も多い。警察であれば、交番や派出所に勤務する警察官、いわゆるお巡りさんは決まった制服を着ている。だが同じ警察官でも刑事は別だ。捜査上の便宜もあって、決まった制服などはない。それゆえ、ファッションにも個性が出る。

明治初期の刑事は角袖（袖のかたちが四角になっている和装用コート）が定番で、「カクソデ」がひっくり返されて縮まり、「デカ」となった。刑事ドラマの刑事と言えば、基本はスーツだ。たいていは、そんな派手ではなくいたって地味なもの。たまにネクタイくらいは凝った刑事も登場するが、全体的には目立たないものが多い。むしろ底のすり減った革靴などで、地道な仕事であることが強調される。

ただ、刑事ならではのファッションもなかったわけではない。たとえば、開襟シャツやハンチング帽。黒澤映画『野良犬』の三船敏郎のイメージだ。あるいは『七人の刑事』の芦田伸介のようにハンチング帽にトレンチコートというのもある。帽子という点では、『特別機動捜査隊』の波島進のようにソフト帽（中折れ帽）で決めるというパターンもある。

1970年代には、ファッションで個性を表現する刑事も増えた。代表格は、『太陽にほえろ!』で有名デザイナーの特注スーツを着こなしたマカロニや足の長さでデニム姿も決まっていたジーパンだろう。共通するのはともに長髪だったように不良性。型破りな刑事をひと目でわからせるのに、ファッションは有効な手段だった。革ジャンやサングラスも同様。ただ『西部警察』の渡哲也のティアドロップ型サングラスは、不良性というよりは角刈りの髪型との組み合わせで一種の威厳を表すものではあった。

『あぶない刑事』のタカとユージもやはり不良の系統だが、そこに当時のバブル景気による派手なファッション性も上乗せされていた。夏場に真っ白でおしゃれなスーツを着こなすような刑事は、それまでいなかった。

こうした典型的なわかりやすい不良刑事は、徐々に減っているようにも見える。その分、ファッションも変わり、多彩になってきた。しかし『相棒』の杉下右京が英国紳士風のかっちりしたスーツ、亀山薫がラフなMA－1フライトジャケットというように、キャラクターの対照を表す効果的な手段としてファッションが重宝されているのは変わらない。

1979

9

軽さが求められた時代に登場 コメディ要素満載のバディもの

噂の刑事 トミーとマツ

1979年10月17日～1982年12月22日（全106話）
▶水曜20時～　制作／大映テレビ、TBS

主なキャスト　国広富之、松崎しげる、石井めぐみ、清水章吾、神山卓三、井上和行、成川哲夫、志穂美悦子、野村昭子、井川比佐志、林隆三、石立鉄男ほか

主なスタッフ　プロデュース／春日千春、千原博司、樋口祐三、野村清　脚本／長野洋、今井詔二、江連卓、山本邦彦、畑嶺明ほか　演出／井上芳夫、江崎実生、土井茂、湯浅憲明、土屋統吾郎、竹本弘一ほか　音楽／広瀬健次郎　エンディングテーマ／松崎しげる「WONDERFUL MOMENT」ほか　挿入歌／国広富之「男のロマン」

スラップスティックとしての刑事ドラマ

刑事ドラマにユーモアは欠かせない。題材的に殺人事件などを扱うことも多く、緊迫した場面が続くことも少なくない刑事ドラマでは、ホッとする場面も時には必要で貴重だからだ。だが、全編にわたって騒々しさと馬鹿馬鹿しさに徹したスラップスティック、つまりドタバタ喜劇として刑事ドラマがつくられるケースはほとんどない。

この『噂の刑事トミーとマツ』は、そんな数少ない例のひとつである。しかも視聴率的にも好成績をあげた。それゆえ希少価値があり、刑事ドラマ史上でも異彩を放っているし、覚えている人も多い作品だ。

刑事ドラマのジャンルとしてはバディもの。これ以前にも別項で取り上げた『俺たちの勲章』、草刈正雄と田中邦衛がタッグを組んだ『華麗なる刑事』(フジテレビ系、1977年放送)など、1970年代にバディものはいくつかあるが、視聴率面でヒットしたということも併せれば、確立期のバディものを代表する作品である。コンビを組むのは、国広富之が演じるトミーこと岡野富夫と松崎しげるが演じるマツこと松山進。バディものの常道通り、対照的なキャラクター設定になっている。

この作品には、モデルにしている海外ドラマがあった。当時日本でも放送されたアメリカの刑事ドラマ『刑事スタスキー&ハッチ』である。こちらも背の高さから性格まで正反対のコンビの活躍を描いたもの。やはり刑事ドラマとしては、かなりコミカルなタッチのものだった。

ただ、笑いにもお国柄がある。トミーとマツは、言うならば漫才コンビ的だ。マツがツッコミで、トミーがボケ。お坊ちゃん育ちで刑事にしては軟弱すぎるくらいのトミーはなにかとドジが多い。マツがそれを目ざとく見つけて「なにやってんだ！」と激しくツッコむ。するとトミーのやることはボケになる。そして時には、普段やられっぱなしのトミーがマツにやり返す場面も。そんなテンポのよい漫才さながらの掛け合いを見る楽しみが、この作品にはあった。

その最たるものが、犯人逮捕の際の格闘場面のお約束のくだりである。トミーは犯人といざ面と向かうとおびえているばかり。するとそんなトミーを見たマツがしびれを切らし、「お前なんか男じゃない。おとこおんなで十分だっ！　おとこおんなのトミコ！」と叫ぶ。するとトミーは突然覚醒して（このとき耳がぴくぴくと動く）、小さい頃に習っていた空手の技などで屈強な相手をコテンパンにやっつけてしまう（それを見たマツの髪の毛がぴょんと逆立ったりする）。基本的にトミーに叫ぶのはマツだが、トミーがマツに叫ぶパターンや志穂美悦子演じる姉の幸子など違う人間が叫ぶバリエーションもあった。

一種の変身ヒーローものである。いちおう、トミーがなぜこの言葉に反応するようになったのかは、第1シリーズの第11話や第22話で詳しく説明される。つまり必然的理由があるのだが、それはさておきコンプライアンスに敏感ないまの時代にそのままのセリフでやるのは難しいだろう。この作品に限ったことではないが、そのあたりは時代としか言いようがない。だがトミーとマツの漫才コンビ的な関係性、そしてスラップスティック的側面を象徴する場面であるのも確かだ。

また、石井めぐみ演じる森村万里子のキャラクター設定もコメディならではのものを感じさせる。

交通課所属の女性警官である万里子は、トミーに片思いしている。それだけなら刑事ドラマに彩りを添える役柄として珍しくないが、この場合はそれが熱烈すぎて度を越えている。勤務中にもトミーを見つけると仕事そっちのけで駆け寄ってアピール。それだけならまだよいが、犯人待ち伏せのため店の客役などで駆り出されてもトミーのことばかりうっとり見ているような始末。そしてマツとは顔を合わせると、お互い罵り合う。

要するに、真面目に仕事をしているような場面があまりない。だがその分、石井めぐみの達者な演技もあって、コメディ的な部分への貢献度はきわめて高い。刑事ドラマの歴史において女性警官は数多く登場するが、主人公の2人に匹敵する存在感という意味では、『あぶない刑事』の真山薫とある意味肩を並べるかもしれない。

主人公2人も異色のキャスティング

このようにコメディ要素の強さという点で異色の刑事ドラマだった『噂の刑事トミーとマツ』。その異色さは、主人公2人のキャスティングにも表れていた。

1953年生まれの国広富之は、放送開始時26歳。山田太一脚本のホームドラマの傑作『岸辺のアルバム』(TBS系、1977年放送)に出演する一方、高視聴率を記録した『赤い絆』(TBS系、1977年放送開始)で山口百恵と共演するなどぐんぐん頭角を現していた若手俳優だった。ただ役柄としては傷つきやすい繊細な青年といったものが多く、刑事役とはそれまで無縁だった。

その点、今作への出演は、役の幅が広がるきっかけにもなった。後年国広は『はぐれ刑事純情派』でも須藤刑事役でレギュラー出演している。2004年放送の第17シリーズ最終話には、松崎しげるがゲスト出演。こちらは犯人役で、須藤が取り調べをおこない、「昔の相棒にな、似てるんだ」と感慨深げに漏らす場面があった。

その松崎しげるの本業は、いうまでもなく歌手。当初CMソングの歌い手として注目され、さらに1977年に発売された「愛のメモリー」が大ヒット。同年の『NHK紅白歌合戦』にも出場した。一方で、親交の深い西田敏行などと組んでバラエティ番組にも出演。即興の歌を披露して人気を博した。ただ俳優業に関しては、ほとんど経験はないに等しかった。それがいきなり、連続ドラマの主演に抜擢されたわけである。

時代劇なども そうだが、刑事ドラマの刑事役を演じる俳優はたいがい固定されている。年齢にかかわらず、どこか強面《こわもて》の迫力のある風貌が向いているという一種の固定観念があるのだろう。ところが国広富之と松崎しげるは、どちらも甘いマスク。眉間に皺を寄せるというよりは、爽やかな笑顔の印象である。この2人が刑事ドラマの主演に抜擢されたのだから、新鮮だった。

国広富之は、当時をこう振り返る。「マツは昔から変わらず、日焼けしていて、オープンマインドな明るい人。初めてのドラマ出演だったので、普通の役者がしないような、カメラの画角から飛び出す動きをするし、セリフも勝手に変えてしまうんです。マツが枠からはみ出しても、しっかりと引き戻せるように、台本をしっかりと読み込みました」(『女性自身』2023年10月29日付け記事)。

トミーは、臆病者で犬と女性が大の苦手。それに対し、マツは喧嘩っ早く暴走しがちで大の女性好き。いかにもバディものらしい好対照の人物設定だが、この国広の言葉からもわかるように出来上がったものを見ると比較的自由な肉付けがなされている。どちらがクールで、どちらが熱血漢というわかりやすいキャラクターにもなっていない。その点、バディものとしてもユニークだった。

きい。

大映ドラマ的なるもの～春日千春というプロデューサー

こうした型破りの刑事ドラマになったのには、制作に大映テレビが加わっていたことも大きい。

国広富之を有名にした『赤い絆』も大映テレビの制作。この頃の大映テレビのドラマは、山口百恵の主演でも有名なこの『赤い』シリーズに典型的なように、出生の秘密を抱えた主人公が次から次へと運命のいたずらに翻弄されるといったような劇的すぎるストーリー展開、さらにそれを強調するような俳優たちの大げさとも言える演技のインパクトで異彩を放っていた。こうした徹底した過剰さは当時の視聴者にも癖になる魅力として支持され、熱烈な大映ドラマファンを生んでいた。

他方で、大映テレビにも刑事ドラマを制作した経験があった。1974年から1977年にかけて放送された『夜明けの刑事』（TBS系）はそのひとつ。坂上二郎が演じる刑事・鈴木勇が主人公。鈴木は人情家で涙もろい。だがいざというときには怪力を発揮する。コミカルな部分もないではないが、基本的には『噂の刑事トミーとマツ』とはテイストが異なる刑事ドラマだった。こちらにも、大映ドラマに欠かせない俳優だった石立鉄男が「鬼課長」の異名をもつ刑事課長役で出演している。

また1975年には、篠田三郎と高岡健二がコンビの刑事役を演じた『TOKYO DETECTIVE

二人の事件簿』（朝日放送。NETテレビ系、1975年放送）というバディものの制作にも大映テレビは携わっている。こうした俳優との縁や刑事ドラマ制作の蓄積が、『噂の刑事トミーとマツ』に結実したわけである。

そしてこれら一連の刑事ドラマにプロデューサーとしてかかわっていたのが、大映テレビの春日千春である。春日は野添和子（俳優・野添ひとみの双子の姉）と並び、1970年代から1980年代にかけて大映テレビに黄金期をもたらした立役者であった。いま挙げた以外にも『おくさまは18歳』（TBS系、1970年放送開始）、『スクール★ウォーズ』（TBS系、1984年放送開始）といった人気ドラマ、さらに多くの2時間ドラマなどを手掛けた。

1934年生まれの春日千春の原点は、紙芝居にあったという。春日のプロデュースしたドラマには、紙芝居につきものの口上を参考にして、「この物語は、…数奇な運命を描く、壮大なロマンである」といったような一種大仰だがぐっと視聴者を惹きつけるナレーションがしばしば使われた（山中伊知郎『『スクール★ウォーズ』を作った男』、48‐49頁）。

このことからもうかがえるように、娯楽としてのわかりやすさに徹するのが春日のプロデューサーとしてのポリシーだった。とにかく面白くするための手間暇は惜しまない。これはイケると思ったら、躊躇せず臨機応変に即決する。

たとえば、『噂の刑事トミーとマツ』での石井めぐみの起用もそうだった。石井は、初回からレギュラーだったわけではない。最初は単発で第1シリーズ第18話「花の芸者に恋したトミー」に芸者役で出演した石井の演技のカンのよさに春日が目を留め、シリーズの途中から彼女を女性警官役でレギュラーにしたのである（同書、95頁）。

レギュラー脚本家のひとりだった今井詔二は、『噂の刑事トミーとマツ』はアイデアさえ面白ければ「なんでもあり」だったと述懐する。第2シリーズ第38話「マツが妊娠？　課長突然の恐怖」は、マツが妊娠したと勘違いしてその気になってしまう話。刑事ドラマのイメージからすると、今井も「これはさすがに通らないだろう」と思ったが、春日は「バカだねー！でも、いいね。これやってみよう」と即決したという（同書、100頁）。

〝カジュアルな刑事ドラマ〟の時代

1970年代末は、刑事ドラマにコミカルな要素が積極的に持ち込まれ、視聴者の支持を集め始めた時期だった。

『噂の刑事トミーとマツ』だけではない。その開始から半年前、1979年4月にスタートした『熱中時代　刑事編』（日本テレビ系）も、同じくコメディ要素の詰まった刑事ドラマだった。

これは、水谷豊主演で大ヒットした『熱中時代』（日本テレビ系、1978年放送開始）のシリーズ第2作。とはいえ、この第1作は小学校を舞台にした学園ドラマで、水谷は生徒思いの小学校の新任教師を演じていた。つまり、第2作でいきなり刑事ドラマになったのである。視聴率も平均24・2%と高く、水谷が自ら歌った主題歌「カリフォルニア・コネクション」(1979年発売)も大ヒットした。

刑事ドラマ史においてこのような経緯で刑事ドラマが制作されたことは、おそらく後にも先にもないのではないか。『熱中時代』第1作と刑事編は、ストーリーも登場人物もまったく無関係で、水谷豊主演であること以外の共通点はない。

ではなぜ、このときそのようなことが実現したのか?

それはやはり、刑事ドラマといえども「軽さ」が求められ始めた時代の影響と言えるだろう。事件や捜査のリアリティはいったん措くことになったとしても、ドラマとしてのわかりやすさ、面白さが優先された。『熱中時代 刑事編』も、水谷豊演じる刑事・早野武がアメリカ人女性(ミッキー・マッケンジー)と恋に落ち、結婚する展開がフィーチャーされるなど、恋愛ドラマやホームドラマの要素が色濃くあった。早野武の見た目も、丸眼鏡にどちらから見ても七三分けに見えるリーゼントの髪型、そして刑事らしからぬピシッと決めたスタイリッシュなスーツというように、垢抜けたオシャレさを意識したものだった。捜査の張り込みの場面でも、刑事たちがちょっと面白い変装をすることがよくあった。

いわば、〝カジュアルな刑事ドラマ〟の時代の到来である。高度経済成長を達成し、平均して豊かになった日本社会のなかには余裕も生まれ、あらゆる場面で軽いカジュアルさが望まれ、支持されるようになった。そしてその流れは、１９８０年代後半に到来するバブル景気において頂点に達する。『あぶない刑事』の洒脱さは、そうした時代をバックにしたものであった。

1986

10
いまでもバディものを代表する名作
トレンディドラマ的「軽さ」の凄み
あぶない刑事

1986年10月5日〜1989年3月31日(全76話)
▶日曜21時〜　▶金曜20時〜　制作／日本テレビ

主なキャスト	舘ひろし、柴田恭兵、浅野温子、仲村トオル、ベンガル、山西道広、御木裕、秋山武史、木の実ナナ、中条静夫ほか
主なスタッフ	企画／岡田晋吉、黒澤満　プロデュース／初川則夫、福田慶治、伊地智啓ほか　脚本／丸山昇一、柏原寛司、大川俊道、那須真知子、田部俊行、峯尾基三ほか　監督／長谷部安春、村川透、成田裕介、西村潔、原隆仁ほか　音楽／志熊研三　エンディングテーマ／舘ひろし「冷たい太陽」ほか　挿入歌／柴田恭兵「RUNNING SHOT」ほか
映画	『あぶない刑事』(1987年12月公開)、『またまたあぶない刑事』(1988年7月公開)、『もっともあぶない刑事』(1989年4月公開)、『あぶない刑事リターンズ』(1996年9月公開)、『あぶない刑事フォーエヴァー THE MOVIE』(1998年9月公開)、『まだまだあぶない刑事』(2005年10月公開)、『さらば あぶない刑事』(2016年1月公開)、『帰ってきた あぶない刑事』(2024年5月公開予定)

捜査課と少年課が同居する空間

いうまでもなくバディものを代表する一作である。舘ひろし演じる鷹山敏樹、通称タカと柴田恭兵演じる大下勇次、通称ユージのコンビが大活躍する作品だ。ともにサングラス姿が似合うスタイリッシュでクールなキャラクターだが、いざとなると熱いところを見せ、息の合ったところを見せる。また2人の軽妙なやり取りも楽しみのひとつ。身のこなしも俊敏で走る姿も軽やか。アクションものとしても見応え十分だった。

ただこの作品は、単なるバディものの枠に収まっていないところも魅力だ。意外にチームものとしての魅力もある。そんな『あぶない刑事』ならではの味付けの一端を担っているのが少年課の存在である。

物語の舞台となるのは横浜の港警察署という架空の警察署。その建物のなかでは、いわゆる刑事課にあたる捜査課と少年課が同じフロアでこれといった仕切りもなく隣り合わせになっている。だから普段から両方のメンバーが自由に行き来し、和気藹々と下ネタも飛び交う。ともにかかわりのある事件ならば共同で捜査に当たることもある。刑事ドラマでは少年犯罪が題材になることも少なくなく、少年課が劇中で出てくること自体は珍しいことではない。しかし、このように捜査課と少年課が同居し、密な関係にあるような設定はまれだ。

少年課の課長は、木の実ナナ演じる松村優子。いわゆる姉御肌で、警察官としても優秀。

女性のボスが出てくる設定も、この時代はまだ珍しかった。テレビシリーズでは当時のスケジュールの都合で途中までしか出演していない（映画では登場する）が、登場したときのインパクトは大きかった。アニマル柄のファッションなど木の実ナナならではのゴージャスな雰囲気もあった。

そして松村の部下である少年課刑事・真山薫。浅野温子演じる真山は、タカとユージの悪友であり、所属は違うが一緒に捜査することも多い。いわば〝第3のバディ〟とも言うべき役割を持たされている。毎回の最後のカットにはこの薫のちょっとふざけたようなコミカルな表情のアップというパターンもあった。

そこに、普段は事あるごとに「バカモンっ！」などとタカやユージにカミナリを落としてばかりだが、いざというときには2人にとって最も頼りになる捜査課課長・近藤卓造（中条静夫）、よく見ると、いつも扇子を手にヘンな仕草や小ネタをやっている風変わりな刑事・田中文男（ベンガル）など捜査課同僚の個性的な面々が加わって、クールでハードボイルドタッチでありながらも、それだけに凝り固まらないユーモラスでアットホームな雰囲気を醸し出す。そんな硬軟両方の魅力を併せ持つ作品である。

タカとユージの対照の妙

とはいえ、やはり核になっているのはタカとユージのバディの魅力。この作品が成功したかなりの部分は、舘ひろしと柴田恭兵をダブル主演にキャスティングしたことにあるに違いない。起用したスタッフが舘ひろしと柴田恭兵のあいだに起こる化学反応をわかっていたとすれば、先見の明に敬服するばかりだ。

舘が『西部警察』でドラマデビューし、いきなりスターになったことはその項でも書いた。したがって、柴田恭兵もアクション映えという点では決して劣るものではないが、バイクアクションやカーアクション、銃撃戦などはお手のもの。遠くから犯人の腕をピンポイントで仕留めるほどの狙撃の腕前は大きな見せ場になっている。第50話「狙撃」(ファンならご存じの通り、毎回サブタイトルは必ず漢字2字の単語になっている)は、そんなタカが暴力団から銃で狙われるという逆転した構図で面白く見せる回である。

さらに舘に関しては、この『あぶない刑事』では前々からの不良性に加え、ダンディさが強調されている。タカは、立ち居振る舞いが洗練されていてとにかく女性にモテるという役どころ。だから女性の扱いも上手く(それが「あぶない刑事」の「あぶない」のニュアンスにも入っている)、嘘を見抜くことにも長けていてそれが事件解決に役立つこともある。女性のことに限らず、基本的にいつも冷静だ。

それに対し、ユージは女性に弱い。すぐ女性の言葉を信じてしまうようなところがあり、それが仇になってピンチに陥ることもしばしば。そういう点を、真山薫などにちょっと馬鹿にされる役回りである。しかしそれでも懲りずに、女性が相手のときに限らず捜査中でも軽口ばかり叩いている。タカとの対照もあって、飄々としたキャラクターである。

また対照的という意味では、冷静というよりは熱い性格なのもユージの特徴だ。その分、犯人や事件関係者に感情移入しやすい。相手が抱えた複雑な事情や苦境を知ると、つい温情をかけてしまうところが長所でもあり、短所でもある。

第24話「感傷」は、そんなユージのセンチメンタルな部分がストーリーの核になる回だ。酒場で偶然出会った、無鉄砲だが純情で一途なところのある若者と意気投合したユージ。だが彼は、実は警官殺しで追われている被疑者だった。逮捕された若者と再会したユージは、課長命令でタカとともに事件の起こった山梨まで彼を護送することになる。

ところが、その若者が捕まる危険を冒してまでわざわざ横浜に来たのは、中学時代優しくしてもらって以来ずっと憧れている女性教師に刑務所に入る前にどうしても会いたいと思ったからだった。それを聞いたユージは、課長の命令を無視し、タカの忠告にも耳を貸さず、寄り道して若者をその教師に会わせてやろうとする。

だが彼女は教師を辞めていた。そしてやくざの男と交際し、その男が犯した罪を若者に被せ、あげくにその命を奪おうとまでしていた。その計画を察知したタカとユージの活躍によって、危機一髪のところで若者は助かる。そしてユージは、憧れの先生はかつてのまま変わっていなかったと若者に嘘をつき、山梨まで彼を送り届ける。

この回を見ても、ユージが人情派刑事の系譜を受け継いでいることは明白だろう。そしてタカもそんなユージに表面上は呆れながらも、そんな彼のことを本当はよく理解していて結局手を貸してやる。その絆は深い。

アメリカンニューシネマ的友情の行方

このように損得を超えた友情が描かれるという点では、『あぶない刑事』もまたバディものの常道通り、青春ドラマとしての一面を持つ。

第20話「奪還」は、そんな2人の関係性がぐっと凝縮して表現された回のひとつ。今度は、ユージがタカの大ピンチを救う話だ。

暴力団・銀星会が10億円分のシャブ（覚せい剤）を取引するという情報をつかんだタカとユージ。ところが、そのシャブが強奪されるという事件が起こる。銀星会は元組員の男が犯人と目星をつけ、その娘を誘拐しようとする。元々銀星会と深い因縁があるタカは課長の命令も待たずにそれを防ごうとするのだが、娘を守ろうとして逆に撃たれてしまい、足に怪我を負う。娘を安全なところに連れていくため、タカを置き去りにせざるを得なくなるユージ。タカの命と引き換えに、シャブと男を探して渡すよう警察に迫る銀星会。渋る課長の近藤に対し、ユージは独断でシャブを手に交渉の場に向かう。そして隙を狙ってタカと合流。激しい銃撃戦を繰り広げる。だが多勢に無勢。圧倒的に不利だ。

追い詰められ、ビルの一室に立てこもった2人。するとタカが、「まるで映画のラストシーンみたいだな」と言い出す。「うん、見た、見た。『明日に向って撃て！』か。俺、ロバート・レッドフォードと誕生日一緒なんだぜ」とユージが返すと、タカは「俺なんか、ポール・ニューマンと血液型一緒なんだ」「いいなあー、じゃポール鷹山じゃない」「じゃ、ユージはロバート大下だ」。

結局間一髪課長が応援を連れて駆けつけ無事2人は救出されるのだが、いかにも『あぶない刑事』らしいこの会話からは、この作品がバディものとして表現する〝青春〟の性質を教えてくれる。

『明日に向って撃て！』(1970年公開)は、当時世界的に人気を博した「アメリカンニューシネマ」と呼ばれる作品群の代表作だ。タカとユージのやり取りにあるように、主演はポール・ニューマンとロバート・レッドフォード。それぞれ演じるのはブッチ・キャシディとサンダンス・キッド。西部開拓時代に実在した強盗の2人組だ。

物語は、ブッチとサンダンスの青春ストーリーになっている。だが彼らは犯罪者であり、常識的な意味でまっとうに生きることはできない。どこまで行っても世間のはみ出し者であり、ひとつの場所に落ち着くことなど無理な相談だ。だがそんな彼らも、いやそんな彼らだからこそ、ここアメリカではない、どこか別の場所に行くことを夢見る。

先ほどのタカとユージの会話にもあった、あまりにも有名なラストの場面。追い詰められたブッチとサンダンスは、自分たちのいる建物を警察に包囲される。もはやどう見ても逃げ場はない。2人は、「次はオーストラリアに行こう。あそこなら英語が通じる」などと相変わらず能天気な言葉を交わしながら、外へと飛び出す。そして警官隊の銃弾が一斉に2人に向かって放たれる。

こうした屈折した若者が主人公になるのは、日本における70年代青春ドラマでも同様である。同じくはみ出し者2人組では、萩原健一と水谷豊が演じた『傷だらけの天使』が思い浮かぶ。そして刑事ドラマにおいても、別項で取り上げた『俺たちの勲章』で松田優作と中村雅俊が演じた2人も、好対照ではあるがともにアウトローな気質を持つ役柄だった。

では、『あぶない刑事』のタカとユージはどうか？　先ほどふれたように、彼らは建物の外に飛び出し、ブッチとサンダンスのように蜂の巣にされてしまうことはない。むしろ逆に警察が助けてくれる。もちろん設定が異なるからではある。しかし、70年代的な屈折は、タカとユージにとって憧れではあったとしても、すでに現実ではないということもそこには刻印されている。80年代的バディである彼らは、互いに軽口を叩く日常を何事もなかったかのように続けていくのである。

トレンディドラマとしての『あぶない刑事』

もうひとつ、この作品にはトレンディドラマ的要素も感じられる。

トレンディドラマは、フジテレビの主導によって1980年代後半に一世を風靡した。基本は、男女複数の若者による恋愛ゲームを描いたもの。最先端を行くファッションを身にまとった若者たちが、流行の店やスポットに集まっては恋の駆け引きに明け暮れる。そしてオシャレな内装や調度品が揃っただだっ広く分不相応な部屋に住んでいる。いわば、ストーリーそのものよりもそれ以外の情報を優先したドラマである。

横浜という街のロケーションも生かした『あぶない刑事』には、恋愛ゲームのないトレンディドラマの側面がある。タカとユージがいつも着ている洒落たスーツはそれまでの刑事ドラマには絶対に見られないようなものだったし、横浜らしい洗練された雰囲気の店もよく登場する。

そしてなによりも、浅野ゆう子とともに「W浅野」として当時のトレンディドラマ人気を支えた浅野温子の存在がそう思わせる。浅野のハイテンションな演技はトレンディドラマでのそれを連想させるし、真山薫は刑事とは思えないような鮮やかなファッションで毎回画面を彩る。

トレンディドラマ隆盛の背景には、いうまでもなくバブル景気があった。そこでは真面目くさった重苦しいものは疎んじられ、とにかく陽気で軽いものが礼賛された。そうしたこの時代特有の軽さは、『あぶない刑事』でも端々に感じられる。

たとえば、第35話「錯覚」での一場面。拳銃を持った相手を追いかけるユージが、近距離、しかも真正面から撃たれるが銃弾を横にひらりとかわし、さらにはぴょんとジャンプして避ける。むろん、現実的には不可能な話である。「主人公の刑事にはなぜか弾が当たらない」という刑事ドラマのお約束を逆手にとったパロディ的ギャグでもあるが、こうした「あり得ない軽さ」は、ある意味『あぶない刑事』のほかにない魅力につながっていた。

仲村トオル演じる新人刑事の町田透のキャラクターも、トレンディドラマの匂いを感じさせる。第1話「暴走」では、緊迫した場面にもかかわらず、デートの約束があるので帰ってしまう。第51話「悪夢」でも同様の話が盛り込まれていて、仕事よりもプライベート優先というわけである。当時の表現で言えば「新人類」といったところだろうか。同時にそれは、トレンディドラマの第1作と位置づけられる『君の瞳をタイホする！』（フジテレビ系、198

8年放送）が刑事ドラマであったことを想起させてくれる。

もう一方で、この町田のデートエピソードは、脚本家・君塚良一が警察関係者への取材で同じエピソードを聞いて『踊る大捜査線』へのヒントを得た話にも重なる。その意味では、『あぶない刑事』は、80年代的刑事ドラマの典型であると同時に、バブル景気全盛からバブル崩壊以後、言い換えれば昭和から平成への橋渡しをしたドラマでもあったのかもしれない。

劇場版のヒットとプロデューサー・黒澤満の存在

加えて、『あぶない刑事』については刑事ドラマ史上でも群を抜く息の長さにも驚かされる。テレビドラマシリーズは1989年以降制作されていないが、代わりに映画化が繰り返されてきた。しかも2024年5月には、新作『帰ってきた あぶない刑事』が公開予定になっている。これが劇場版としては8作目である。

『あぶない刑事』は、テレビシリーズの続編である『もっとあぶない刑事』と合わせても全76話にすぎない。テレビシリーズの面白さもあったにせよ、これほど多くの人びとの記憶に長く残る作品になったのは、映画のヒットがあったからという部分がやはり大きいだろう。

劇場版第1作の『あぶない刑事』は1987年12月、そして第2作の『またまたあぶない刑事』は1988年7月と、テレビの第1シリーズと第2シリーズのあいだに挟まるタイミングでほとんど間を置かずに公開された。犯罪のスケール感やアクション場面など映画らしくスケールアップされたものだが、作風自体はドラマ版と変わらない。いずれも当該年度の邦画配収ベストテンに入るヒットとなった。直接ストーリーがつながっていたわけではないが、ドラマと映画の相乗効果が大きかったことは確かだろう。

そこには、プロデューサーの黒澤満の存在があった。1933年生まれの黒澤は、日活を経て東映芸能ビデオに入社。そして東映の子会社である東映セントラルフィルムを母体に制作プロダクションであるセントラル・アーツを立ち上げた。このセントラル・アーツは、松田優作が所属していたことで知られる。『最も危険な遊戯』(1978年公開)など、1970年代後半から1980年代にかけての一連の松田優作主演の映画をプロデュースしたのも黒澤だった。

『あぶない刑事』に関連したところでは、舘ひろしの初主演映画『革ジャン反抗族』(1978年公開)、仲村トオルの出世作となった映画『ビー・バップ・ハイスクール』(1985年公開)にも黒澤は製作スタッフとして携った。そして『あぶない刑事』のドラマ版と映画版の双方においても、企画のところに黒澤満の名が、またセントラル・アーツのクレジットが製作著作(協力)のところにある。

こうした軌跡を見ても、1970年代から1980年代にかけて、黒澤満が映画の側からアクションを核にした刑事ドラマの活性化を促進したキーパーソンのひとりであったことがわかるだろう。テレビ局のスタッフ主導でつくられた『踊る大捜査線』の映画版とは違い、『あぶない刑事』は日本映画の豊かな土壌が育んだ作品でもあった。

刑事稼業は「楽しい遊び」

最後に、刑事ドラマ史における『あぶない刑事』の位置づけについて改めてふれておきたい。

第1シリーズの最終話にあたる第51話「悪夢」は、刑事ドラマのラストとしては異例の展開を迎える。こうした場合よくあるのは、長年の宿敵や利益を貪る巨悪との決着をつける、あるいは大きな未解決事件の真相を明らかにするといった大団円のパターンだろう。だが『あぶない刑事』はまったく異なる。むしろ正反対の結末だった。

ある日、警察、ひいてはタカとユージの2人に恨みを抱いているのではないかと思われるライフル魔があらわれる。ユージが狙撃され、交番が襲われて警官が撃たれるなど、相手は次々に犯行を繰り返すが、神出鬼没の動きでまったく尻尾をつかませない。知っている殺し屋かと目星をつけたものの、すべて空振りに終わる。一度はタカがバイクで追跡して捕えたかに見えたが、取り逃してしまう。

しかし紆余曲折の末になんとか追い詰め、最後はクルーザーに乗って逃げるライフル魔をタカとユージが狙撃して仕留めたかに見えた。ところが、クルーザーのなかはおろか、海中を探しても相手の遺体は見つからない。「幽霊だったのか?」と捜査課の面々も怪しむ。結局、正体はわからないままだ。だが、タカとユージは「こんな楽しい遊びはないね」と面白がる。

『あぶない刑事』のトレンディドラマ的「軽さ」については先述したが、軽さもここまで来ると凄みがある。一種の外連みと言ってもよい。この最終話では、〝真犯人の逮捕〟という刑事ドラマの結末における大原則がいとも簡単に裏切られている。そしてそこに刑事稼業なんてたかが遊びじゃないかという2人の宣言が続く。

「フィクションとしての刑事ドラマ」の全面的肯定とも受け取れるこのセリフには、『あぶない刑事』という作品が、刑事ドラマ史において特異な存在感を放ち続ける必然的理由が凝縮されている。

コラム5

脇役の名刑事あれこれ

チームものの刑事ドラマだと、必ずひとりはいぶし銀的刑事がいる。たいていは叩き上げで人情に厚く、若手刑事が失敗したときのフォロー役といった役どころだ。『太陽にほえろ!』の下川辰平や『大都会』の高品格、さらに『西部警察』の藤岡重慶などは、まさにそうしたポジションと言えるだろう。なかでも『特捜最前線』の大滝秀治は、そんないぶし銀界の最高峰と言えるかもしれない。

一方、中間管理職の刑事も刑事ドラマには欠かせない。『あぶない刑事』の中条静夫は、部下たちに手を焼くという役柄で中間管理職の辛さを背負っている。ただ『あぶない刑事』では、署長など警察上層部は基本出てこないので、上と下の板挟みにあうというパターンはあまりない。

そのあたりは、『はぐれ刑事純情派』の島田順司や『踊る大捜査線』の佐戸井けん太のほうが見事な中間管理職の悲哀を見せてくれる。それよりもだいぶ強面なキャラクターではあるが、『相棒』の刑事部長を演じる片桐竜次も、大きく括ればこのグループだろう。

必ずしも主役ではないが、「刑事役と言えばこのひと」という俳優も少なくない。かつては竜雷太、夏木陽介、若林豪などは、比較的そんなイメージだった。松田優作主演作の常連で『あぶない刑事』シリーズに刑事役で出演した山西道広も思い出される。

金田明夫なども、刑事役の印象が強い。『沙粧妙子－最後の事件－』ではまだ刑事のひとりというポジションだが、『警視庁・捜査一課長』では、「見つけのヤマさん」として存在感たっぷりだ。「浅見光彦シリーズ」など2時間ドラマでの刑事役も多い。

もうひとりあげるとすれば、やはり遠藤憲一だろうか。『BORDER』をはじめ、刑事役で出演した作品は枚挙に暇がない。いわゆる刑事ドラマではない作品でも刑事として登場することが少なくない。かつては悪役のイメージだったが、いまや正統派の刑事からちょっと裏のある刑事まで、演じられる役の幅の広さもあって引っ張りだこだ。

出てくるとちょっとホッとするような刑事もいる。いわゆるコメディリリーフ的刑事で、『非情のライセンス』の左とん平などが当てはまる。『はぐれ刑事純情派』のぼんちおさむもそうだろうか。こうした役どころは、やはり芸人やコメディアンが演じることが多い。

ただ例外もいる。本田博太郎はその筆頭だ。本田は2時間ドラマで刑事役もしばしば演じ、どちらかと言えば渋い魅力の演技派俳優だったが、『警視庁・捜査一課長』の笹川刑事部長役では、奇抜なコスプレ姿も披露するコメディリリーフ的なポジションになった。しかもそれがウケて、いまや当たり役のひとつ。不思議なめぐり合わせである。

1988

11

人情派刑事と事情を抱える犯人
変わらない庶民の哀歓に共感する

はぐれ刑事純情派

1988年4月6日～2009年12月26日（全444話）
▶水曜21時～　制作／テレビ朝日、東映

主なキャスト　藤田まこと、小川範子、松岡由美、島田順司、岡本麗、梅宮辰夫、真野あずさ（現・眞野あずさ）、ケイン・コスギ、ほんちおさむ、大場順、若林哲行、木村一八、賀集利樹、城島茂、七瀬なつみ、植草克秀、村上信五、西島秀俊ほか

主なスタッフ　企画／白崎英介　プロデュース／藤原英一、小関明、今木清志、関拓也、桑原秀郎、東一盛、目黒正之、伊藤彰将、島田薫　脚本／小木曽豊斗、石原武龍、石松愛弘、難波江由紀子ほか　監督／吉川一義、天野利彦、岡屋龍一、村川透、鷹森立一ほか　音楽／甲斐正人　主題歌／堀内孝雄「ガキの頃のように」ほか

映画　『はぐれ刑事純情派』（1989年11月公開）

歩く刑事

刑事ドラマの刑事と言えば、車に乗っているか全力疾走しているか、はたまた格闘しているか銃を構えているか、というような派手な印象だが、このドラマは違う。

藤田まことが演じる山手中央署の刑事・安浦吉之助、通称「安さん（やっさん）」は、まずいつも徒歩だ。夏の暑い時期ともなると大変だが、それでもジャケットを脱いで片手にかけ、白いワイシャツ姿で汗をかきながら歩く。そして何度も事件関係者を訪ねては話を聞く。その様子は、こちらからなにかを聞き出すというよりは相手の話にじっと耳を傾けるという表現がふさわしい。とにかく派手なところなど一切なく、むしろ逆。地味の極致である。

刑事はいつも走っているものというイメージは、一般的には『太陽にほえろ！』あたりから定着したものだろう。だが考えてみれば、刑事の仕事の多くは聞き込み、つまりさまざまな関係者に話を聞くところから始まる。そしてそこで集めた情報や会った印象などをもとに捜査の方針を決める。劇中、安浦もよく「あのひとがやったとは思えないんですが」といったセリフをよく口にする。そして見込み違いがあれば、また聞き込みをして方針を修正する。そんな地道な作業の繰り返しである。

当然、そこには情というものが絡んでくる。相手の話をよく聞き、じっくり会話をすればするほど相手の人柄や苦しい立場が伝わり、その相手が結局犯人であったとしても、場合によっては同情の念を禁じ得ないこともある。だから快楽殺人などは描かれない。むしろもみあって押し倒した拍子に階段を転がり落ちたり、どこかに頭をぶつけたりして亡くなるといった「意図せざる殺人」（ネットなどでは、このドラマに頻出するこうした死にかたを「はぐれ死」などと呼ぶ）が少なくない。しかし理由はどうあれ、むろん刑事としては逮捕しないわけにはいかない。だが安浦の顔にはやるせない苦渋の表情が浮かぶ。

1980年代、『西部警察』や『あぶない刑事』をはじめとしてアクションものが隆盛を誇るなかで、かつてはもう一方の主流だった人情派刑事ものの影は薄くなっていた。そこに1980年代の終わり、つまり昭和の終わりに始まったのが、この『はぐれ刑事純情派』だった。番組スタートにあたっての宣伝文句は「刑事にも人情がある。犯人にも事情がある。」。まさに刑事ドラマにおけるひとつの原点回帰となった作品と言えるだろう。

そしてその目論見は視聴者のこころをとらえ、20年以上も続く長寿シリーズとなった。1992年放送の第5シリーズでは平均視聴率20・9％と20％超えを記録するなど、安定した人気を最後まで保った。

俳優・藤田まことが醸し出す庶民の哀歓

その最大の功労者は、なんと言っても主演した藤田まことだろう。

藤田は1933年東京生まれの京都育ち。父親の藤間林太郎は映画スターだった。本人は舞台俳優としてキャリアをスタートさせ、やがて歌手を目指すようになる（本作でも、安浦がカラオケで自慢ののどを聞かせる場面が度々用意されていた）。同時にステージの司会の仕事にも携わるようになり、その後コメディアンとしての活動も始めた。

そんな頃、初主演したのが『てなもんや三度笠』（朝日放送。TBS系、1962年放送開始）である。これは時代劇のかたちをとったコメディ。藤田演じる股旅姿の渡世人・あんかけの時次郎と白木みのる演じる小坊主の珍念のコンビが珍道中を繰り広げる。番組内のコント風CMでの藤田の決めゼリフ「あたり前田のクラッカー」も流行語になり、高視聴率を記録する人気番組となった。

さらに1970年代には、『必殺』シリーズ（朝日放送、1972年放送開始）の中村主水《もんど》役でも人気を博した。中村主水は1973年に始まった『必殺仕置人』で初登場。主水は奉行所の同心。職場では「昼行灯」などと呼ばれ、いるのかいないのかわからないほどで、やり手とはほど遠い。時には金を要求して犯罪を見逃すこともある。

ところが主水には、裏の顔があった。善良な人びとが恨みを抱きつつも自分の手では果たせない悪党への敵討ちを請け負う殺し屋である。主水は殺し屋仲間のリーダー格。冷徹に任務を遂行する。藤田まことは昼の顔と夜の顔のコントラストを見事に演じ分け、当たり役のひとつになった。

この『必殺』シリーズでもうひとつ見どころになっていたのが、毎回最後に登場する主水の家庭の場面である。主水は妻のりつ（白木万里）、姑のせん（菅井きん）との3人暮らし。ここでの主水はどちらにも頭が上がらない。出世の見込みがないとりつにはいつも軽んじられ、せんにはいやらしい声音で「婿どの」といびられる。果ては跡継ぎができないので「種なしカボチャ」などとひどい呼ばれようだ。

俳優・藤田まことの最大の魅力は、このように二枚目と三枚目のあいだを往復できる演技の自在さにあるだろう。シリアスな仕置の場面ではクールな格好良さを感じさせるかと思えば、場面が切り替わると妻と姑に徹底的にやられてグウの音も出ない。しかし、その情けない姿になんとも言えない可笑しさと哀愁がにじみ出る。

時代劇と現代劇の違いはあるとは言え、藤田まことの劇中の役柄、立ち位置という点で『必殺』シリーズと『はぐれ刑事純情派』にはかなり重なる面がある。その意味では、『はぐれ刑事純情派』が描こうとしていたのは、いくら時代が進んでも変わらない人間の本質、庶民の哀歓ということになるかもしれない。そこに視聴者である私たちも共感し、郷愁を覚えるのだ。

『はぐれ刑事純情派』はホームドラマ

庶民の哀歓を描くという点は、この作品におけるホームドラマ的要素の比重の高さに端的に表れている。

安浦には2人の娘がいる。だが直接の血のつながりはない。ともに今は亡き妻の連れ子だからだ。安浦は、男手ひとつで2人を育ててきた。ただ刑事の仕事は不規則でもあり、なかなか目が行き届かない。特に恋愛のこととともなると、どうしていいかさっぱりわからない。

このドラマのお約束のひとつ、毎回のように登場する安浦家の食卓や茶の間での家族の会話シーン。今時の娘たちの言動に安浦はついていけず、言いくるめられ振り回されてばかりだ。しかし一方で、家族3人が根底では信頼し合っているのが会話の雰囲気から自ずと伝わってくる。クスッとなるようなユーモラスなシーンも多いこの場面は、視聴者にとっても事件捜査の緊迫感をほぐしてくれる、ホッと一息つく場面として貴重だ。その意味では、やはり『必殺』シリーズの家庭の風景に近いものがある。

そして血縁関係のない娘たちとの物語は、『はぐれ刑事純情派』という作品のコンセプトである「人情」、つまり人と人の気持ちのつながりとはなにかを自ずと伝えてくれるという意味もある。

2人の娘はそれぞれに苦労を味わいながらも、自らの人生をたくましく生きていく。松岡由美演じる長女のエリは、恋に破れる経験をしながらも働きながら新たな相手と出会い結婚。そして子どもを授かる。小川範子演じる次女のユカは、福祉施設で働いていたが、安浦の部下であり自分の恋人だった刑事・山岡雄作（城島茂）の殉職を機に警察官を目指し、見事試験に合格。最後は安浦の部下となる。

主人公の刑事の家族がここまで一貫して物語に絡んでくる刑事ドラマは珍しい。絡んできても、事件に巻き込まれて殺されるとか悲劇的な役回りであることが多い。そのなかでこの安浦家の娘たちは、そうした悲劇の主人公になるのでなく、悲しい出来事もありながら地に足のついた人生を歩む。このたくましさも、このドラマの魅力だろう。

2000年正月スペシャルから

そんな親子の物語と殺人事件が交わった回のひとつが、2000年の正月に放送された新春スペシャル「安浦刑事、韓国へ飛ぶ！釜山港へ帰る女・父と娘、遙かなる帰郷」である。

不動産業者の女性が殺される。関係者として浮かび上がったのが、福祉の仕事をしている若い女性（中原果南）。安浦らが訪ねてみると、そこにユカが。その女性とユカは同じ福祉関係の仕事をしていることもあって、仲が良かったのだ。

実はその女性は、日本人の父と韓国人の母を持ち、韓国の釜山で生まれた。だが幼い頃に両親を亡くし、日本に住む父親の弟（林隆三）の夫婦に引き取られたのだった。20年が経ち、女性は近々生まれた国である韓国に帰り、そこで福祉の仕事に携わることになっていた。だがさらに彼女の周囲で恋人や友人が殺される事件が起こり、彼女自身も命を狙われる。そして彼女の育ての父親も行方をくらます。安浦とユカはともに韓国に渡り、彼女の警護や世話をすることになる…。

結末は物悲しい。だが和解と希望もある。まさに「犯人にも事情がある」ことを感じさせる『はぐれ刑事純情派』らしいエピソードである。そしてなによりも、この回は安浦一家と女性の一家がオーバーラップする設定が印象に残る。

女性と父親はまったく血がつながっていないわけではないが、兄夫婦の子どもを引き取って大事に育てたという点は、安浦と娘たちの関係にも重なる。実際、劇中で父親同士が意気投合する場面もある（このスペシャルでも、両家が出席するパーティで藤田まことが歌を披露する）。林隆三と藤田まことという2人の名優が醸し出す雰囲気は、しみじみとして温かい。

また、なにか切実な事情を抱えた事件関係者に対する安浦の包み込むようなまなざしがここでも感じられる。決してわかりやすく優しいわけではないが、すべてを察したうえでそっと背中に手を添えてくれるような包容力がある。ユカも安浦の仕事ぶりを近くで目の当たりにして尊敬の念を新たにする。このあたりは、後にユカが警察官になる布石のひとつにもなっている。

アットホームな同僚たち

安浦の同僚たちにもふれておこう。このドラマの刑事部屋もまた、アットホームだ。会話もくだけた感じが多く、互いの家庭のことを包み隠さず話す。まるで居酒屋のような雰囲気がある。

ぼんちおさむ演じる里見大観、大場順演じる高木直、若林哲行演じる今井哲也などがそのおなじみの面々だが、中心にいるのが島田順司演じる刑事課長の川辺精一だ。

刑事ドラマに出てくる刑事課長と言えば、統率力のある有能なボスというイメージが強い。この川辺も最終的には頼りになるのだが、普段は上の意向をうかがい、部下には厳しく接するという、どこの企業にもいそうな典型的中間管理職タイプ。またたいていは外れているのだが、事件の推理を安浦と競おうとする負けず嫌いな面も。そして恐妻家ときている。先ほど取り上げた2000年のスペシャルでも、銀婚式の記念に奮発して箱根温泉旅行の予約をしたのだが、事件発生でそれどころではなくなり、妻に電話で平身低頭して謝る場面がある。一方で根っからの人情家でもある。

岡本麗が演じる田崎晴子もこの作品に欠かせないひとりだ。第1シリーズから登場し、いったん第8シリーズで山手中央署を離れたが、また復帰した。安浦とペアを組んで捜査することも多く、関係者から巧みに話を聞き出すなど鋭い手腕を発揮する場面も少なくない。また安浦に思いを寄せており、安浦の行きつけのバーのママ（真野あずさ）にちょっと嫉妬心を抱くという役回りでもある。現在はバイプレーヤーとして幅広く活躍する岡本麗は、若手時代に『特捜最前線』で犯人役を演じたことなどもあり、その意味では目立たないが刑事ドラマへの貢献度が高い俳優のひとりだ。

また、梅宮辰夫が演じる署長・横溝重忠も安浦の理解者として重要な登場人物である。署長室で安浦や川辺から捜査状況を聞き助言する場面など、ずっと出ているわけではないが存在感があった。キャリアからすれば不思議はないが、梅宮辰夫も『新・夜明けの刑事』（TBS系、1977年放送）や『明日の刑事』（TBS系、1977年放送開始）をはじめ刑事ドラマ出演の多かった俳優である。

刑事ドラマに定番の若手俳優枠もあった。第1シリーズの木村一八や第2シリーズの吉田栄作。またその後も、城島茂、村上信五、植草克秀のアイドル勢、ケイン・コスギ、賀集利樹などがレギュラーとして出演した。

また西島秀俊も第5シリーズで刑事として出演している。それにまつわる面白い話もある。近年放送された刑事ドラマ『警視庁アウトサイダー』（テレビ朝日系、2023年放送）に刑事役で主演した西島が劇中で持っているスマホの待ち受け画面が安浦の写真で、着メロも『はぐれ刑事純情派』のテーマ音楽。理由は、「刑事として尊敬しているから」というものだった。かつて出演していたことを知っている視聴者なら思わずニヤリとする小ネタではあるが、西島の藤田への真摯なオマージュも感じられた。

同僚というわけではないが、主題歌を歌い続けた堀内孝雄も、各シリーズ必ず一度は出演している。そのようなパターンのゲスト出演はとかくちょい役が多いが、堀内の場合は例外だ。セリフも多く、芝居心もある。意外な感じでストーリーにきっちり絡んでくる回もあった。

犯人の顔が見えなくなる時代のなかで

『はぐれ刑事純情派』は、惜しまれつつも２００９年12月の最終回スペシャルをもって幕を閉じた。途中インターバルがありながらも20年余りにわたって続いたわけで、刑事ドラマ史に残る長寿シリーズのひとつである。

ただ、この作品の終了とともに人情派刑事を主役とする刑事ドラマを目にすることはほとんどなくなった。むろんチームのひとりに人情派刑事が配役されることがないとは言えないが、人情派刑事が主役となった作品は、２０１０年代以降、特に連ドラではあまり見当たらない。

　そこには、単に人情派刑事ものの衰退というだけでなく、刑事ドラマと深くかかわる世の中の犯罪のありかたの変化がかかわっているように思える。

　平成は、〝顔の見えない犯罪〟が次第に存在感を増していった時代だった。『犯罪白書』などをみると、特殊詐欺やサイバー犯罪は、ともに2000年代に増え始めているのがわかる。多少の増減はあるものの、その傾向は変わらない。そしてニュースなどを見てもわかるように、その手口は複雑かつ巧妙なものになっている。組織的にもなり、陰で糸を引く本当の犯人の顔は見えないままということも少なくない。

　しかし、そこにも当然人間はいる。たとえば、特殊詐欺の受け子のような存在。彼らが犯罪に巻き込まれてしまう背景には、往々にして若者の貧困問題がある。つまり、どんな時代にも犯人には「事情」がある。そして刑事にも「人情」がある。新しい人情派刑事の出番がなくなったわけではない。

1994

12
豪華な犯人役が魅力だった
倒叙スタイルが異色の作品

古畑任三郎

1994年4月13日〜2008年6月14日（全43話）
▶水曜21時〜　▶火曜21時〜　制作／フジテレビ、共同テレビジョン

主なキャスト	田村正和、西村雅彦（現・西村まさ彦）、石井正則、小林隆、伊藤俊人、白井晃、八嶋智人、山田涼介ほか
主なスタッフ	企画／石原隆ほか　プロデュース／関口静夫ほか　脚本／三谷幸喜　演出／星護、河野圭太、松田秀和、鈴木雅之、佐藤祐市、平野眞　音楽／本間勇輔
スピンオフドラマ	『巡査 今泉慎太郎』（1996年1月10日〜2004年1月3日放送）

探偵か刑事か

ドラマで事件を解決する2大ヒーローはどのような職業かと問われれば、きっと多くのひとが「探偵と刑事」と答えるに違いない。

では、探偵と刑事はどこが違うのか？　やはり真っ先に思い浮かぶのは、ドラマの探偵が基本的に個人事業主であるのに対し、刑事は警察に雇用されている公務員ということだ。だから刑事には所属部署の上司がいて、職業柄その命令は絶対である。もし従わなければ警察組織からなんらかのペナルティを受け、時と場合によっては解雇にもなりかねない。

ところが、このドラマには古畑任三郎の上司は出てこない（実はまったく出てこないわけではないのだが、それは刑事ドラマとしては特殊であり、そのことが大きな意味を持つような出方である。これについては後で述べる）。私たち視聴者が目にするのは古畑の現場への登場（他のパターンもあるが、刑事につきものの自動車ではなく自転車に乗ってののんびりとした登場はおなじみだろう）、聞き込みなどの捜査、そして最後の謎解きの場面しかない。その間、今泉慎太郎（西村雅彦［現・西村まさ彦］）や西園寺守（石井正則）などの直属の部下、さらに古畑を尊敬する（が名前をいつまでも覚えてもらえない）巡査・向島音吉（小林隆）などは登場するが、上司とのやり取りは描かれない。日本の刑事ドラマ史においてはかなり異色の存在である。

したがって、古畑任三郎はれっきとした刑事ではあるが、そのありかたにおいてはほとんど探偵に等しい。犯人との絶妙の駆け引き術（時にはちょっとした罠を仕掛ける）、そして抜群の推理力に特化した刑事である。そこに田村正和の演技と存在感が相まって、〝名探偵刑事〟として燦然と輝く存在になった。アクション派でも人情派でもない、こうしたタイプの刑事の成功は、刑事ドラマ史においても珍しい。

そうした新しさもあったのか、第1シリーズの視聴率はそれほど高くはなかったものの、徐々に評判を高め、第2シリーズでは平均視聴率が20％を越えるようになった。冴えない部下でいつもヘマをしては古畑におでこを「ペチン」と叩かれる今泉慎太郎も人気キャラとなり、スピンオフ番組『巡査 今泉慎太郎』が制作されたほどだった。

脚本家・三谷幸喜の軌跡

この成功の最大の功労者は、いうまでもなく脚本の三谷幸喜である。

1961年生まれの三谷幸喜は、学生時代に劇団「東京サンシャインボーイズ」の主宰者、劇作家として頭角を現し、注目された。それと同時に放送作家としてテレビやラジオの番組制作にかかわるようになり、やがてドラマの脚本を手掛けるようになる。

2022年のNHK大河ドラマ『鎌倉殿の13人』の脚本への称賛も相次ぎ、いまや大御所となった三谷が注目を集めるきっかけになったのは、1988年に始まった深夜ドラマ『やっぱり猫が好き』（フジテレビ系）である。同居する三姉妹の可笑しくも平和な日常を描いたシチュエーションコメディ。シチュエーションコメディとは、物語の舞台があちこち変わることなく、ある部屋なら部屋のなかだけで物語が進行するようなコメディを指すが、そうした限られた登場人物のあいだのみでの会話劇を得意とするところは、『古畑任三郎』にも生かされている。

1993年には、初の連続ドラマでしかもゴールデンタイム放送の『振り返れば奴がいる』（フジテレビ系）がヒットした。織田裕二が医師役でダークヒーローを演じて話題に。ただ三谷自身はコメディを目指したもののスタッフの意向でシリアスなトーンのものに変えられてしまい、本意ではなかったと回顧する（三谷幸喜『オンリー・ミー』、119頁）。

だがこの実績によって、三谷は自分の好きな題材を好きなように書ける足がかりを得た。その記念すべき第一歩となったのが、この『古畑任三郎』である。

物語の形式という面での最大の特徴は、あの『刑事コロンボ』と同様の倒叙ミステリーという点だ。

通常ミステリーにおいては、「犯人探し」が最大の焦点となる。事件現場に残された証拠や捜査の過程で集まった新たな情報・証拠などをもとに真犯人を突き止める。読者や視聴者はそこに至るプロセスを主人公とともに体験することで、ハラハラ感やドキドキ感を得る。

ところが、倒叙スタイルにおいては、犯人は最初から明らかになっている。そのうえで、刑事や探偵が、その犯人のトリックやアリバイをどのように崩していくのかを読者や視聴者は楽しむ。犯人はわかっているので、通常のパターンとは違った感覚で、刑事や探偵とのやり取りがより緊張感をもったスリリングなものになる。そして完璧と思われた犯人の計画のどこに隙があったのかが暴かれたとき、大きなカタルシスが生まれる。

推理小説においては古くからあった手法のようだが、刑事ドラマにおいてはあまり類例がない。最近では木村拓哉主演の『風間公親―教場0―』(フジテレビ系、2023年放送。脚本は『踊る大捜査線』の君塚良一)が倒叙スタイルだったが、少なくとも最初に倒叙スタイルで人気を博した日本の刑事ドラマは、この『古畑任三郎』ということになるはずだ。

犯人を演じた人気者たち ～倒叙ミステリーの効用

倒叙ミステリーの効用は、通常とは異なる味わいの謎解きだけではない。特にドラマとしてのポイントは、犯人役の比重が高くなることである。通常の刑事ドラマでは、犯人は刑事の引き立て役になりがちだ。したがって、犯人役に(黒幕などは別として)大物俳優や旬の人気俳優をキャスティングすることは難しい。だが倒叙ミステリーならば、犯人は刑事と丁々発止でやり合う対等なポジションになる。

こうして、倒叙スタイルは、いかにも悪役というような俳優ではなく、主役級の俳優を犯人役として起用することを容易にした。実際、『古畑任三郎』シリーズの人気を支えた大きな要因のひとつは、毎回登場する犯人役の従来にないような豪華さだった。

第1シーズン第1話「死者からの伝言」、つまり記念すべき初回エピソードの犯人役となったのは中森明菜。人気漫画家で、自分を弄んだ編集者を殺すという役柄だった。いうまでもなく中森は一世を風靡したアイドル歌手。普通なら、1話のみの犯人役で出演することはまずない。

その後も意外かつ豪華な犯人役は続いた。第2シーズン第1話「しゃべりすぎた男」で弁舌鋭い弁護士を演じた明石家さんま。同第4話「赤か、青か」で爆弾を仕掛ける大学助手を演じた木村拓哉。このときは最後、田村正和が木村にビンタをする場面があり、いまでもなにかと話題に上る。この頃は「キムタクブーム」の最中であった。また第3シーズン第8話「完全すぎた殺人」では、車椅子の化学者役で福山雅治も登場している。

そのなかでも話題を呼んだという点では、やはりSMAPのグループでの出演が思い出される。第26回、その名も「古畑任三郎 VS SMAP」。ここでのSMAPは本人役での出演だった。草彅剛を恐喝してくる男への怒りを抱いた他のメンバーは、グループ5人全員で計画を練り協力してその男を殺す。そしてコンサートの開演を目前に、古畑とSMAPの息詰まる駆け引き、攻防が続く…。ラストでコンサートの幕が上がるシーンまで、目が離せない回である。

本人役というのがひとつミソである。当時国民的アイドルの名をほしいままにしていたSMAPだが、彼らが本人名義で殺人犯役として出演するなど、犯人役にスポットが当たる『古畑任三郎』以外ではあり得なかっただろう。そして彼らを単純な悪者にしないよう工夫が凝らされた三谷幸喜の脚本も冴えていて、最後は一種不思議な感動をもたらす回にもなっている。視聴率も32・3%ときわめて高いものだった。

大物俳優との競演も

むろん旬の人気者だけでなく、大物俳優と田村正和との演技合戦も大きな魅力だった。

第1シーズン第11話「さよなら、DJ」の犯人役は桃井かおり。桃井演じる女性は歌手で、ラジオの深夜生番組の人気DJの「おたかさん」こと中浦たか子。彼女は生放送中に、恋人を奪った付き人の女性を殺害する。犯行は番組で「サントワマミー」が流れている数分というごく短時間のうちにおこなわれたようだが、どうすればそれは可能だったのか？　彼女への脅迫文が届いていた件で偶然ラジオ局に来ていた古畑による捜査が始まる。

この後、シリーズのなかで何度か登場する「赤い洗面器の男」の小噺（必ずオチになる前で邪魔が入ってしまうというのがパターン）が初めて出てきたり、古畑の歌声が聞けたりするという点でもファンにとってはたまらないが、やはりこの回の見どころは、田村正和と桃井かおりの競演だろう。

女性を殺す場面、まだ息のある相手に対して「痛い？」と絶妙なトーンで冷たく聞いたのがアドリブだったという話は古畑ファンの間では有名だが、それだけではない。通常の回とはちょっと違う古畑と犯人との掛け合いが見られるのが印象的だ。

たとえば、番組のCM中に放送ブースに入ってきた古畑がおたかさんに疑問を投げかける。のらりくらりとかわされ、立ち去ろうとする古畑の手をつかみ無理やり引き留めるおたかさん。「アタシを疑った罰にもう少しここにいなさい」と言って、古畑を急きょリスナーからのお悩み相談のハガキに答えるゲストにしてしまう。お悩みは、嘘を見破る秘訣を教えてほしいというもの。警部補と自己紹介した古畑は、「それが上手ければとっくに警部になってます」と絶妙の答えを返す。桃井かおり、田村正和双方が持つ洒落た持ち味が出た場面である。

最後の場面も、2人の洒脱さは健在だ。古畑に次々と証拠を突きつけられ、観念したおたかさんが「難しいのね、完全犯罪って。全力で走って損しちゃった」と苦笑混じりにぼやくと、古畑が「はいー」といかにも同情に堪えないという感じのあの笑顔で答える。このあたりはもはや、刑事と犯人というよりも、気心の知れた友人のようなリラックスした雰囲気が漂う。

津川雅彦が出演した第3シーズン第5話「古い友人に会う」も忘れがたい。

津川が演じるのは古畑の小学校の同級生で小説家の安斎亨。彼の持つ長野の山荘に招待された古畑は、そこで安斎の妻が不倫をしているところを目撃する。部下の西園寺は妻が安斎を殺すつもりなのではないかと疑うが、古畑は安斎の真意を見抜く…。

この回は、倒叙ミステリーにはなっていない。その点、明らかに異質である。しかも謎解き編の前にある恒例の視聴者への呼びかけで、古畑はこう語る。「えー刑事はいつも事件が起こってから現場に現れます。だからこそ一度でいいから悲劇が起こる前に事件を解決したい。それが私たちの夢です」。

そうして古畑と安斎が対峙する最後の場面。拳銃を用意し、自ら命を絶とうとする安斎に対し、その自殺に秘められた目論見を次々に解き明かし、自殺を思いとどまらせようとする古畑。だがそれでも死ぬことを望む安斎に向かって「お察しします」と言いつつ、古畑は矢継ぎ早に言葉を投げかける。「しかし、しかし、あなたは死ぬべきではない。たとえすべてを失ったとしても、我々は生き続けるべきです」「また一からやり直せばいいじゃないですか」「明日死ぬとしても、やり直しちゃいけないと誰が決めたんですかっ?」。

この言葉を受け止めながら、反発しつつも徐々に生きようと考えを改めていく様子を津川雅彦は、ほとんど顔の表情の変化のみで見事に演じている。そしていつも以上に熱く訴えかけるような田村正和の演技もまた惹きつけられる。

先ほどふれた呼びかけの場面で、古畑はこのエピソードを「実は最終回に持ってこようと思っていた」とも語っている。むろんそれは、脚本の三谷幸喜の思いでもあっただろう。倒叙ミステリーという基本をあえて崩し、誰も死なないエンディングを提示したこの回は、『古畑任三郎』という一個の作品だけでなく、刑事ドラマというジャンルそのものへの果敢な自己批評でもあった。

「普通の刑事ものだったら出なかった」～田村正和という俳優

田村正和は、この『古畑任三郎』が初めての刑事役だった。すでに俳優として長いキャリアのあった田村だが、それまで刑事役のオファーがあったとしても断っていたわけである。引き受けた理由は、まずは脚本の面白さにあった。「台本を読んだとたん、これはと思いました。まずなぞ解きが面白い。構成が綿密で余分なものがないから、ぐーっと引きつけられるんです。普通の刑事ものだったら出てませんよ」(『読売新聞』1994年4月15日付け記事)と当時の田村は語っている。

三谷幸喜にとっても、田村正和は「古畑任三郎」のイメージにぴったりの配役だった。「狙いは、なぞ解きをパズルとして楽しんでもらうこと。彼の生活感のなさが、いい意味で生きてくると思うんです」（同記事）とは、三谷の言葉だ。

1943年生まれの田村正和は、『古畑任三郎』開始時ちょうど50代に入ったところだった。戦前の大スター・阪東妻三郎の三男として生まれた田村は、1961年に映画でデビュー。その後映画、ドラマで活躍を続けた。そして1972年から放送の時代劇『眠狂四郎』（フジテレビ系）が人気に。憂愁を帯びたミステリアスな雰囲気が女性を中心に熱狂的な支持を集め、時代を代表する二枚目俳優のひとりとなった。

転機が訪れたのは、1980年代である。

1984年から放送の『うちの子にかぎって…』（TBS系）では、生意気でませた小学生たちに手を焼く学校教師を演じ、それまでの田村のイメージとのギャップに世間は驚いた。子どもたちに振り回されオロオロする姿は、眠狂四郎の寡黙な剣士とはあまりに異なっていたからである。だがこのドラマがヒット。田村正和主演のコメディドラマ路線が定着することになる。

『パパはニュースキャスター』（TBS系、1987年放送）も、ヒットした作品のひとつ。ここでの田村は、人気ニュースキャスター。ところがある日、自分を父親だと言う3人の女の子が突然現れ、同居することになる。その共同生活のなかで巻き起こるさまざまな騒動をコミカルかつ感動的に描いた作品である。

これらのドラマを通じ、田村正和のコメディセンスは開花した。二枚目の代表というイメージに、新たな魅力が加わったわけである。『古畑任三郎』には、毎回冒頭でスポットライトの当たるなか古畑が小噺を披露するおなじみの場面があるが、そこには田村のユーモアセンスが垣間見える。どこかミステリアスな部分とそこはかとないユーモアという両面を併せ持つ古畑任三郎というキャラクターは、まさに田村正和の俳優人生を象徴するものだったと言える。

古畑任三郎は、なぜ拳銃を持たないのか

「普通の刑事もの」だったら引き受けなかったと語った田村正和。そうした古畑任三郎の〝普通の刑事ではないところ〟が端的に表現されていたのが、第1シーズンの最終話となる第12話「最後のあいさつ」だろう。

この回の犯人役は菅原文太。彼が演じる小暮音次郎は強面の警視庁警視で、古畑の上司だ。小暮は2年半前、孫娘を殺されていた。ところが被疑者として逮捕された男に対し、証拠不十分で無罪の判決が下る。それに到底納得できない小暮は、自ら銃で男を殺す。事件の担当になったのは古畑。だが小暮には別の事件で犯行時刻には張り込みをしていたというアリバ

イがあった。そのアリバイをどう崩すのか？　小暮を犯人とにらんだ古畑の捜査が始まる。

そして最後、2人の対決の場面。古畑によってアリバイの矛盾を突かれ、観念せざるを得なくなった小暮は、上司としての気持ちをのぞかせながら「いいぞ、古畑。俺の負けだ」と犯行を認める。そしてこう語り出す。「いつも思っていた。往生際の悪い犯人ほど情けないものはないってな」「自分が捕まるときは誇り高くいたいもんだと」「灰原は人間のくずだ。わかってくれ。俺が法に代わって…」。

小暮がそう言いかけたとき、古畑は珍しくきっぱりとその言葉を遮る。「小暮さん、それは違います。人を裁く権利は我々にはありません。我々の仕事はただ事実を導き出すだけです」。古畑のその毅然とした態度に、小暮はようやく落ち着きを取り戻す。そして「納得がいったよ。君に拳銃は必要ない」と古畑に言う。

実はこの対決の前、古畑が拳銃を携行していないことをめぐって2人は会話を交わしていた。麻薬取引の現場に踏み込む小暮に同行させられた古畑は、拳銃の準備をしておくように言われ、持っていないことを白状する。「使いかたもわからない」と言う古畑に悪びれた様子はない。それを見て少しあきれたような小暮。

そしていま、小暮に「君に拳銃は必要ない」と言われた古畑は、「警視、最高の褒め言葉です」と喜びをあらわにする。敬礼する古畑。小暮も敬礼を返す。

この小暮との一連のやり取りからは、拳銃を持たないことが古畑にとってひとつの思想であることが見えてくる。つまり、警察官とは、拳銃による力の行使ではなく事実の解明のみによって職務を果たすべきものである、ということだ。他の刑事ドラマであれば、拳銃を撃つことをためらい、悩む刑事はいても、最初から拳銃を持つこと自体を拒否する刑事は存在しないだろう。この思想的な〝非暴力性〟こそが、刑事ドラマ史にあって古畑任三郎を独自な存在にしているのである。

1995

13
女性刑事が主人公に
刑事＝善ではない異色の脚本

沙粧妙子
―最後の事件―

1995年7月12日〜9月20日（全11話）
▶水曜21時〜　制作／フジテレビ

主なキャスト	浅野温子、柳葉敏郎、佐野史郎、升毅、蟹江敬三、金田明夫、近藤芳正、飯島直子、黒谷友香、香取慎吾、国生さゆり、広末涼子、柏原崇、中谷美紀、草彅剛、山本學ほか
主なスタッフ	プロデュース／和田行、森谷雄　脚本／飯田譲治　演出／河毛俊作、田島大輔、落合正幸　音楽／岩代太郎　エンディングテーマ／ロッド・スチュワート「LADY LUCK」　挿入歌／マドンナ「ラ・イスラ・ボニータ」、ポーティスヘッド「SOUR TIMES」
スペシャルドラマ	『沙粧妙子ー帰還の挨拶ー』（1997年3月25日放送）

新しい世代による新しい刑事ドラマ

この刑事ドラマが当時感じさせた新鮮さは、キャストとスタッフの新しさから来ていたところも少なくない。

主演は浅野温子。刑事ドラマへの出演としては、これ以前にいうまでもなく『あぶない刑事』があった。だが重要な役柄ではあったものの、それはあくまで助演。警視庁捜査一課の刑事役というのもこれが初めてだった。

さらに言えば、女性刑事が主人公の刑事ドラマというのも、連続ドラマという意味ではおそらくこの作品がほぼ初めてだったのではあるまいか。この作品の後、別項でふれる『ケイゾク』『SPEC～警視庁公安部公安第五課 未詳事件特別対策係事件簿～』が続き、さらに篠原涼子主演『アンフェア』(関西テレビ放送。フジテレビ系、2006年放送開始)、天海祐希主演『BOSS』(フジテレビ系、2009年放送開始)、同じく『緊急取調室』(テレビ朝日系、2014年放送開始)、竹内結子主演『ストロベリーナイト』(フジテレビ系、2010年放送開始)など、女性刑事が主人公の刑事ドラマはいまやとりたてて珍しくないが、当時はやはり目立っていた。

浅野温子と言えば、1980年代後半から1990年代前半にかけて、浅野ゆう子と並ぶ「W浅野」のひとりとしてトレンディドラマのけん引役だった。ただトレンディドラマの最初の作品とされる『君の瞳をタイホする!』(フジテレビ系、1988年放送)は、浅野温子は出演していないものの、渋谷の道玄坂署という架空の警察署が舞台になった刑事ドラマ。もちろん複数の男女の軽い恋愛模様がメインという異色の内容ではあったが。ここでの浅野温子の起用は、そんなドラマ史全体の流れと無関係ではないだろう。

そして浅野が演じる沙粧妙子とコンビを組む刑事・松岡優起夫役が柳葉敏郎。岩手県警からの研修で警視庁に派遣され、評判の良くない沙粧と組むことになる真面目一徹の刑事という役柄である。ここでの柳葉は、はまり役と言っていい。

柳葉敏郎は1980年代前半、哀川翔などが所属し、抜群の人気を誇った路上パフォーマンス集団・一世風靡セピアのメンバーとしてブレーク。その後俳優業に本格的に進出し、先述の『君の瞳をタイホする!』にも出演するなど、トレンディドラマでも活躍した。その意味では浅野温子と同様の流れである。そしてこの作品の翌々年に、『踊る大捜査線』で演じた室井管理官が評判になったことで刑事ドラマの常連になっていく。

またこの作品は、香取慎吾、広末涼子、反町隆史、さらに連続ドラマ版の後に制作されたスペシャルドラマ「帰還の挨拶」(1997年放送)では草彅剛や中谷美紀など後に大スターになっていった面々が若手時代に出演していたことでも知られる。いまは押しも押されもせぬ人気者や大物が実はこんなドラマにも出演していたというパターンは珍しくないが、これほど錚々たるメンバーが重要な役柄や印象的な役柄で多く登場したケースは少ないだろう。キャスティングの妙もあるが、これもまた時代の転換期に生まれた作品だったことを示すひとつの証しとみることができる。

脚本・飯田譲治が描くダークな刑事

一方スタッフのほうで目を引くひとりが、脚本の飯田譲治である。

飯田の名が広く知られるようになったのは、深夜で放送されたドラマ『NIGHT HEAD』(フジテレビ系、1992年放送開始)からである。豊川悦司と武田真治が演じる兄弟が主人公。2人はそれぞれ異なる種類の超能力を持っている。その超能力を利用しようとする政府や科学者、政府への敵対勢力、さらに他の超能力者も絡み、うごめく陰謀と緊迫感あふれる戦闘の物語が繰り広げられる。

だがポイントは、それだけではない。超能力バトルと言うとアクション活劇的なものを想像しがちだ。そうした場合、超能力者は人知を超えた存在、ある種のヒーローのように見なされる。ところが『NIGHT HEAD』は違っていた。望んだわけでもないのに自分でも制御できない超能力を与えられてしまったがゆえの怖れと葛藤、そしてその超能力によって意図せぬところで家族や他人を傷つけてしまう苦悩など、人間ドラマとしても見応えがあった。それゆえ、深夜帯の放送ながら評判を呼んだのである。

『沙粧妙子―最後の事件―』も似ている。主人公の沙粧は、刑事ドラマの主人公らしくなく、いつも苦しんでいる。その苦悩ぶりは想像を超えるものがあり、同僚でさえ簡単には近づけないほどのものだ。

そうなったのには理由がある。梶浦圭吾（升毅）は、沙粧のかつての恋人。警視庁に設置された犯罪心理プロファイリングチームのリーダーでIQ180以上の天才だった梶浦は、プロファイリングのために殺人犯との面談を重ねるうちに殺人の快楽に目覚め、沙粧の親友で自分の同僚でもある女性を殺してしまう。だが逮捕されたものの、精神鑑定の結果不起訴に。しかも収監先から逃げたまま行方不明の状態だ。そうしたなか、梶浦の関与を思わせる連続殺人が起こり、沙粧は激しく動揺する……。

ここでも、刑事は決してヒーローではないという視点から一貫して物語が紡がれる。「刑事＝善」では必ずしもない。それは、梶浦のように警察内部に罪を犯す人間がいる、というだけのことではない。刑事とは、沙粧妙子のように善と悪のあいだを揺れ動く存在、最終的には善、つまり正義の側に踏みとどまるかもしれないが、一歩間違えば悪、つまり犯罪者の側に飲み込まれてしまいそうになる不安定な存在でもあり得るということだ。

このドラマの浅野温子は、トレンディドラマや『あぶない刑事』のときと違い、いつもうつむき加減で眉間に皺を寄せている。同僚の池波宗一（佐野史郎）に処方された精神安定剤を常用し、まだ愛してもいる梶浦の見えない影におびえ、悪夢にうなされる。彼女が全身から発散させる圧倒的にダークなオーラは、河毛俊作ら演出陣の独特の映像感覚も相まって、一見しただけで忘れがたいものがある。

正義と愛のはざまで

一方の松岡は、父親が警察官だったので自分も自然にその道を選んだという人物。迷いもなく真っ直ぐな正義感を抱き、正義と悪は決して交わらない別ものと考えている。だから沙粧が追いかける連続猟奇殺人犯を「異常者」と一言で片づける。それに対し、沙粧は松岡に「異常者には異常者の、目的とルールがある」と諭すように告げる。納得がいかない表情の松岡。

松岡の立場からすれば、理想の社会とは犯罪が根絶された社会だ。正義の実現とは犯罪がなくなり、悪が存在しなくなることにほかならない。

しかし沙粧は、そんなストレート過ぎるほどの正義感に懐疑的だ。なぜなら、犯罪心理学を学び、プロファイリングに携わっていた沙粧にとって、異常者もまた自分なりの論理に従う同じひとりの人間なのは自明のことだからだ。

もちろん犯罪という行為自体は決して許されるものではない。だが、だからこそ犯罪者が抱く「目的とルール」を理解しなければならない。このドラマの最初に流れる「人間というものがいる限り、この世から悪意が消滅することはあり得ない。そして悪意は、目に見えないものとは限らない。」という字幕は、そのことを示唆する。

とはいえそれゆえに、沙粧はその悪意に最も近いところ、悪意に飲み込まれかねない危うい場所にいつもいる。第1話のナレーションの表現を借りれば、「深くて暗い海の前にじっとたたずんでいる」。そしてやがて、その「深くて暗い海」のなかに引きずり込まれるように足を踏み入れることになるのである。

そこに恋愛が重要な要素として入ってくるのも、このドラマのひとつの特徴だろう。

もちろん刑事ドラマにおいて、刑事の恋愛模様が描かれないわけではない。『太陽にほえろ!』のジーパンとシンコ、『踊る大捜査線』の青島とすみれなど、すぐに思い浮かぶものもある。ほかにも、事件をきっかけに出会った相手に恋愛感情を抱くような展開は、古今問わずよくあるだろう。

ただこのドラマにおいては、沙粧妙子の恋愛、梶浦に対する思いは事件そのものと分かちがたく結びついている。だからこそ、沙粧は刑事として越えてはいけない一線を踏み越えそうにもなる。プロファイリングは相手の思考や行動のパターンを理解する技術だが、恋愛にはさらにその一歩先を行き、相手と一体化したいという欲望が根底にある。それゆえ、恋愛と捜査が結びつくのはいっそう危険なことになる。

たとえば、第1話で、殺された女性の口に詰められていた花びらを、上司の許可も得ず沙粧が勝手に取り出して隠す場面。その花びらは、梶浦が殺人を犯したときに残していたのと同じものである。つまり、ここで沙粧は、警察組織の一員としてではなく親密な一個人として梶浦に対峙しようとする。

そして最終話のラスト、沙粧は正義と愛のはざまで究極の選択を迫られることになる。「人間の愛情ってそんなに正しいものや美しいものばかりに向かっているわけじゃないんだ」と池波から言われて動揺していた沙粧。そしてとうとう梶浦と対面を果たす。変わらぬ愛を切々と訴える梶浦に対し、沙粧はどう応じるのか？　最後に見せる彼女の「笑顔」は物悲しく切ない。

どのようにして「プロファイリング」は日本で知られるようになったか

刑事ドラマ史的には、「プロファイリング」に光が当たったという点でもこの作品は注目に値する。

繰り返すまでもなく、プロファイリングは科学捜査の手法のひとつ。統計学的知見に基づいて、過去の類似する事件のデータとの照合から犯人像を割り出す。先に欧米で発展した犯罪学がベースにある。

日本で一般的にも知られるようになったきっかけのひとつは、映画『羊たちの沈黙』（1991年公開）だった。作品賞、監督賞、主演男優賞、主演女優賞、脚色賞のアカデミー賞主要5部門を獲得した傑作である。いまでも、『羊たちの沈黙』にインスピレーションを受けた、あるいはその系譜を引いていると思しきミステリー作品は少なくない。

主人公は、ジョディ・フォスター演じるFBI訓練生のクラリス・スターリング。犯罪学と心理学を学んでいる。彼女はFBIの主任捜査官であるクロフォード（スコット・グレン）に指示され、アンソニー・ホプキンス演じる連続猟奇殺人犯で現在収監中の元精神科医、ハンニバル・レクターから、現在起こっている別の連続猟奇殺人事件解決のための協力を取りつける任務を負うことになる。

レクターは、クラリスが抱いている過去のトラウマに興味を抱き、協力依頼を受け入れる。そしてクラリスは忌まわしい記憶を引き出されて動揺しつつも、レクターが与えてくれた犯人像のヒントによって連続猟奇殺人犯の居場所を突き止め、事件を解決する。

ハンニバル・レクターというダークヒーローの圧倒的存在感が語られがちだが、捜査のプロセスの中心にあるのはプロファイリングの手法だ。サスペンスと科学的捜査手法が見事に融合したストーリーは、それまでにないものだった。

さらに1995年には、ロバート・K・レスラーの『FBI心理分析官 凶悪犯罪捜査マニュアル』が翻訳刊行され、ベストセラーになる。レスラー自身がFBI心理分析官であり、殺人犯との面談を重ねてプロファイリングの手法的確立に貢献した人物だった。『羊たちの沈黙』の原作小説を書いたトマス・ハリスも、執筆にあたってレスラーに教えを受けたということがあった。

その後レスラーは日本のワイドショーにもよく出演するようになり、日本に起こるさまざまな未解決事件についてプロファイリングに基づいた見解を述べていた。断片的な知識にすぎないにせよ、一般世間に「プロファイリング」というものがあるという認識が広まったのには、レスラーの存在も大きかった。

「苦悩する刑事」、そして1995年という転換点

『沙粧妙子－最後の事件－』におけるプロファイリングは、突然ではなくこうした時代の流れのなかで出てきたものだった。そこには、〝動機なき犯罪〟と呼ばれるような、従来の捜査手法だけでは犯人にたどり着かないような事件が目立ってきたこともあっただろう。

ただ、『沙粧妙子－最後の事件－』については、先述したように「苦悩する刑事」という人

物像も際立っている。そしてそれについて考えるとき、この作品が放送された1995年という年に思いが至る。

1995年は、戦後の歴史における大きな転換点のひとつだった。1月に阪神・淡路大震災、3月に地下鉄サリン事件が起こる。両者は大きな災害と無差別テロというまったく性質の異なる出来事ではあるが、ともに私たちの日常生活の基盤そのものを揺るがせるような衝撃を与えたという点で共通していた。

敗戦からの復興、高度経済成長を通じた繁栄を享受するなかで、私たちは右肩上がりの未来が続くことを当然のように信じていた。ところが1995年のこれら一連の出来事によって、そうした明るい未来はもはや当たり前ではないことを私たちは目の前に突きつけられたのである。さらに1991年のバブル崩壊以降、肝心の日本経済は、後に「失われた10年」、さらに「失われた20年」などと呼ばれる長い停滞期に入っていた。それはいわば、「昭和」の終わりであった。

もちろん、沙粧妙子の苦悩の原因は個人的なものだ。だが沙粧妙子というキャラクターがまとう深い影には、漠然とした不安の時代に突入した日本社会の空気感が色濃く反映されているように思えてならない。

コラム6　少ない出番でも爪痕を残す悪役専門の名脇役

刑事ドラマのもう一方の主役とも言えるのが犯人や黒幕だ。悪役が敵役として憎らしく、魅力的であればあるほどドラマに味わいが出る。

かつては悪役専門の俳優たちが少なからずいた。そうした俳優たちは、決して多くはない出番でなんとか爪痕を残そうと、ここぞとばかりに工夫を凝らして熱演する。そしてその結果注目されて、大きな役をもらえるようになった俳優もいた。

東映の大部屋俳優から出発した室田日出男や川谷拓三などは、その代表だ。東映が制作に携わった刑事ドラマに犯人役などで度々出演。実際、殺されかたひとつとってもひと味もふた味も違っていた。彼らは1970年代中盤、同じ脇役仲間とともに「ピラニア軍団」を結成。メディアからも注目された。志賀勝、小林稔侍、片桐竜次らもそのメンバーである。

面白いのは、こうした俳優が同じドラマに違う役柄で何度も出てくるケースがあることだ。とりわけ長寿シリーズになった場合はそういうことが往々にして起こる。小林稔侍などは、『Gメン'75』を見ていると、刑事役だったり悪役だったり、また同じ刑事でも違う役柄だったりと色々な役柄で登場して時々面食らう。

蟹江敬三や石橋蓮司も犯人役の常連だった。蟹江は、『Gメン'75』の項でもふれたように、強烈な殺人鬼役を演じてそれが当たり役となった。その後もずっと犯人役での出演が多かったが、『沙粧妙子─最後の事件─』では警視庁捜査一課の刑事役も演じている。

石橋蓮司も、いまでこそ優しいおじいちゃん役も普通に演じているが、当時は強面の風貌もあり犯人役が圧倒的に多かった。たとえば、過激派グループの一員であるとか、暴力団の一員であるとか、そういった組織の一癖あるメンバーといった役柄がはまり役だった。

意外なところでは、『はぐれ刑事純情派』では長年刑事役として活躍した岡本麗も、若き日には犯人役で刑事ドラマに出ていたことがある。探せばほかにも同様のケースがきっとあるだろう。生瀬勝久なども、いまは警察側の人間を演じることが多いが、かつては犯人役ということもあった。逆のパターンで言えば、『相棒』で「平成の毒婦」を西田尚美が演じたのも、犯人役のイメージがなかっただけに新鮮だった。

政界や財界の黒幕役なら、往年の名優として内田朝雄や伊藤雄之助などが忘れがたいが、近年は犯人役にせよ黒幕役にせよ悪役専門と呼べるような俳優は少なくなった印象だ。高嶋政伸などは黒幕役のイメージもあるが、一方でまったく違う役柄を演じる場合も少なくない。多彩な役柄をこなすバイプレーヤーが、そのなかのひとつとして犯人役や黒幕役をやるケースが目立つ。いわばユーティリティプレーヤー化している。

たとえば、野間口徹などは、出てきた瞬間に怪しげで「裏がある」と感じさせる代表だ。たとえ刑事役だったとしても、絶対にこのまま正義の味方では終わらないと思わせる。ただ最近は、そのイメージを逆手にとる出演パターンも増えてきた。そう思わせておいて、ちゃんとした刑事だったという展開もある。

女性だと山下容莉枝も似た感じだろうか。山下の場合は、普通の主婦なのだが言動や振る舞いを見ているとそこはかとなく不穏な空気がただようといった役柄が多い。とはいえこちらも、最近は結局犯人などではなかったというパターンもある。

小日向文世は、むしろ最近犯人役が増えてきた印象がある。柔らかい物腰と穏やかな口調もあっていわゆるいい人の役が多かったが、ここのところ裏の顔があるような意外性のある役を演じることも珍しくなくなってきた。醸し出すソフトさがフリになって、犯人とわかったときの驚きが増幅される効果を狙っている面もあるのだろう。

野間口徹や山下容莉枝もそうだが、このあたりは目の肥えてきた視聴者を楽しませるため、犯人探しのパターンも複雑になってきていることの反映なのかもしれない。

1997

14

警察という組織の細部にこだわり
刑事ドラマの文法を書き換えた

踊る大捜査線

1997年1月7日～3月18日（全11話）
▶火曜21時～　制作／フジテレビ

主なキャスト	織田裕二、柳葉敏郎、深津絵里、いかりや長介、水野美紀、ユースケ・サンタマリア、北村総一朗、小野武彦、斉藤暁、佐戸井けん太、筧利夫ほか
主なスタッフ	プロデュース／亀山千広、東海林秀文　脚本／君塚良一　演出／本広克行、澤田鎌作ほか　音楽／松本晃彦　主題歌／織田裕二 with マキシ・プリースト「Love Somebody」
スペシャルドラマ	『踊る大捜査線 歳末特別警戒スペシャル』（1997 年 12 月 30 日放送）、『踊る大捜査線　番外編　湾岸署婦警物語 初夏の交通安全スペシャル』（1998 年 6 月 19 日放送）、『踊る大捜査線 秋の犯罪撲滅スペシャル』（1998 年 10 月 6 日放送）、『踊る大捜査線 THE LAST TV サラリーマン刑事と最後の難事件』（2012 年 9 月 1 日放送）
スピンオフドラマ	『深夜も踊る大捜査線 湾岸史上最悪の 3 人!』（1998 年 10 月 12 日～16 日放送）
映画	『踊る大捜査線 THE MOVIE 湾岸署史上最悪の 3 日間!』（1998 年 10 月公開）、『踊る大捜査線 THE MOVIE 2 レインボーブリッジを封鎖せよ!』（2003 年 7 月公開）、『踊る大捜査線 THE MOVIE3 ヤツらを解放せよ!』（2010 年 7 月公開）、『踊る大捜査線 THE FINAL 新たなる希望』（2012 年 9 月公開）
スピンオフ映画	『交渉人　真下正義』（2005 年 5 月公開）、『容疑者　室井慎次』（2005 年 8 月公開）

「警察ドラマ」、『踊る大捜査線』の誕生

「捜査することないんすか？」

「したいの？」

「はい、エネルギー満タンです」

「困ったなー」


これは、第1話の序盤で新任刑事・青島俊作（織田裕二）と上司である袴田課長（小野武彦）が交わす会話だ。着任早々所轄署管内で殺人事件が発生し、念願の捜査ができると意気込む刑事になりたての青島だったが、課長からは「困ったなー」とつれない返事をされ、所轄署の現実と悲哀をいきなり思い知らされる。殺人事件ともなると本庁が捜査の主導権を握り、所轄の刑事は本庁側からの要請や指示を待つ立場なのだ。いざ捜査に参加できるとなっても聞き込みや情報の裏付けなど地味な仕事ばかり。犯人逮捕のような最後のおいしいところは全部本庁が持っていく。それが〝規則〟なのだ。

雇用関係という点から見れば、確かに刑事は特別な職業なわけではない。私たちの多くと同じく給与を得る代わりになにかと我慢を強いられる雇われの身、この場合は一介の公務員にすぎない。組織内の階級や上下関係によって行動できる範囲はあらかじめ制限されていて、規則にがんじがらめにされている。同じく第1話では、現場に急行しようとする青島がパトカーを出そうとして、規則なので所定の書類への記入と上司のハンコを担当の係から求められ、しびれを切らす場面が出てくる。

こうした雇われの身の現実は、それまで刑事ドラマにおいてまったく描かれなかったわけではない。ただその場合も、飲み屋で漏らす「安月給」の愚痴とかあくまで本筋からは外れたところでの軽い息抜き的なふれられかたであることがほとんどだった。パトカーを使うのにも手続きが必要というのも言われてみれば納得だが、刑事ドラマではずっと省略されていた部分だった。

『踊る大捜査線』は、その意味において従来の刑事ドラマの文法を書き換えたと言える。当初のタイトル案が「サラリーマン刑事（でか）」（これは第1話のタイトルにも使われている）だったように、刑事もまた給与生活者として他の一般企業の社員と本質的になんの変わりもない。そしてそんな雇われの身であることが、捜査の進展、ひいては事件の解決をも大いに左右することがある。そこに物語を発見した点で、この作品は画期的だったのである。

そもそもの着想を抱いたのは、ほかならぬ脚本の君塚良一だった。

君塚は、最初放送作家としてコメディアンの萩本欽一に弟子入りした。バラエティ番組の放送作家だったが、明石家さんま出演のドラマなどをきっかけに、ずっと関心のあった脚本を手掛けるようになる。そしてマザコンキャラの「冬彦さん」が社会現象を巻き起こした『ずっとあなたが好きだった』（TBS系、1992年放送）で一躍人気脚本家となった。

そんな君塚のもとに、織田裕二主演の刑事ドラマの脚本依頼が舞い込む。君塚は執筆のための準備として実際の警察関係者への取材を始めるが、そこで耳にしたのは、ありがちな刑事ドラマのイメージとはかけ離れた〝刑事たちの日常〟だった。

たとえば、事件の重要参考人の家の前で張り込みをしていた若い刑事が、夜になったら「ぼく、今日デートなんで帰ります」と言って本当に帰った話があったかと思えば、同じく若い刑事が尾行中にお腹が空いてパンとジュースを買ったのはよいが、領収書をくださいと言って手間取ってしまい、犯人を見失いかけた話もあった。こうしたエピソードが次々に飛び出すなかで、「刑事もサラリーマンである」というコンセプトに君塚は思い至る（君塚良一『テレビ大捜査線』、22頁）。

一方フジテレビプロデューサー（当時）の亀山千広にも、これに連なるひとつのアイデアがあった。それは、組織論という視点からの刑事ドラマである。

新たな刑事ドラマを構想するにあたり、亀山はこう考えた。バディもので行っても、すぐ近くに人気の『あぶない刑事』があって勝てない。また刑事部屋が中心となると、まだ記憶に新しい『太陽にほえろ！』がすでにある。そう思いあぐねていたとき、高村薫の直木賞受賞作『マークスの山』（1993年刊行）を思い出した。刑事が主人公の重厚な推理小説だが、そこには「管理官」などの当時はまだ聞き慣れなかった警察の役職名が色々と出てくる。そこに亀山千広はヒントを得て、組織論というアイデアを考えついたのである（『キネマ旬報』2008年12月下旬号、64頁）。君塚良一は、ほかにゆうきまさみの漫画、押井守のアニメ映画で有名な『機動警察パトレイバー』（これは演出の本広克行の好きな作品でもあった）も参考にしたと語っている。この作品にも、警察官をサラリーマンとしてとらえる視点があった（TVぴあ責任編集『踊る大捜査線 THE MAGAZINE』、47頁）。

こうして、サラリーマンであるひとりの刑事が警察という厳格な組織のなかで苦闘しながら自らの生きかたを模索するというドラマの骨格が出来上がった。刑事ドラマにおける「警察ドラマ」という新たなジャンルの誕生である。

青島俊作と室井慎次の対立、そして友情

警察ドラマ的な部分は、主人公青島俊作が周囲とのあいだに起こす摩擦としてまず示される。

青島の前職はコンピューターメーカーの営業。成績優秀な営業担当者だったが、ふと思い立

って刑事になろうと考えた。つまり、脱サラの転職組である。年齢は26歳。

その理由も、キャリアアップのためや高邁な理想があってというよりは、ただ憧れでなんとなくというのが面白い。刑事ドラマに出てくるようなカッコいい刑事の姿に憧れていたのである。第1話冒頭の模擬取り調べの場面でも、青島が犯人役に田舎のおふくろさんの話をわざとらしく持ち出し、「かあさんが〜よなべーをして♪」とささやくように歌い出したかと思えば、今度は「カツ丼食べるか？」と言い出して、別室からモニターでチェックしていた審査役の上司たちをあきれさせる場面がある。

だから当然、厳しい上下関係と細かい規律を重視する警察の流儀は肌に合わない。むしろ期待とはあまりに異なる職場に失望の連続である。

一方、厳格な警察組織の象徴として登場するのが、柳葉敏郎演じる室井慎次である。ドラマ初登場時の室井の役職は警視庁刑事部捜査一課の管理官。「管理官」とはその名の通り警察における管理職のひとつで、各課に存在する。室井の場合は捜査一課なので、重大な事件が起こった場合には捜査本部のトップとして陣頭指揮を執るという立場だ。複数の係にまたがって責任を持つので、同時に複数の事件の責任者になることもある。

管理官なる人物は、それまで刑事ドラマにまったく出てこなかったわけではないが、これほど全面的にフィーチャーされたのは『踊る大捜査線』が初めてだろう。現場を軽んじることはないにせよ、それでも現場の刑事の思いよりも警察組織の秩序を優先する決断を下すことも少なくない。そして同じ現場でも、青島ら所轄の刑事の思いはなおさら軽んじられやすい。その対立関係が、この作品の物語展開におけるひとつの重要モチーフになっている。

ただ、「部下の気持ちがわからない冷徹な上司」で終わらないところが、この『踊る大捜査線』における室井慎次の魅力だ。

室井慎次は、いうまでもなく国家公務員採用総合職試験（旧・国家公務員採用Ⅰ種試験）を突破したキャリア組に属する。劇中ではその後も出世して警視監という非常に高い地位に就くことになる。ただ、それまでの道のりは決して平坦ではなかった。

まず、学閥の壁があった。室井はキャリア組のなかでは少数派の東北大学出身。公務員試験に強い東京大学出身者が圧倒的な主流派を形成するなかで、どうしても不利な立場に置かれてしまう。このあたりは、一般企業にも存在するであろう派閥の力学がより強固なかたちで描かれる。

だが室井は、刑事という職業に対する青島の一途な思いに触発され、自らの考える理想の警察を実現するために警察組織の旧弊な部分と断固戦うことを決意する。そして捜査のなかでぶつかり合いながらもお互いの力量を認めるようになり、いつしか2人のあいだには立場の違いを超えた同志としての絆が生まれてくる。その意味で、『踊る大捜査線』は、それぞれの理想の警察を求める青島俊作と室井慎次の友情物語でもある。

連続ドラマ版最終話の見事な着地

連続ドラマ版の最終話「青島刑事よ永遠に」は直前の第10話から続くストーリーだが、警察ドラマであると同時に青島俊作と室井慎次の友情物語でもあるというこの作品の2つの面が見事に融合し、最後を飾るにふさわしいものになっている。

そこで事件として絡んでくるのが、拳銃、そしてその密輸である。拳銃をめぐって物語が展開するというのは、『太陽にほえろ!』『Gメン'75』『あぶない刑事』などを見てもわかるように、刑事ドラマのひとつの定番であり、脈々と流れる伝統である。この回も、それを十分意識したものだ。ただ君塚良一によれば、『踊る大捜査線』というドラマは、「従来の刑事ドラマをやらないという禁じ手を作ってたドラマ」(同書、91頁)。その禁じ手を解いたのが、第10話と最終話だった。

第10話で何者かに青島の同僚の真下(ユースケ・サンタマリア)が拳銃で撃たれ、意識不明の重体になるという事件が起こる。そしてその犯人は、同じく青島の同僚でベテラン刑事の和久(いかりや長介)が追っている6年前の警官(当時の和久の部下)殺しの犯人と同一人物ではないかと和久、そして青島は推察する。一方でその男(保阪尚希)は、拳銃の大量密輸にもかかわっていた。真下を撃った銃も、鑑識の結果そうした銃のひとつであることが判明する。

事件発生後捜査本部が置かれ、室井が指揮を執ることになる。「上の者にはもう何も言わせない」と青島に約束する室井。一方青島は、情報屋と接触した際の捜査手法などが服務規程に違反しているのではないかと疑われ、調査を受ける。そして室井も、「本庁と所轄の縦割り構造を廃止すべき」という発言が問題視され、監察官からずっと監視されている。

青島は、男の行き先を突き止め、出向いた店で遭遇。相手が銃を撃ったため応戦して店内で発砲するも逃げられてしまう。やがて真下の意識が戻って喜んだのも束の間、一般市民がいるなかで発砲したことを監察官から咎められる青島。室井も捜査の責任者として青島の処分を求められる。だが室井はそれを無視し、自ら青島とともに捜査現場へと身を投じる。それを知って怒った監察官は止めさせようとするが、湾岸署の幹部たちは自分たちの辞表を預けてでも青島たちを守ろうとする。

捜査本部のトップが上の命令を無視して単独捜査をすれば、懲戒免職ものだ。室井も承知のうえで、その覚悟を決めている。だが青島は、「正しいことをしたければ偉くなれ」という和久から言われた言葉を思い出し、警察を辞めてしまっては変えたくてもなにもできなくなる、だから辞めないでくれと一緒に張り込んでいる店で室井を説得する。

するとその店に男がやってくる。対峙する青島と男。だが今度は、青島は銃を抜かない。

そして銃口を向けられても怯むことなく男に詰め寄る。

結局、無事男は逮捕されるが、6年前の犯行は否認する。取り調べをする和久は、殺された警官が青島と同じ年齢だったこと、青島というのはちゃらちゃらしているし勇み足の王者だが、胸に信念、自分だけの法律があるらしいと静かに語り出す。そして自分は今日定年なのでもう時間がない、明日からは取り調べを青島に任せることを男に告げて去っていく。「俺が辞めてもこいつがいる限り、警察は死なねえぞ」と言い残しながら。

そして1週間後、青島と室井に対する査問委員会が開かれる。服務規程違反を問われ、ともにその事実を素直に認める。だが下った処分は、青島が湾岸署刑事課から離れ、交番勤務に戻るという厳しいものだったのに対し、室井は訓告止まりだった。平等に処分してほしいと監察官に必死に詰め寄る室井。すると青島が、このままでいいと遮る。驚く室井。委員会の終了後、「これでいいのか」と室井に問われた青島は、「俺、頑張れます。自分と同じ気持ちの人が上にいてくれるんですから」と答える。いつか再会することを約束し、別れ際に敬礼を交わす2人。

まさに組織内の超えがたい格差を越えた友情の物語である。警察という組織内にある壁の厚さとその壁を壊していこうとする2人の同志的な絆の双方を両立させた見事な着地のさせかたと言ってよいだろう。視聴率も、この最終話で初めて20%を超えたのだった。

刑事ドラマの映画化の歴史を変えた『踊る大捜査線』

ただ『踊る大捜査線』は、再び連続ドラマとして制作されることはなかった。近年の刑事ドラマはヒットすると「シーズン2」「シーズン3」…といったようにシリーズ化されるのが当たり前になっているが、それを思えば珍しい。

しかしその代わり、スペシャルドラマや映画として作られ続けられた。そしてそれが未曾有とも言える成功を収めたところに、この作品のもうひとつの大きな功績がある。

もちろん刑事ドラマが映画化されたのは、『踊る大捜査線』が最初ではない。早いところでは、1963年に『七人の刑事』の映画版が松竹配給で公開されている。レギュラーの刑事役以外に事件のキーパーソンとして倍賞千恵子が出演。さらに同じ1963年に『七人の刑事 女を探がせ』(松竹)、1965年には『七人の刑事 終着駅の女』(日活)と計3本が製作された。『特別機動捜査隊』などでも映画版は製作された。

とはいえ興行成績という面では、これらは画期的成果をあげたとは言い難い。刑事ドラマの映画化の歴史において大きく潮目が変わったのは、1980年代に入った『あぶない刑事』からだろう。1987年公開の映画版第1作『あぶない刑事』(東映)は、配給収入15億円という年間でも上位に入る成績を記録した。その後連ドラの続編と並行して、映画版も続けてつくられることになる。

その意味では、『踊る大捜査線』は『あぶない刑事』の切り拓いた道を歩んだと言えるだろう。ただ『踊る大捜査線』の場合には、目立たないが制作体制の面での重要な変化もあった。

それは、映画であるにもかかわらず、テレビドラマのスタッフ中心で映画版をつくったことである。プロデューサーの亀山千広は言う。「当時は映画のしがらみを全くなしにし、自社(テレビ)の監督、助監督を起用し、撮影、照明、それに伴う音声スタッフ以外は、全部テレビのスタッフを連れてきた。するとそこには、映画でござるって人が一人もいない現場ができ上がるわけです」(前掲『キネマ旬報』、63頁)。

逆に言えば、それまでは刑事ドラマに限らないが、ドラマの映画版を製作するに際しては、映画業界に足場を置くスタッフに頼る傾向が強かった。『あぶない刑事』などは、演出(監督)の長谷部安春などドラマ版と映画版で共通しているが、これは元々映画の世界で仕事をしていた監督がドラマの仕事もするという流れである。『踊る大捜査線』の本広克行は後に映画の監督もするようになるが、最初は番組制作会社の社員としてバラエティやテレビドラマの現場で仕事をしていた。このあたりのスタッフ事情に関しては複雑な人の流れがありクリアに分かれているわけではないが、おおよそそのような対比は可能だろう。

こうして映画版の製作現場が映画界主導からテレビ界主導にシフトした結果、ドラマとその映画版は、物語的にも密接に連動するようになっていく。たとえば『踊る大捜査線』であれば、登場人物の異動や階級の変化が時間の経過に合わせてドラマと映画で連動する、ということである。近年は、ドラマで発端が描かれた事件の解決編が映画版で描かれるといったケースもよく見るところだ。そうした連動の構築が、ドラマの熱心な視聴者を映画館に誘う要因のひとつになっていることは間違いない。

実写映画興収記録を打ち立てた映画版第2作

少しさかのぼるが、1997年放送のレギュラーシリーズの後、番外編を除くとスペシャルドラマが2本制作された。それがいずれも好評で視聴率も20％を超えた。1作目の『踊る大捜査線 歳末特別警戒スペシャル』（1997年12月30日放送）では、内容の面白さに加えて、SMAP（当時）の稲垣吾郎が犯人役、広末涼子が不良少女役とアイドルとは思えない意外な役柄で登場したことも話題を呼んだ。犯人役に意外なキャスティングというパターンは、この後映画版でも小泉今日子やナインティナイン・岡村隆史の起用というかたちでひとつの売りになっていく。

『踊る大捜査線』映画版第1作『踊る大捜査線 THE MOVIE』（東宝）は、スペシャルドラマが2本放送された後、「湾岸署史上最悪の3日間！」の副題のもと1998年10月に公開。700万人の観客動員、興行収入100億円を超える大ヒットとなった。青島が迅速に決断を下せない上層部に対しての怒りとともに叫ぶ、あまりにも有名な「事件は会議室で起きてるんじゃない！　現場で起きてるんだ！」のセリフは、ここで生まれたものだ。

そしてそれから約5年の歳月を経て公開され、史上空前のヒットとなったのが第2作『踊る大捜査線 THE MOVIE 2 レインボーブリッジを封鎖せよ！』（東宝）である。

第1作から5年が経ち、観光地化も進んだお台場。にぎやかになったのは良かったが、反面犯罪も多発するようになっていた。そしていきなり4つの事件が同時に起こる。制服の少女ばかりを狙った通り魔事件、家族らしきグループによるスリ事件、神田署長（北村総一朗）の不倫を疑わせるメールのウイルスによる拡散事件、そしてレインボーブリッジ付近で発生した会社役員を被害者とする猟奇殺人事件。一見無関係な4つの事件だが、『踊る大捜査線』らしいコメディ風味もありながら、話が進むにつれて一本の線になってくる。

殺人事件についてはすぐに特別捜査本部が立ち上げられ、本庁から捜査本部長として室井ではなく、警視正で女性初の警視庁捜査一課管理官・沖田仁美（真矢みき［現・真矢ミキ］）が送られてくる。沖田は上昇志向が強く、いつも広報のカメラを引き連れ出世のための自己アピールに余念がない。そのため、直属の部下であれ所轄の署員であれ、見下して使い走りのように扱ってしまうところがしばしば見受けられる。

当然、青島への態度はことのほか強硬で、初対面早々「事件は現場で起きてるんじゃないのよ。事件は、会議室で起きてるの…勘違いしないで」と釘を刺す。青島はと言えば、その言葉にまったく納得できず、不満を募らせていく。

肝心の室井は、捜査本部の副本部長として沖田のサポート役を任され、思うように指揮を執れない。さらに第2の会社役員殺人事件が起こってしまい、その責任を取らされて実質捜査の中心から外されてしまう。

その後、捜査中の柏木雪乃（水野美紀）が犯人に拉致されるという事案も発生。沖田は犯人の逃走を防ぐため、お台場全体を封鎖しようとするが、唯一レインボーブリッジの管轄が複雑に入り組んでいるため、封鎖が間に合わなくなってしまう。ここで「レインボーブリッジ封鎖できません！」と青島が無線で報告する場面は有名だろう。

そしてようやく入手した情報をもとに犯人たちを追い詰めるが、そこで恩田すみれ（深津絵里）が撃たれて重傷を負ってしまう。同僚が次々と危険な目にあう事態になり、本部への怒りをぶつける和久と青島。青島は、「室井さん聞こえるか。仲間が撃たれた。どうして現場に血が流れるんだ！」と訴える。結局沖田は捜査本部長を解任され、代わって室井がその任に就く。室井は現場を信頼し、それぞれの判断で動くことを許可する。

その結果、とうとう青島は犯人グループの居場所を突き止め、レインボーブリッジで彼らと対峙する。自分たちの組織にはリーダーがいない。リーダーの存在は個人を殺してしまう。

そう主張する犯人に対し、リーダーが優秀であれば、組織も悪くないと返す青島。その会話の後、犯人たちは無事逮捕される。

本庁対所轄。そしてその壁を超える友情。現場の人々の誇りと思い。そうした『踊る大捜査線』の基軸はここでも変わっていない。湾岸署初期メンバーたちの健在な姿も見られ、サービス満点になっている。これだけのヒットになったのは、それだけ多くのファンが待ちわびていたということだろう。

ディテールで興味深いのは、当時の新しい捜査手法が盛り込まれている点である。ひとつは、真下が犯人との交渉術を駆使するネゴシエーターとして登場すること。このキャラクターをもとに、真下が主人公となるスピンオフ映画として『交渉人　真下正義』も後につくられヒットした。「ネゴシエーター」という職種が本格的に描かれるようになった嚆矢でもあるだろう。

もうひとつは、監視カメラシステムの導入。警察上層部の肝いりで極秘裏に導入されたものので、青島らがそのモニター役を命じられる。恩田すみれはプライバシー侵害ではないかと抗議するが、聞き流される。いまや監視カメラのネットワークを駆使した捜査（走っている自動車のナンバープレートを自動的に読み取る「Nシステム」もそのひとつ）は刑事ドラマにとってなくてはならないものになっているが、これもそのはしりと言えそうだ。

また、具体的なところはネタバレにもなるのでふれないが、犯罪の背景に時代性が感じられるところもある。この後湾岸署というロケーションに関連して述べるように、『踊る大捜査線』という作品は、1990年代以降の日本社会の停滞、社会全般の漠然とした不安を反映したものとみることができる。その状況が、ここではわりとストレートに反映されている。

この映画版第2作は、173億円超と第1作をさらに上回る興行収入をあげた。これはいまだに実写邦画の歴代興行収入トップを誇る記録である。これによって、テレビスタッフが中心となって撮影し、テレビシリーズの物語をスケールアップさせて見せる手法もまた揺るぎないものになった。

織田裕二はどのように青島俊作を演じたか

実はこの『踊る大捜査線』、当初の構想では青島俊作、室井慎次、恩田すみれ、柏木雪乃による恋愛模様が展開される予定だったという。結局そうはならなかったが、そのような構想が生まれた要因としては、主演が織田裕二だということもあっただろう。当時の織田と言えば、なんと言っても社会現象になったトレンディドラマ『東京ラブストーリー』（フジテレビ系、1991年放送）でのカンチ役のイメージが強烈だったからだ。

ただ織田裕二は、そんなに演じる役柄が限定されるような俳優ではない。三谷幸喜が脚本を担当した医療もの『振り返れば奴がいる』（フジテレビ系、1993年放送）では、天才的な外科医でダークヒーロー的性格を持つ主人公・司馬江太郎を演じるなど、役柄の幅は若い頃から決して狭くはなかった。

また織田は、演じるにあたって徹底した役作りをすることでも有名だ。青島俊作には「ミリタリーマニア」という裏設定がある（トレードマークである「M－51パーカ」、いわゆる「モッズコート」はそのひとつだ）が、これは脚本にそう書かれていたわけではなく、刑事に憧れる青島のイメージを膨らませた織田裕二自身が出したアイデアだった。

ではそのなかで、織田裕二は青島俊作という刑事を実際にどう演じたのか？

本人の言葉によると、『振り返れば奴がいる』の司馬などは劇画チックなところのある「濃いキャラクター」だったが、青島の場合は「オーヴァーな表現は避け目にして、どっちかっていうとボケッという感じのキャラ」にした。だから青島は単純な意味でのヒーローではない。ヒーローへの憧れはある。「で、ちょっとがんばれば、誰でも一瞬だったらヒーローになれるかもしれないっていう、その、かもしれない、っていう感じのひと」だと織田は語る（前掲『踊る大捜査線 THE MAGAZINE』、20頁）。

織田裕二によるこの青島評は、君塚良一や亀山千広の狙いを正しく理解したものであり、まさに言い得て妙である。刑事に限らず、一般の勤め人（サラリーマン）もそうだろう。たいていの場合は、与えられた組織上の役割のなかで一定の職務を粛々とこなすしかない。だが一瞬は、自らが主人公となり、脚光を浴びることが起こり得る。

それは、青島俊作だけではなく、今作に登場する人物の多くにも当てはまることだ。その点、『踊る大捜査線』は、湾岸署の署員すべてが主人公であり、すぐれた意味での群像劇でもある。その側面は、織田ら刑事の背後でさまざまな部署の署員が動き回り、常に職場全体の空間が映っているような、演出の本広克行による独特の奥行きのある画作りにおいても強調されている。

「いいコメディ」を作りたいと考えたという織田裕二の言葉も、そこに呼応するものだろう。「コテコテではなくて、出演しているみんながみんな、それぞれに芝居を抑えて、そこはもう、やりすぎないように抑えて抑えて、見ている人がクスクスって、ちょっと笑えるくらいの上質なコメディ」(同書、22頁)。それが、織田裕二が作品全体として目指したものだった。世の中における人びとの営みから距離をとり、突き放して眺めれば、どんなに真面目なものだったとしてもその様子は常にどこか滑稽で喜劇的だ。そんな視線が、従来の刑事ドラマとは異なる雰囲気を醸し出していた。

そのあたりは、コメディアン・萩本欽一を師匠とし、放送作家としてバラエティ番組にもかかわってきた脚本の君塚良一のセンスとも共鳴しているだろう。また「踊る大捜査線」という、刑事ドラマとしてはかなり突飛なタイトルにも、そうした意図が込められている。亀山千広は、「刑事ものの通常パターンをパロディにしたような感じで、まったく似て非なるものをくっつけた造語にしたい」と考えていた。そこで『笑う警官』という小説のタイトルを例に出したところ、別のスタッフが「じゃあ『踊る大捜査線』というのはどうですか？」と言い出し、ピンときた亀山は即決したという（同書、51頁）。

それぞれ見せ場たっぷりの登場人物たち

誰もが一瞬ならヒーローになれるかもしれない、ということで言えば、この『踊る大捜査線』ほど、登場人物それぞれにここぞという見せ場が用意されている刑事ドラマもあまりないだろう。青島と室井以外にも、記憶に残る登場人物は多い。

深津絵里演じる恩田すみれは、湾岸署刑事課盗犯係の刑事。以前は本庁勤務でもあった。青島の先輩であり、しばしばバディ的な関係性で捜査に赴く。過去にストーカーの被害にあい、その際負った腕の傷の跡がいまも残る（後遺症で、いまでも後ろに人に立たれることを避けている）。元々正義感に富み、間違っていると思えばたとえ上司でも怯むことはないが、そのこともあり、女性に暴力を振るう男性には人一倍容赦しないところがある。

この恩田すみれ役は、深津絵里にとって初の刑事役。それまで深津は、繊細で弱さを抱えた女性を演じることが多かった。その意味では刑事というのは対極の存在である。だがいまふれたように、人物像としては過去のトラウマを抱え、弱い一面もある。その点、深津絵里が本領を発揮できる条件も整っていた。

水野美紀演じる柏木雪乃も、また別のかたちで弱さを抱える立場に追い込まれた人物である。彼女は犯罪被害者の家族。父親が強盗殺人事件で殺された。しかも雪乃は第一発見者であり、そのショックで口が利けなくなってしまう。それ以前は留学していたのだが、当時の恋人が実は麻薬の密売人で、交際していた彼女も疑いをかけられる。

ただ、青島がいつも親身になり守ってくれたことで次第に立ち直り、自らも警察官を志すようになる。このあたりはいかにもヒロインモードであり青島との恋愛模様に発展してもおかしくはなかったが、先ほどもふれたようにそうはならなかった。むしろ彼女にずっと好意を寄せ続けた真下と最終的には結婚することになる。ただ警察官としてのお手本はやはり相手が誰でも妥協しない青島であり、湾岸署刑事課に配属されてからはそんな場面も描かれる。

ユースケ・サンタマリアが演じた真下正義は東京大学法学部卒のキャリア組であり、父親も警視庁幹部というバリバリのエリートである。一時警視庁の交渉課という新設の部署に勤めていた。前述の通り、その頃のことを描いたのが映画『交渉人　真下正義』である。最後の映画版では、出世して湾岸署の署長として登場する。

湾岸署の幹部からは親の威光もあり〝お坊ちゃま〟として厚遇され、勤務中でも好きなだけ昇進試験の勉強をしていてもいいと言われているような存在である。だが青島の加入によってこちらも影響を受け、パソコンに強いことを生かして捜査に貢献するなど積極的になっていく。警察の特殊部隊であるSATを直に見て大はしゃぎするなど飄々として憎めない面もある役柄は、まさにユースケ・サンタマリアの得意とするところ。キャリア組もただ権威的で高圧的な人間ばかりではないというバリエーションを示す意味でも、真下の存在は大きかった。

いわゆる「スリーアミーゴス」も、シリアスなだけでないコミカルなところのあるキャラクターとして人気を博した。湾岸署署長・神田総一朗(北村総一朗)、副署長・秋山晴海(斉藤暁)、刑事課長・袴田健吾(小野武彦)の3人組のことで、本庁の人間など自分より偉い立場の相手にはペコペコへつらいながらも、いざというときは青島ら部下を全力で守るというおいしい役どころで、深夜帯において3人が主人公のミニドラマシリーズも放送されたほどだった。名称は当時ヒットした映画『サボテン・ブラザーズ』(1987年公開)での同様の呼び名に由来する。

それまでの刑事ドラマの歴史において、署長と来れば署員に対して居丈高で命令口調であることがほとんどだった。ところがスリーアミーゴスにおいてはむしろ本庁の人間に媚びるしかない中間管理職という扱いになっている。その滑稽さが3人の演技力によって絶妙にデフォルメされることによって、そのキャラクターはいっそう新鮮に感じられた。

そしていかりや長介が演じた和久平八郎。定年間近のベテラン刑事であり、冬場で寒さに苦しむホームレスをあえて勾留して寝床を与えたりする人情派の刑事でもある。風貌は映画『セブン』(1996年公開)でのモーガン・フリーマンのような感じ。慢性の腰痛に苦しんでいる。定年退職後は警察学校の事務職に就くが、その後再雇用されて指導員として湾岸署に復帰する。青島をはじめとする後輩たちへの良きアドバイザーであり、上からも一目置かれる存在という役柄である。

『踊る大捜査線』における和久は、作品に込められたメッセージを代弁するような〝名言〟の語り手的なポジションでもあった。なかでも「正しいことをしたければ偉くなれ」は、青島にとって刑事人生の指針になり続けた言葉であると同時に、『踊る大捜査線』という刑事ドラマそのものの主張と言っても過言ではない。いわば「体制内変革」のなかに理想を求めようというわけである。そもそも体制を守ることが仕事の警察にとってはそう言うしかないという風にも受け取れるが、警察以外の組織全般に当てはめてみても響く言葉であったことは確かだろう。プロデューサー・亀山千広の言う組織論としての『踊る大捜査線』のエッセンスを語る言葉である。

なぜお台場が舞台になったのか

湾岸署という設定にもふれておこう。湾岸署は架空の警察署だが、東京のお台場にある。お台場はフジテレビの社屋があることで有名だが、実は『踊る大捜査線』は、フジテレビが東京の河田町からお台場に移転した記念番組だった。お台場への移転は1997年4月。その最初のドラマとして企画されたのである（前掲『テレビ大捜査線』、25頁）。

だが、ご存じの通り、実際はそう銘打たれてはいない。むしろ周囲は空き地だらけなので、湾岸署は「空き地署」と呼ばれているというセリフも出てくるなど、お台場をポジティブには描かずむしろ自虐的である。

よく知られるように、お台場が当時空き地だらけになっていたのには理由がある。1995年、タレントで作家の青島幸男が、お台場のある臨海副都心で開催予定だった世界都市博覧会（都市博）の中止を公約に掲げて東京都知事選挙に当選。そして都議会の反対もあったものの、公約通りに中止を決定したのである。それによって、臨海副都心の開発も大幅に方向転換を余儀なくされた。その結果が、空き地だらけの状況だったわけである。『踊る大捜査線』の主人公の名前が青島なのも、当然そのあたりの経緯を踏まえている。劇中の自己紹介でも「都知事と同じ青島です」とやっているのは有名だろう（ちなみに名前の「俊作」は、『探偵物語』で松田優作が演じた「工藤俊作」からいただいたものである）。

この都市博中止の一件からもわかるように、1990年代中盤から後半の日本社会は方向性を見失って迷走の度合いを深め始めていた。1990年代初頭にバブル崩壊があり、その後日本経済は後に「失われた10年」あるいは「失われた20年」とも呼ばれる長期停滞の時期に入る。絶対につぶれないと思われていた有名大企業の倒産なども起こり、世間を驚かせた。

そして1995年には、阪神・淡路大震災と地下鉄サリン事件が相次いで起こる。それらは、堅固と思われていた日本社会のシステムの大きな綻びを感じさせるものだった。インフラであれ治安であれ、いざというときに備え、安定した生活の持続を支える社会の基盤や仕組みが揺らぎ始めていることが図らずも露呈したからである。

こうして、平成の日本社会を漠然とした不安な気分が覆っていくようになる。具体的にこれとはすぐに指さすことはできないが、盤石なものなどもはや存在しないのではないか。そんな気分が誰ものなかに徐々に共有されていった。

『踊る大捜査線』には、そんな世の中の気分が反映されているように思える。従来の刑事ドラマの中心だったスーパーヒーローとしての刑事はもはや成立し得ない。あまり明るい未来の見えない世の中で、刑事と言っても世知辛い現実を生きていくしかない。だが織田裕二の語った青島俊作像にもあるように、刑事に限らず誰でも一瞬であればなにかの場面でヒーローになれるかもしれない。そんなリアルな一筋の希望を『踊る大捜査線』は私たちに抱かせてくれたのである。

『踊る大捜査線』は『仁義なき戦い』だった

そのようにとらえるとき、亀山千広が語る次のような回顧談は、俄然重みを帯びてくるように見える。

それは、『仁義なき戦い』という映画にかかわる話である。改めて説明の必要もないだろうが、『仁義なき戦い』は、１９７３年に公開された映画。広島を中心とした暴力団同士の抗争を描いたやくざ映画だ。

この作品を製作した東映は、それ以前からやくざ映画を得意としていた。ただしそこでは、やくざの世界の伝統的しきたりや仁義中心の価値観を援用しながら、いわゆる「男の美学」が一種の様式美として描かれていた。要するに、理想化された世界である。

だが『仁義なき戦い』はまったく異なっていた。実際にあったやくざ同士の抗争を記録したものを原作に、やくざの世界を泥臭く、そして生々しくリアルに描いた。監督である深作欣二の手持ちカメラを使ったダイナミックな撮影も効果的で、『仁義なき戦い』は「実録もの」と称されて予想外の大ヒットとなり、すぐさまシリーズ化された。

ではその『仁義なき戦い』が『踊る大捜査線』とどのようにかかわっていたのか？

プロデューサーの亀山千広が組織論の観点から『踊る大捜査線』をつくるというアイデアを抱いたことは前に述べた。そして当然、その話を脚本の君塚良一にもした。すると君塚は、『仁義なき戦い』の脚本家である笠原和夫の本を持ち出してきて、それは『仁義なき戦い』ではないかという話をし始めた（前掲『キネマ旬報』、64頁）。

『仁義なき戦い』は、血で血を洗う抗争を描いたやくざ映画のイメージ。一見的外れに思うかもしれない。だが君塚にとってはそうではなかった。たとえば、シリーズ第3作の『仁義なき戦い　代理戦争』（1973年公開）などは、単純な暴力沙汰よりも、あの手この手を使って相手、場合によっては身内すら出し抜き、騙してでも組織を守り抜こうとするやくざの涙ぐましいまでの努力が滑稽なまでに戯画化されて描かれている。その様子は、対極にあると思われている警察でも変わらないのではないか。そう君塚は考えたのである。この経緯を踏まえ、亀山はこう語る。「つまり『踊る』は僕らの中で、半分『仁義なき戦い』なんですよ」（同誌、64頁）。

『仁義なき戦い　代理戦争』は、1960年代初頭の話である。終戦からある程度時間が経ち、経済も上向いて世の中が落ち着いた頃のことだ。混乱期が過ぎ、一般企業と同様にやくざも組織化が進む時代のなかで、当時の米ソ対立と同じく武力を背景にした外交戦術の巧拙が問われるようになる。要するに、やくざの世界も社会全般と変わらないものになったのである。

笠原和夫は著書のなかでこう記す。「戦後、民主主義の普及と産業の変革によって、徒弟制度や部屋制度の不文律社会が崩壊し、それに伴って、〈仁義〉なき戦いが始まった。それはいまもあらゆる階層に及んで拡大しつつある」（笠原和夫『破滅の美学』、３２２頁）。むろん警察にもまた水面下での派閥争いがあり、組織のなかでの激しい駆け引きが存在する。

それはきっと、だいぶ以前からあったものだろう。だが１９９０年代後半になってようやく、刑事ドラマはそのリアルな現実を、シニカルな視点を交えながら俎上に載せることができるようになった。『踊る大捜査線』は、「様式美」に傾きがちだった刑事ドラマを「実録もの」という新たなエンタメに変えたのである。これ以降、刑事ドラマはそこから後戻りすることはできなくなった。

コラム7　刑事ドラマの主題歌からヒット曲が生まれた

刑事ドラマで流れる歌には、大きく2つの種類がある。出演する俳優が歌ったものとそうでないものだ。

主演俳優による歌で思い浮かぶのは、筆者の世代的なこともあるが水谷豊「カリフォルニア・コネクション」。『熱中時代 刑事編』の主題歌である。オープニングの映像で流れ、そこにも水谷豊自身が出演している。ちょっとしたドラマ仕立てでユーモラスなシーンもあって、まるでこの歌のMVのようでもある。

同じく主演俳優による主題歌としては、『踊る大捜査線』の織田裕二も有名だ。マキシ・プリーストとのコラボで歌う「Love Somebody」はレゲエというところが新鮮で、刑事ドラマの主題歌のイメージを覆すインパクトがあった。織田裕二にはミュージシャンとしての顔もあり、この曲の作詞にも参加している。

ほかに天知茂の「昭和ブルース」もやはり忘れがたい。『非情のライセンス』の項でもふれたように、毎回ラストにこの曲が流れてくると思わずしみじみ聞き入ってしまう。そんな癖になる楽曲だ（『あぶない刑事』のエンディングテーマだった舘ひろし「冷たい太陽」にも、似た味わいがあった）。

そのときの物語の内容に合わせてフルコーラスで流れたり、あるいは1番、2番、3番、4番のどれかが流れたりと芸が細かいところも憎い。

このドラマと同じタイトルなのが、『キイハンター』で出演する野際陽子の歌った「非情のライセンス」だ。軽快な曲調に、ちょっとシャンソン風にもとれる野際の歌唱が後を引く。実際、野際陽子は若い頃に留学のためフランスに1年滞在した経験を持つ。

本業が歌手という意味では〝反則〟だが、『噂の刑事トミーとマツ』のエンディングで流れた松崎しげるの「WONDERFUL MOMENT」は、その曲自体の素晴らしさで聞かせる。むろん松崎の歌唱も申し分なく、実際シングルになってヒットもした。

一方、出演者以外が歌った曲となると挙げればきりがない。「ガキの頃のように」「恋歌綴り」など『はぐれ刑事純情派』で堀内孝雄が歌った一連の曲は有名だろう。ポップス演歌的なところがドラマの雰囲気にも合っていた。

近年では『MIU404』の米津玄師「感電」などもあるが、個人的には『Gメン'75』のしまざき由理「面影」が記憶に残る。過去の終わった恋を思い出残る街でひとり回想するという、まさに歌謡曲の王道を行く哀愁たっぷりのバラード。ハードボイルドを謳う『Gメン'75』には似つかわしくないように思えるが、意外にしっくりくる。「ハクション大魔王の歌」や「みなしごハッチ」など嶋崎由理名義でアニソン歌手としても有名だ。

1999

15

警視庁内「僻地」にクローズアップ 正統派若手女優が異色の刑事を演じた

ケイゾク

1999年1月8日〜3月19日(全11話)
▶ 金曜22時〜　制作／TBS

主なキャスト	中谷美紀、渡部篤郎、鈴木紗理奈、竜雷太、野口五郎、矢島健一、徳井優、長江秀和、泉谷しげる、生瀬勝久、高木将大、西尾まりほか
主なスタッフ	プロデュース／植田博樹　企画協力／蒔田光治　脚本／西荻弓絵、清水東　演出／堤幸彦、伊佐野英樹、金子文紀、今井夏木　音楽／見岳章　主題歌／中谷美紀「クロニック・ラブ」
スペシャルドラマ	『ケイゾク／特別篇 PHANTOM〜死を契約する呪いの樹』(1999年12月24日放送)
映画	『ケイゾク／映画 Beautiful Dreamer』(2000年3月公開)

〝警視庁内僻地もの〟の始まり

刑事ドラマの花形部署と言えば、警視庁刑事部捜査一課というのは衆目の一致するところだろう。『踊る大捜査線』のところでもふれたように、刑事ドラマにおける警視庁捜査一課の刑事と所轄署の刑事とのあいだには、絶望的と言っては大げさかもしれないが埋めがたい明確な格差が存在する。

そんな格差を強調するパターンの警視庁内バージョンとも言うべき変化球的設定が、ある時期から増えた。物語の舞台は警視庁内に捜査一課とは別に、あるいはそのなかに設置された新設部署。その部署のある部屋は往々にして、地下のような日の当たらない薄暗い場所にある。そこに集う刑事たちは周囲からは落ちこぼれのように見なされ、まったく成果を期待されていない。だが実は、訳ありだったとしても能力がないわけではない。むしろそれぞれ得意分野を持っているスペシャリストであったりする。そんな刑事たちの活躍を描くドラマである。

『ケイゾク』は、そんな〝警視庁内僻地もの〟の先鞭をつけた作品のひとつだろう。『相棒』も同様だが、こちらのほうが少し放送開始時期としては早い。

中谷美紀演じる主人公の柴田純は警視庁の新任刑事。キャリア組ではあるが、本来の捜査一課には配属されない。研修先として彼女が着任を命じられたのは、警視庁捜査一課弐係。

ただ捜査一課に属するとはいえ、部屋の場所は捜査一課の部屋から遠く離れた地下。そこにはいまだ未解決の事件ファイルが大量に保管されている。弐係はその継続捜査を担当する部署。だから通称「ケイゾク」と呼ばれている。とはいえ捜査一課の敏腕刑事たちが鋭意捜査したにもかかわらず解決しなかった事件ばかりなので、端から期待されていない。体のいい〝島流し〟である。

ところが、柴田は天才的な推理力の持ち主だった。奇行も多くいつも独り言をブツブツ言っていて、普段の行動も社会常識からはなにかとずれている変人だが、こと事件の推理となるとアッと驚く常人離れした能力を発揮する。突然なんの脈絡もなく言い出す「あの〜、犯人分っちゃったんですけど」がお決まりのセリフだ。いわば捜査オタクの極み。そんな柴田純というキャラクターにおける変人ぶりと天才ぶりの絶妙な対比とブレンド具合を楽しむのが、まずこの作品の正しい味わいかただろう。

世間が驚いた「中谷美紀が刑事役」

そんな癖のある刑事役を中谷美紀が演じたことには、放送開始当初多くの視聴者が意外と感じ、驚いたはずだ。当時から中谷美紀には、凛とした立ち居振る舞いや醸し出す上品さという点で女優のなかでもトップクラスというイメージがあったからである。一言で言えば、正統派若手女優の代表。そんな彼女が刑事役で、しかもあまり風呂にも入らずぼさぼさの髪、いつも背中を丸めて下を向いて歩いているようなキャラクターを演じたことは驚き以外の何物でもなかった。

1976年生まれの中谷は、最初はKEY WEST CLUBというアイドルデュオのひとりとして歌手デビュー。その後まもなく演技の分野でも活躍するようになった。映画『リング』(1998年公開)、『らせん』(1998年公開)に出演。さらに月9ドラマ『Days』(フジテレビ系、1998年放送)では長瀬智也のヒロイン役に。そして記念すべきドラマ初主演となったのが、この『ケイゾク』だった。

中谷は、「最初は《刑事もの》だと聞いてお断りしたんです」と語っている。だがプロデューサーの植田博樹に「絶対面白くなる」と説得され、引き受けることにした(柴田純保存委員会編『ケイゾク/事件簿完全版』、43頁)。

実際、柴田純は中谷美紀の当たり役のひとつになった。変人かと思えば純朴なところもある。緻密な推理を披露するかと思えば、他の部分ではことごとく抜けている。そんなとらえどころのない、二面性のあるミステリアスな魅力的役柄を見事に演じ切った。

柴田の過去の設定にもまた光と影の二面性があった。東京大学法学部を首席で卒業したキャリア組。頭の回転の速さは折り紙付きで、第1話などシリーズ前半の冒頭では、通勤のバス内で近くに座る乗客が解けずにいる東大入試や司法試験の過去問などを瞬時に正解してみせる場面がある。柴田淳の父親・柴田純一郎もまた参事官を務め、数々の難事件を解決に導いた捜査一課の名刑事だった。

だが純一郎は、柴田淳の育ての親である。実の父親・柴田純成は彼女が4歳のときに爆死と思われる状況で亡くなってしまったため、純一郎が幼い彼女を引き取った。このあたりの複雑な事情も、後々物語に絡んでくることになる。

中谷本人は、世間のイメージと違い、自分は「どっちかっていうと野生児に近い」と言う。ただ、柴田純というキャラクターを「あまりエキセントリックにしたくありませんでした」とも語っている。傍目からはエキセントリックと受け取られることも、「柴田にとっては普通なこと」だからだ（同書、40頁、44頁）。実際、キャラクターを作り過ぎない肩の抜け具合は画面からも感じ取れる。そんな中谷の演技が、柴田淳という人物をより魅力的に見せた部分はあるだろう。

演出で魅せた堤ワールド

本作は中谷美紀を俳優として一段階押し上げた作品だが、加えて演出の堤幸彦が一躍注目された作品でもある。

堤幸彦は、1955年生まれ。最初からドラマの世界に入ったわけではなく、CM・プロモーションビデオやバラエティの制作現場を数多く経験した。とんねるずの『コラーッ！とんねるず』（日本テレビ系、1985年放送開始）などは、その頃ディレクターとしてかかわった番組のひとつだ。

その後『金田一少年の事件簿』（日本テレビ系、1995年放送開始）のようなドラマの演出を経るなかで、〝堤ワールド〟と言えるような特徴的な演出手法が確立されていく。『池袋ウエストゲートパーク』（TBS系、2000年放送）や『トリック』（テレビ朝日系、2000年放送開始）などとともに、この『ケイゾク』はそうした手法の確立期の作品である。

具体的には、他に先駆けてCGなどデジタル技術を積極的に用いたり、広角レンズを使ったり、ドラマなのに突然映像が早送りになったり。そしてなんと言っても、シリアスなストーリーのなかにもパロディなど笑える小ネタがふんだんに挟まれるのが新鮮だった。要するに堤の演出は、シンプルさを追求するよりは、過剰に装飾的になることを厭わず徹底して細部まで作り込むことを特色としていた。

しかし、堤幸彦は決して技巧に走った演出家ではない。堤は自らを「お笑い社会派」と呼ぶ。「『なんで人間が人間を縛るんだよ』という怒りみたいなものがずっとあるんですよ。だからそれを笑っちゃえ、という。警察なんてもう、笑うネタとしては僕的には最高なんですよ」（同書、120頁）。

この発言からもわかるように、音楽でもアナログなロックが好きという堤に一貫しているのは「反権威」である。『池袋ウエストゲートパーク』や『トリック』もコミカルなテイストがまず目につくが、それは単なる彩りのためではなく、笑いを通じて既存の権威や権力を自分流のやり方で骨抜きにしたいという願望の表れということになる。『トリック』において刑事・矢部謙三（生瀬勝久）を徹底して笑いのネタにしたことなどは典型的だ。

『ケイゾク』は、まさに警察そのものを舞台にした刑事ドラマという点で、堤幸彦のそうした「反権威」志向が存分に発揮されるチャンスだった。連続ドラマ版の物語の結末を見ても、そのことはよくわかる。

ちりばめられた刑事ドラマへのオマージュ

とはいえその一方で、この作品は過去の刑事ドラマへのリスペクトも忘れていない。形式的にはバディものの系譜に連なる作品であること、そこかしこにちりばめられたオマージュの存在などはその証しだ。したがって、長年の刑事ドラマファンにとっても楽しめる部分が少なくない。

柴田がバディを組むのは、渡部篤郎演じる真山徹。この役名も、オマージュのひとつ。『あぶない刑事』で浅野温子が演じた役名・真山薫などから来ている。

　バディものとして面白いのは、真山もまたエキセントリックな面を持つキャラクターであることだ。よくあるバディものだと一方がエキセントリックならもう一方は常識人という設定になりがちだが、ここでは違う。真山は基本的に愛想がなくいつも不機嫌そうで、時にエキセントリックな部分を見せる。街のチンピラに対してもそうだが、たまたまそこにいる子どもなどに対しても辛辣で冷たく当たったりする（第3話「盗聴された殺人」）。

　柴田とも、バディとして常に一緒にいるというわけでもない。特に序盤はその傾向が強く、一緒にいても風呂に入らない柴田の頭の匂いを嗅いで嫌そうな顔をしたり、頭を叩いたりするような場面もある（第4話「泊まると必ず死ぬ部屋」）。ただしこれは、2人の距離が次第に近づくプロセスの一環でもある。不器用ながら、真山は徐々に柴田を支えるバディとなっていく。そうした2人の関係性の変化が、この作品のひとつの見どころでもある。

　そしてもうひとつ、真山の辛い過去が、全体のストーリーの大きなポイントにもなっている。真山の妹は男たちに暴行され、自殺した。だがその一味のリーダーである朝倉は、証拠不十分で無罪に。そのことに到底納得できない真山は、いまもプライベートで朝倉をずっと監視している。しかし同時に事件の記憶がトラウマになり、幻覚や幻聴に苦しんでもいる。そこに、新たに起こった一連の事件を朝倉が陰で操っているという疑惑が生まれ、柴田とともにその事件を追うことになる。

また、弐係の係長・野々村光太郎を演じるのは竜雷太。刑事ドラマファンなら当然『太陽にほえろ!』の「ゴリさん」こと石塚誠を思い出す。むろん制作側もそれを承知のうえでの配役だ。

だが野々村は、ゴリさんのような熱血刑事ではない。むしろ正反対である。中間管理職の典型のようなキャラクターで、いつも柿ピーの入ったビンを持ち、余計なトラブルが起きないことを願っている。しかも年齢の離れた若い女性と不倫中でもある。

竜雷太をこうした役柄に設定するところには、堤幸彦の反権威志向が表れていると取れる。実際、第10話「二つの眼球」では「さあ、15年ぶりにちゃんと捜査してみるか。みんなも知ってると思うが、私も昔は、ちょっとは知られた刑事でね、真実に向かってゴリゴリと押していく、ついたあだ名が…」と野々村がまさにそれっぽいセリフを言うのだが、最後のところは編集でぶつ切りになる。オマージュを捧げつつも、手放しでは持ち上げないといったところだ。

そして中谷美紀の役名「柴田純」は、いうまでもなく『太陽にほえろ!』で松田優作が演じた役名と同じである。第8話「さらば!愛しき殺人鬼」では、柴田純がテレビでジーパンの有名な殉職場面と思しき場面をぼんやり見ているという小ネタ的シーンも登場する(画面は見えず、「なんじゃこりゃあぁ！」というあのセリフが聞こえる演出）。

改めてこう見ると、主役のバディ2人に関しては、名前を借りる元が男女でクロスしているのが面白い。穿ち過ぎかもしれないが、その意味では刑事ドラマ史において男女差がなくなろうとする兆しのようにも見える。実際、男女のバディが本格的に登場したケースは、『沙粧妙子―最後の事件―』などはあったものの、それまでほとんどなかったのではあるまいか（最終話「死の味のキス」では、このドラマへのオマージュもある）。

〝女性脚本家が書いた女性刑事もの〟としての『ケイゾク』

そこで同様に気がつくのは、この作品が女性脚本家の手によるものだということだ。『Gメン'75』の項でもふれた小山内美江子、さらにさかのぼれば向田邦子など古くから刑事ドラマを執筆する女性脚本家はいた。ただやはりメインライターとなると少なく、そのことが「刑事ドラマ＝男くさいもの」という常識の一端をかたちづくっていたと言える。その点、ほぼひとりで1クール全話の脚本を担当した西荻弓絵の存在は際立っていた。

しかも女性刑事が主人公。同じ設定としてはこれよりも早く『沙粧妙子―最後の事件―』があったが、脚本は飯田譲治で女性ではない。したがって『ケイゾク』は、〝女性脚本家が書いた女性刑事もの〟の草分けと言えるだろう。そういう意味でもこの作品はエポックメーキングだった。現在だと井上由美子脚本、天海祐希主演の『緊急取調室』（この作品も、〝警視庁内僻地もの〟のひとつだ）など、もはやそれほど珍しくはないが、その先鞭をつけたと言っていい。

1960年生まれの西荻は、すでに『ダブル・キッチン』（TBS系、1993年放送）や『スウィートホーム』（TBS系、1994年放送）といった新感覚のホームドラマをヒットさせていたが、刑事ドラマの脚本はこれが初めてだった。その点からすれば、刑事ドラマ育ちの脚本家ではなく、他分野のドラマから刑事ドラマに参入してきたかたちである。

それは結果的に、女性のリアルな描写を刑事ドラマにもたらした面があるだろう。それまで刑事ドラマの女性と言えば、事件の被害者になりやすく男性に守られるべきか弱い存在か、性的な魅力で男を手玉に取るような悪女的存在というように両極端な、どこか類型的なかたちで描かれることが多かった。

だがこの段階に至って、そのどちらでもない、個性的ではあるものの「女性だから」という視点ではなくひとりの人間として描写されるようになっていく。柴田純も、推理の天才ではあるものの、ほかの面では人間臭い部分をそこかしこに持つ存在として描かれている。これはおそらく、女性脚本家（といってもすべて一緒くたにはできないが）であるからこそもたらし得た変化であり、そのことによって刑事ドラマの世界を一段広げることに寄与したと言えるはずだ。

「ケイゾク・サーガ」の世界〜『SPEC』へ

刑事ドラマの表現領域の拡張は、同じ堤幸彦と西荻弓絵のコンビから生まれた『SPEC〜警視庁公安部公安第五課　未詳事件特別対策係事件簿〜』（TBS系、2010年放送開始）によってさらに推し進められた。当初「ケイゾク2」として企画されていたというこの作品では、女性刑事が主人公という設定を引き継ぎつつ、斬新な世界観に基づく刑事ドラマが誕生した。

戸田恵梨香と加瀬亮による男女のバディものという点は同じ。だが今度の物語の舞台は、同じ警視庁でも公安部である。その部内に、他の部署では持て余してしまうような特殊な事件を担当する「未詳事件特別対策係」（通称「ミショウ」）が新設される。

刑事ドラマにおいて公安は捜査一課と並ぶエース的存在だ。現実の公安は、公共の安全を脅かす勢力を対象にした職務をおこなう。その捜査対象はテロリストや過激派、さらには新宗教や政治団体、政党まで多岐にわたる。捜査一課などとは異なり、綿密な情報収集活動が重要になるため、公安部員は素性を隠して活動することもある。

したがって、刑事ドラマにおいて公安は、他の部署の警察官からはミステリアスな存在として描かれることも多い。時には違法な手段を使っての内偵などスパイ的な存在としても登場する。捜査一課と同じ事件を捜査しても目的が異なることもしばしばで対立する。その分、警察ドラマとしての面白さも出しやすく、物語のバリエーションを加える意味でも公安は重宝される。

近年では、西島秀俊などは、公安ものでおなじみの主演俳優というイメージが強いかもしれない。それ以外の刑事役での出演も多く刑事ドラマそのものに欠かせない存在だが、『MOZU』(TBS系・WOWOW、2014年放送開始)、『CRISIS 公安機動捜査隊特捜班』(関西テレビ放送。フジテレビ系、2017年放送)、『奥様は、取り扱い注意』(日本テレビ系、2017年放送)など公安ものの刑事役が一時期相次いだ。寡黙でストイックな役柄が似合うこともあり、白羽の矢が立つことが多いのだろう。

ただ、『SPEC』の場合は、一般的な公安ものとはかなり趣が違う。物語の鍵は、タイトルにもある「SPEC」。これは、常人にはない特殊能力を指す。平たく言えば、一種の超能力だ。その持ち主は、「スペックホルダー」と呼ばれる。その能力の中身は心を読む能力、記憶を書き換える能力、体を自在に変形させる能力など、千差万別。なかでも神木隆之介演じる少年、一十一(にのまえ・じゅういち)は、時間を止める能力を持ち、最大の敵として戸田恵梨香演じる当麻紗綾、加瀬亮演じる瀬文焚流《たける》の前に立ちはだかる。

対する当麻は、IQ201という天才の設定。このあたりは『ケイゾク』の柴田純に重なる。また格好や行動パターンが変わっているのも同様で、基本的にがさつ。左手を三角巾で常に吊るし、いつも赤いキャリーバッグを引きずっている。また大好物は餃子だ。そして実は自身もスペックホルダーのひとりで、そのことは物語にとっても大きな意味を持つ。

一方、瀬文は、元SIT（特殊犯捜査係）の小隊長。部下を誤って撃ったという疑いをかけられ、ミショウに左遷された。有能ではあるが、いつもぶっきらぼうで、感情を顔に出さない。こちらも『ケイゾク』の真山徹とオーバーラップする。そして定かではないが、瀬文もまたスペックホルダーではないかと思わせるような場面も登場する。

人物設定だけでなく、このドラマは世界として『ケイゾク』とつながっている。実際、竜雷太演じる野々村光太郎は、ミショウの係長として再登場。ほかにも役名そのままで登場する刑事がいる。「ケイゾク・サーガ」と呼ばれる所以である。

刑事ドラマは、基本的にリアリズム重視のジャンルだ。その点、『SPEC』では全編で超能力対決が繰り広げられ、ジャンルの常識にとらわれないところが際立っている。刑事ドラマの歴史において超常現象ものの系譜がなかったわけではない。怪談ものなどは季節の風物詩としてよく制作されていた。

ただ、基本的な世界観そのものに超常現象が組み込まれた作品となると珍しい。堤幸彦は、仲間由紀恵と阿部寛の主演でヒットした『トリック』でも、超常現象の要素を取り入れていた。その意味では、堤幸彦の登場、『ケイゾク』と『SPEC』の成功によって刑事ドラマに超常現象ものが定着したという見方も可能だろう。

インターネットの登場する刑事ドラマ、そして世紀末的空気感の魅力

時代的な背景にもふれておくと、『ケイゾク』で目を引くことのひとつとしてインターネットの存在がある。1990年代後半は、OSのWindows95の発売をきっかけにインターネットの普及が加速した時期である。同時に1990年代の終わりになると携帯電話も一般的になった。

『ケイゾク』もそのことを反映して、携帯電話やネットが登場する。しかもネット掲示板やオフ会が、事件捜査の鍵になるという展開。その意味では、現在では当たり前になったネットの存在が重要な意味を持つ刑事ドラマの時代の本格的幕開けを記す作品とも言える。

さらにこの作品の時代背景としては、世紀末の空気感があるだろう。放送時期は1999年最初の3か月。それは、かつて世間を騒がせた「ノストラダムスの大予言」が人類滅亡の時期として予言した「1999年の7の月」の直前だった。もちろん本気で信じていた人間はほとんどいなかっただろうが、20世紀も終わりを迎えるということが重なって、話題に上

ることは少なくなく、世の中全体にそこはかとない終末感が漂っていたことは確かだ。

終末を迎える不安は、犯罪というかたちで表現されることも珍しくない。コナン・ドイルがシャーロック・ホームズという名探偵を造形し、その物語を発表し始めたのも19世紀末という世紀末。そして現実にもロンドンでは「切り裂きジャック」事件が起こっていた。『ケイゾク』においても、世紀末的雰囲気は色濃い。物語の縦軸をなすのは、人々を洗脳して操る快楽殺人犯、しかも自らも変幻自在に姿形を変え続ける不気味な「朝倉」との闘いである。ただこれが時代の闇であるとしても、柴田と真山は決して光の部分を代表しているわけではない。むしろ、柴田も真山も闇に近いところにいる。

たとえば、ストーリーのなかで柴田たちも死んだかのように見せて生き返る。またなぜか柴田は、事件現場に行くと死体のあった場所に同じポーズで横たわってみる。むろんそれが推理を導くうえで必要だからなのだろうが、ただの死を模した儀式のようにも見える。

こうしたところからも、光と闇のあわいにある危うい世界を犯人だけでなく刑事もまた生きているのが見えてくる。すべてのものが輪郭を失ってしまうような、明るさと暗さが入り混じった薄明の空気感がこのドラマの最大の魅力なのかもしれない。

コラム8

刑事ドラマは隠語の宝庫

刑事ドラマは専門用語、いわゆる隠語の宝庫だ。「諸説あり」を前提のうえで、いくつかピックアップしてみよう。

「ホシ」が犯人を意味することは、刑事ドラマを多少とも見ているひとならばおなじみだろう。ちなみに「ホシ」は目星から来ている。同じく「ガサ入れ」が家宅捜索を指すことも知っているひとは多いはずだ。こちらは「探す（さがす）」をひっくり返したものだ。

また「ヤサ」とは、犯人などの家や居場所のこと。刀の鞘（さや）をひっくり返した呼びかたらしい。このあたりは、元の言葉の読みをひっくり返すという隠語全般によくあるパターンでもある。事件のことを「ヤマ」と言うのもおなじみだが、こちらはそのまま「山」から来ているようだ。

もう少しあげてみよう。「ゲソ」も頻出する言葉。現場に残された足跡を指す。「下足」に由来する。「タタキ」は強盗のこと。強盗犯が民家に忍び込み、眠っている家人を「たたき起こす」ことから来たとされる。ちなみに窃盗は「うかんむり」（漢字の「窃」のかんむりから。正しくは「あなかんむり」だが）、詐欺は「ごんべん」（こちらも「詐」のへんから）、汚職は「さんずい」（やはり

「汚」のへんから）と、漢字の部首から来ているケースは多い。公安を「ハム」と呼ぶのも似た由来と言える。

「被害者」は、「ガイシャ」、あるいは「マルガイ」（「マル」をつけるのは、警察で表記の際に漢字を○で囲う習慣から）と呼ばれる。それに対し、犯人と疑われる人間は「容疑者」と呼ばれることが多い。ただ「容疑者」はドラマ用語として使われる表現。実際の警察では「被疑者」を使うという。「被害者」と「被疑者」が音として紛らわしいからということでドラマでは変えたらしい。

拳銃は「ハジキ」とも「チャカ」とも呼ばれる。前者は銃弾を弾くところからそう呼び、また後者は弾倉の回転音の「カチャ」をひっくり返したものとされる。ただこれはむしろ暴力団で使われる表現で、「ハジキ」が主に関東、「チャカ」が主に関西という地域による違いもあるという。

警察用語に限らず、隠語には仲間意識を強めるため、そして情報を外部に漏らさないためという2つの意味合いがあるだろう。特に警察の場合、捜査情報を無線などで誰か部外者に聞かれた場合を想定して内容を悟られないようにする目的もあったらしい。とはいえ、これだけ刑事ドラマを通じて一般に広まると、その意味では用をなさなくなることもあるかもしれない。

2000

16
「変人刑事」ゆえに真相にたどり着く
杉下右京が決して失わなかった青臭さ

相棒

2000年6月3日〜2001年11月10日(2時間ドラマ版)、2002年10月9日〜(連続ドラマ版)継続中
▶ 水曜21時〜(連続ドラマ版)　制作／テレビ朝日、東映

主なキャスト	水谷豊、寺脇康文、及川光博、成宮寛貴、反町隆史、岸部一徳、川原和久、山中崇史、大谷亮介、六角精児、山西惇、神保悟志、浅利陽介、片桐竜次、小野了、石坂浩二、大杉漣、杉本哲太、仲間由紀恵、木村佳乃、鈴木砂羽、篠原ゆき子、高樹沙耶（現・益戸育江）、森口瑤子、鈴木杏樹ほか
主なスタッフ	プロデュース／松本基弘（テレビ朝日）、香月純一・須藤泰司・西平敦郎（東映）ほか　脚本／輿水泰弘、櫻井武晴、砂本量、岩下悠子、古沢良太、戸田山雅司、太田愛、ハセベバクシンオー、徳永富彦、山本むつみ、根本ノンジ、瀧本智行ほか　監督／和泉聖治、橋本一、長谷部安春、近藤俊明、東伸児、安養寺工、権野元ほか　音楽／池頼広
映画	『相棒ー劇場版ー絶体絶命！42.195km 東京ビッグシティマラソン』(2008年5月公開)、『相棒ー劇場版Ⅱー警視庁占拠！特命係の一番長い夜』(2010年12月公開)、『相棒ー劇場版Ⅲー巨大密室！特命係 絶海の孤島へ』(2014年4月公開)、『相棒ー劇場版Ⅳー首都クライシス 人質は50万人！特命係 最後の決断』(2017年2月公開)
スピンオフ映画	『相棒シリーズ 鑑識・米沢守の事件簿』(2009年3月公開)、『相棒シリーズ X DAY』(2013年3月公開)

〝変人刑事〟の系譜、そして杉下右京

刑事ドラマにおいて「変人」は褒め言葉のようなところがある。一般的には「あのひとは変人だから」というのは悪口や陰口の部類に属するだろうが、事件捜査において「変人」であることは忖度なくぐいぐい相手に突っ込んでいける強力な武器にもなるからだ。

〝変人刑事〟が活躍するようになったのはいつの頃からだろうか？　刑事ドラマの源流のひとつとされる東映映画『警視庁物語』シリーズなどでは、変人らしき刑事はこれといって出てこない。むしろ全員が与えられた役割を粛々とこなす勤勉な常識人だ。『七人の刑事』でもわりとそうだろう。『太陽にほえろ！』くらいになると個性派はいるが、「変人」はまだ見当たらない。マカロニやジーパンは異色の存在で時に暴走もするかもしれないが、変人の範疇には入らない。『あぶない刑事』のタカとユージも同様で、格好をつけて軽口ばかり叩いてはいるが変人ということではない。

そもそも「変人」とはなにか？　色々な定義があるだろうが、たとえば「集団行動になじまない（なじもうとしない）ひと」と定義できるはずだ。その意味では、規律順守とチームプレーが求められる警察官に一番不向きなタイプで、その意味では「変人」は刑事よりも私立探偵の属性と言えるかもしれない。

組織人である刑事ではなく個人事業主である私立探偵は一匹狼であり、事件の解決にあた

って時には法律の枠を踏み越え、強引な手段に訴えてでも犯人にたどり着く。つまり、周囲との調和を気にせずやってよいのが私立探偵だ。古典的だがシャーロック・ホームズなどはまさにそうだろう。

ただ、1990年代に入り、刑事ドラマの設定は一気に多様化する。それとともに、〝変人刑事〟の活躍の余地も生まれた。

その最たる存在のひとりが、いうまでもなく古畑任三郎である。まさに探偵的刑事の典型だろう。

田村正和演じる古畑もまた、いつも単独行動だ。普通、刑事はペアで捜査にあたる。2人で行動したほうがなにかと融通が利く。また単独行動ゆえの暴走を防いだり、不測の事態にも対処したりしやすい。刑事ドラマにバディものが多いのは、そういう現実面を反映したものでもある。

むろん古畑にも、ともに捜査にあたる今泉慎太郎や西園寺守のような部下がいる。しかしいずれも助手程度、シャーロック・ホームズで言えばワトソンの扱いにすぎず、彼らは古畑に命じられたことを忠実にやるだけの役割だ。そして最後は、古畑が犯人と1対1で対峙するのがお決まりである。

『相棒』の主人公、杉下右京も明らかにこの〝変人刑事〟の系譜を受け継いでいる。東京大学法学部を首席卒業という超エリートのキャリア組でありながら、出世などには一切関心がなく忖度ぬきの言動で警察組織からはみ出してばかり。当然、直属の上司や警察上層部をしばしば怒らせる。そのおかげで特命係という「陸の孤島」に〝島流し〟された。特命係でも、その変人ぶりゆえに亀山薫（寺脇康文）に出会うまでは誰も部下として長続きしなかった。

また捜査中でも、自分の趣味のアンテナに反応するものを見つけると捜査そっちのけで「これは興味深いですねえ」などと言いながらそちらに夢中になり、談義に花を咲かせてしまう。あのアクロバティックな入れかたでおなじみの紅茶に始まり、チェス、落語、クラシック音楽や絵画の鑑賞などきわめて多趣味であるがゆえに、そういう場面がしばしば訪れる。服装が英国趣味でスコットランドヤードでの研修経験があるところは、やはり博識なシャーロック・ホームズにも通じる。ほかにも、中学時代に伝説の推理小説「亡霊たちの咆哮」を書いていたというエピソードもあった（season 4 第8話「監禁」）。

捜査の仕方もやはり変わっていて、独特の呼吸、間合いがある。アリバイなど通り一遍の質問などはそそくさとすませ、一見事件とは関係のない質問をする。それも重箱の隅をつついているかのような変に細かいものが多く、そのことを指摘されると「僕の悪い癖」と言いつつも、絶対に懲りない。そして聞き込みが終わってようやく帰ろうとしたかと思うと突然振り返り、「ああ、そう。あとひとつだけ」とさらに追加で聞いてくる。

もちろん、こういった捜査の本筋とは無関係そうな振る舞いや質問が実は事件の核心に迫るものなのはいうまでもない。変人であるがゆえに事件の真相にたどり着ける。それが〝変人刑事〟もののセオリーであり、したがって一貫して『相棒』にもある構図だ。

『相棒』はキャラクターの宝庫

この杉下右京、そして歴代の相棒たちを筆頭に、『相棒』では個性豊かなキャラクターが数多く登場する。どこを見ても濃いキャラクターぞろいという点では刑事ドラマ史上においても群を抜いているだろう。そんなキャラクターの宝庫であることが、『相棒』という作品を刑事ドラマというジャンルを超越した特別な魅力を兼ね備えたものにしてもいる。

特命係以外のキャラクターの系列としては、大きく2つのラインに分かれるだろう。

ひとつのラインは、22シーズン（2024年3月現在）というまれな長寿シリーズになったことによるキャラクターの増加である。亀山薫と交際の末結婚することになる新聞記者（現在はフリーライター）の奥寺（亀山）美和子（鈴木砂羽）、小料理屋「花の里」の初代女将で右京の元妻の宮部たまき（高樹沙耶［現・益戸育江］）や同じく「こてまり」女将の小出茉梨（森口瑤子）などはほぼ毎回登場するが、そのほかにも一度ならず繰り返し登場するようになったキャラクターは珍しくない。

たとえば、鈴木杏樹演じる月本幸子は代表的なひとりだろう。初登場はseason 4第19話「ついてない女」（これが脚本家・古沢良太の『相棒』デビュー作でもあった）。暴力団幹部の愛人だが、実はその男が亡き夫を殺した犯人と知り、復讐を実行する。そして海外逃亡を企てるが、空港へのバスの中で偶然乗り合わせた右京に事件を起こしてきたことを見破られてしまい、逮捕される。ただ暴力団幹部は生きていたため、殺人未遂の罪にとどまった。

普通ならこの1回のみの出演になりそうなものだが、話自体は悲劇的ながらコミカルな味わいが捨てがたいこの回の評判が良く、その後も「ついてない女」月本幸子をフィーチャーした続編がつくられた。

season 6の第11話「ついている女」と第12話「狙われた女」では、他の女性受刑者の脱獄計画に巻き込まれ、殺されそうになった挙句、特命係によって助けられる。そしてseason 10第12話「つきすぎている女」では、出所後家政婦として働いた先の大きな会社の社長にプロポーズされるものの、ついている自分が信じられず命を狙われていると勘違い。せっかくのチャンスもふいにしてしまうが、右京の勧めにより「花の里」の二代目女将になった。最初は1回のみのゲスト出演だったはずが、結局レギュラー出演者になるという異例の〝出世〟だった。そして結局、season 17第18話「漂流少年〜月本幸子の覚悟」、第19話「漂流少年〜月本幸子の決断」において、不良少年と接するなかでその救済の仕事を自分の使命と思うようになり、自ら右京らのもとを去ることになる。

もうひとり、ゲイバー「薔薇と髭と…。」のヒロコママ（深沢敦）も『相棒』の代表的人気キャラクターだ。

ヒロコママの初登場はseason 1の第3話なので、ドラマの最初期からということになる。ある事件の聞き込みで訪れた特命係の亀山薫（寺脇康文）に一目惚れ。その後なにかと薫のため献身的に協力するようになる。また自身の経営するゲイバーの常連客が事件に巻き込まれて、特命係に捜査をお願いすることも。そして亀山薫が相棒に復帰したseason 21の第15話「薔薇と髭と菫たち」では、感動の再会を果たした。

また最新のseason 22でも登場したのが、私立探偵の矢木明（高橋克実）。ハードボイルド小説のマニアで、自らも中折れ帽にトレンチコートのファッション、バーボンのグラスを片手にハードボイルドを気取り、「マーロウ矢木」などと自称する。その雰囲気からも見かけだけで能力に疑問符が付きそうだが、意外に優秀で特命係と協力して事件を解決したこともある。初登場はseason 5第10話「名探偵登場」。


警察ドラマとしての『相棒』を彩る登場人物たち

もうひとつのラインは、『相棒』が「警察ドラマ」であることによるキャラクターの細分化、そして増加である。

『踊る大捜査線』が警視庁本庁と所轄の対立を警察ドラマとしての基本に据えていたのに対し、『相棒』では特命係が警視庁本庁のなかの一部署なので、その部分はそれほど前面には出てこない（それを扱ったエピソードももちろんないわけではない）。その代わり、警視庁の内部での主導権争い、あるいは警視庁と警察庁のあいだの綱引き、さらには政財界と警察の癒着やそれぞれの思惑などが物語を動かすモチーフとして重要になっている。

そんな『相棒』の警察ドラマ的側面における最大のキーパーソンだったのが、岸部一徳演じる小野田公顕である。官房長（初登場時）という高官で有数の切れ者。あらゆる権謀術数を駆使し、部下だけでなく上司までも巧みに操る。そうした筋金入りの現実主義者である一方で、自らが考える正義を実現することをあきらめない理想主義者でもあり、その思いの強さは杉下右京にも引けを取らない。

小野田と杉下では目指す正義は必ずしも同じではない。だがそこに杉下と小野田のある種の大人の友情、同志愛が成立していた。映画版の2作目でその正義の追求ゆえに警察関係者によって刺殺されてしまったことはファンからも残念がる声が多数挙がったが、最近も亡くなったはずなのに一瞬杉下の目の前に現れ、すれ違う（season 20 第3話「復活～最終決戦」）など、いまも『相棒』という作品で厳然たる存在感を維持している。なお現在は、三代目の相棒だった甲斐享（成宮寛貴）の実父である警察庁長官官房付・甲斐峯秋（石坂浩二）がまったく同じ役割ではないものの、特命係と警察組織をつなぐ立ち位置にいるかたちである。

ほかには特命係の直属の上司的存在として、刑事部長の内村完爾（片桐竜次）や参事官の中園照生（小野了）もいる。この2人には中間管理職的な側面もあり、そこに自ずと生まれるユーモアや悲哀が魅力でもある。また内村の忠実な部下であると見せて中園は中園で思惑を秘めている部分もあり、決して一心同体というわけでもない。

ただ内村刑事部長は暴力団と浅からぬ因縁があるとの噂もある強面の一方で保身に走ることもある食えないキャラクターだったのが、ある出来事をきっかけに途中で〝キャラ変〟して、正義感あふれるまっとうすぎるほどのキャラクターになった。ところが、season 22 第9話「男の花道」で階段から落ち一時昏睡状態になったのをきっかけに、かつてのキャラクターに逆戻りしてしまった。

特命係と最も絡みが多いのが、警視庁捜査一課の刑事たちだ。初期は伊丹憲一（川原和久）、芹沢慶二（山中崇史）、三浦信輔（大谷亮介）の男性刑事3人組で、ファンからは「トリオ・ザ・捜一」という呼び名で親しまれた。その後三浦がいなくなり、しばらく2人だったが、season 19で女性刑事の出雲麗音（篠原ゆき子）が加入し、再びトリオになった。

とりわけ伊丹は、亀山薫とはライバルであり犬猿の仲という設定。薫を見ると「特命係のかめやまぁ〜」と絡んでくるのが定番だ（携帯電話の登録名は「特亀」）。捜査権もないのに事件現場にやってきて好き勝手に動き回る特命係への反発心もある。だが刑事としては優秀で、右京もその実力には一目置いている様子。根底では薫とも確かな友情で結ばれている。たまに伊丹の報われぬ恋愛が描かれるエピソードもあって、最も人気の高いキャラクターのひとりだ。

特命係の部屋は、組織犯罪対策部薬物銃器対策課のスペースに隣接している。そこに「暇か？」と言いながらコーヒーをもらいに来るのがその課長・角田六郎（山西惇）である。このお約束の登場の仕方からファンのあいだでは「暇課長」と呼ばれるように。

黒ぶち眼鏡に丸刈りでいかにも叩き上げの地味な雰囲気だが、組織犯罪対策、つまり暴力団や薬物捜査などが専門部署の課長だけあってその剛腕ぶりは折り紙付き。一本筋の通った刑事ぶりを見せることも多い。また特命係には比較的好意的で、暴力団やドラッグ絡みの事件では情報提供したり、捜査のサポート役に回ったりすることも珍しくない。

かつて鑑識課所属だった米沢守（六角精児）も名物キャラクターのひとり。彼を主人公とするスピンオフ映画『相棒シリーズ　鑑識・米沢守の事件簿』（２００９年公開）がつくられたことひとつとってみても、その人気ぶりがうかがえるだろう。

おかっぱ頭に黒ぶち眼鏡。鑑識の腕も確かで、それを頼りにする右京からもよく捜査上の個人的な頼みごとをされる間柄だ。右京が米沢の部屋で証拠品を前に推理を展開する場面もおなじみだろう。また落語が趣味なのも右京との共通点で、落語のCDの貸し借りなどもする。ほかにも鉄道マニアであるなど、生粋のオタク気質である。途中で警察学校の教官に転出することになり特命係とは疎遠になったが、スペシャルなど節目では再登場することもある。

大河内監察官（神保悟志）も、毎回登場するわけではないが『相棒』の世界に欠かせない登場人物のひとりだ。大河内は同性愛者で、season 2 第18話「ピルイーター」ではそのことが殺人事件の真相に深くかかわってくる。

大河内は監察官という役職なので、事件捜査に直接当たるわけではなく、警察官の規律違反への対処など警察組織の秩序維持に目を光らせる立場だ。そんな職務上いつも孤独に神経を尖らせているためか、精神安定剤と思しき錠剤の入ったビンをいつも肌身離さず持っていてストレスがたまるとボリボリかじる。ところが、やはり「ピルイーター」の回で、実はそれがお菓子のラムネであることが右京たちに明かされる。season 22 の第5話「冷血」に登場した際には、そのネタがラストシーンのオチに使われていた。

ややコミカルな役回りの登場人物としては、陣川公平（原田龍二）がいる。season 3 が初登場。当初特命係に配属された「特命係・第三の男」である。捜査につい私情を挟みがちで、事件の関係者の女性に一目惚れしては失恋し、最後はいつもヤケ酒を呑んで泥酔してしまう。

トラブルメーカーながら、憎めない存在である。

新たな展開を支える登場人物も

これらの人物はドラマ初期からの常連組だが、途中から登場して存在感を放つ警察関係のキャラクターもいる。

season 14が初登場の青木年男(浅利陽介)は、警視庁のサイバーセキュリティ対策本部の特別捜査官(現在は異動により内閣情報調査室勤務)。ただ最初から警察官だったわけではなく、盗撮を趣味にしていたのがもとで殺人事件の目撃者となってしまい、証言者として協力する一方でそのことを特命係に厳しく追及された。そのときのことを根に持った青木は、警察官だった父親(こちらとも仲が悪かったような描写がある)のコネを使って自らも警察官になる。この初登場回のタイトルが「警察嫌い」。特に当時右京の相棒だった冠城亘(反町隆史)とは犬猿の仲だった。とはいえ、何だかんだ言いつつ特命係には協力する、と言うかさせられる。ある事件を引き起こして特命係に配属された時期もあり、『相棒』のなかでは今後の動きがかなり気になるキャラクターでもある。

もうひとり、警察関係者では仲間由紀恵演じる社美彌子もseason 13からの途中参加ながら重要人物になっている。役職は警視庁総務部広報課課長。きわめて優秀で、それ以前は出向先である内閣府の内閣情報調査室で情報活動の任務に就いていた。ただしそのとき、ロシアの諜報員と恋愛関係になり、一子を設けている。むろんそのことは公には隠されているが、女性初の警視総監も秘かに狙う彼女にとっては悩ましい問題になっている。仲間由紀恵と言うとテレビ朝日系のドラマにおいては『トリック』でのコミカルなイメージも強いが、それとは正反対のシリアスな役柄である。

ほかに警察の人間ではないがそこにかかわってくる人物のタイプとしては政治家、政府・財界関係者も多い。複数回登場経験があり、インパクトのあるキャラクターとしては、長門裕之が演じた元外交官で「閣下」と呼ばれる北条晴臣、津川雅彦が演じた元法務大臣の瀬戸内米蔵などがいる。現在時々登場するなかでは、木村佳乃演じる衆議院議員・片山雛子、柄本明演じる国家公安委員長・鑓鞍兵衛《やりくらひょうえ》などもそうだ。

『相棒』における脚本の分担制とプロデューサーの重要性

ともあれこれだけ登場人物が増えると、それらの人物にまつわる印象的なエピソードが必要になってくるとともに、その複数の人物を通じて紡がれるストーリーを作品全体のなかに溶け込ませなければならなくなる。

そこでとりわけ重要になるのが、脚本家でありプロデューサーの役割である。

まず『相棒』の脚本は、複数の脚本家が回ごとに分担するシステムになっている。これは『太陽にほえろ！』などもそうだったように、撮影が完了したパッケージをあらかじめ余裕をもってストックしておく現実的な必要から来ている部分もあるだろう。

ただ、『太陽にほえろ！』には小川英、『Gメン'75』には高久進、『特捜最前線』には長坂秀佳という明確なメインライターがいた。実際、彼らの担当した回数も抜きん出て多かったのに対し、『相棒』はその点少し異なる。

確かにスタートの2時間ドラマ時代からかかわっている輿水泰弘がシーズン初回や最終回のような節目の回を担当することが多い点でメインライターと言ってもよいが、小川や高久ほどの頻度では執筆していない。むしろ次から次へと新しいライターが起用されているのが目立つ。先ほどもふれた古沢良太などは好例だろう。『リーガル・ハイ』（フジテレビ系、2012年放送開始）、『コンフィデンスマンJP』（フジテレビ系、2018年放送開始）などでいまや人気脚本家としてすっかり安定した地位にあるが、世間に注目されるようになったひとつのきっかけは『相棒』だった。

『相棒』の作風が本格推理ものあり、社会派あり、警察組織にフォーカスしたものあり、さらには悲哀と苦さをにじませた人間ドラマや珍作と言ってもよさそうなコミカルなテイストのもの（トイレの便器にはまって抜けられず餓死するという season 5 第13話「Wの悲喜劇」などはいまでも折にふれて話題になる）ありときわめてバリエーション豊かなのも、そうした脚本分担システムに理由がある。

一方そのようなシナリオの多様性を確保しつつ、『相棒』らしさ、世界観の一貫性を同時にキープしていくのがプロデューサーの役割だ。それだけ、プロデューサーに課せられたものは大きい。

『相棒』の立ち上げから携わったプロデューサーの松本基弘は、「『相棒』全体の流れやトータルデザインについて、綿密な計算がなされていると思っていらっしゃる方もいるかもしれませんが、実はものすごく大まかなことしか決めていません」と語っている。それは、『相棒』という作品が「この先どうなるんだろう」と思わせることを大事と考え、そのために「既存のものを壊すこと」を常に念頭に置いているからだ（輿水泰弘ほか『「相棒」シナリオ傑作選』、6－7頁）。言い換えれば、あらかじめ決まったパターンにとらわれることなく、その時々に生まれてくる発想が重視される。そうしたチャレンジ精神、自由度の高さが、『相棒』というドラマの鮮度を保っているということだろう。

お決まりのパターンを壊すという点は、たとえばキャスティングにも表れている。

刑事ドラマを見ていると、犯人役や悪役が「いつもの」という感じで固定されているのがわかる。むろんそれ自体は俳優の個性によるもので問題があるわけではない。だが『相棒』

は、比較的そのようなことが少ない。犯人役や悪役のイメージが薄い俳優がわりとよく出演する。ベテラン大御所俳優、さらには「久しぶりに見た」「懐かしい」と思わせる俳優が起用されることが珍しくない。そして、そうした俳優の力量や魅力を再認識させられることもしばしばだ。

本格推理ものから社会派まで多彩な味わい

また自由度の高さは、先述のように『相棒』のなかに豊富な作風のバリエーションを生み出してきた。

連続ドラマになる以前の2時間ドラマ時代の3話（現在は「pre season」と位置づけられる）にすでにその特徴がよく表れている。

まず1話目では、右京と亀山薫のキャラクターの対比が事件に絡めてくっきりと浮き彫りにされる。とりわけ薫を「無様」と突き放し、取りつく島もないような右京の〝変人ぶり〟はいきなり強烈で、このドラマがありがちなバディものと一線を画すものであることが一目瞭然になっている。

そのうえで2話目では、「切り裂きジャック」事件を模倣したような連続殺人が起こる本格推理もののストーリーが展開される。そしてその意外な犯人を、右京が推理力を駆使して明らかに。最後はいうまでもなく、右京と犯人の対決シーンになる。連続ドラマ版になってからも、比較的最近の南井十《つなし》（伊武雅刀）に至るまで、高い知能を持ち、右京に挑戦状を突きつけるかのような連続殺人犯が何人か登場してきた。

そして3作目は、右京が入院しているという意表を突いた場面から始まり、そこに安楽死の問題が絡んだ事件が起こる。つまり、現代社会において議論となっているような問題を正面から取り上げた社会派のテイストだ。連続ドラマ版でも、こうした社会問題に踏み込んだ回は、現代の若者が陥る貧困問題をベースにした悲劇を丹念に描いて大きな反響を呼んだ「ボーダーライン」（season 9第8話）や日本における外国人労働者の置かれた苦境とその問題解決の難しさを描いた「右京の同級生」（season 14第16話）など決して少なくない。

時代や社会の動きとリンクしたという意味では、近年は「ダークウェブ」のような闇サイトはもちろん、「ディープフェイク」の技術を悪用したサイバー犯罪、あるいは仮想現実空間に絡んだ犯罪などが頻繁に登場するようにもなった。このあたりは、常に新しいものを取り込んでいこうとする『相棒』らしい貪欲さが感じられる。

元日スペシャルの名作「ピエロ」

一方毎シーズン恒例となっているのが元日スペシャル。長時間ゆえに複雑に絡み合ったプロットの面白さと重厚感があり、楽しみにしているファンも多いはずだ。実際、記憶に残るものも多い。season 5の「バベルの塔～史上最悪のカウントダウン！爆破予告ホテルの罠」などの評価もファンのあいだで高いが、ここではseason 10で放送された「ピエロ」を振り返ってみよう。いまほどメジャーな存在ではなく、まだ無名に近かった斎藤工の演技が印象的だった回でもある。

開演直前のオペラハウスから、子どもたち7人がマイクロバスで誘拐され、政治犯の釈放と20億円の身代金を要求される事件が発生する。偶然別の仕事で同じオペラハウスに居合わせた神戸尊（及川光博）が、そこにいたピエロの扮装をした男を怪しいと感じて追いかけるのだが、逆に自身も誘拐されてしまう。そして神戸と連絡がつかないことを不審に思った右京が捜査に乗り出す。

ここから、誘拐されたひとりの少女（大橋のぞみ）、マイクロバスにたまたま乗っていたために誘拐された男性（遠藤雄弥）、そして犯人グループ内のそれぞれの思惑もあり、物語は二転三転する。

犯人グループには2人のキーパーソンがいる。ひとりは今回の犯行の首謀者である草壁。吉田栄作が演じるこの男は防衛大学校卒のエリートで元自衛官。日本人の国防意識の薄さに強い危機感を抱いている。そしてもうひとりが、ピエロに扮して誘拐を実行した速水。こちらを演じるのが斎藤工だ。速水は、草壁の目的に賛同しているように見えて、実は別の目的を隠し持っている。

草壁が国家という理念的枠組みから物事を考えているのに対し、速水の目は、いまの日本社会のもっと現実的な部分に向けられている。それは、どうやっても埋めようのない格差である。しかし速水は、そこをなんとか覆そうとする。それが犯罪の動機だ。

太田愛の脚本は、こうした社会問題の要素だけでなく、特命係の活躍とスリリングな展開、主要登場人物それぞれが抱えた背景、警視庁と警察庁の対立という警察ドラマ的要素、そして最後に明らかになる真相などを巧みに盛り込んでいて、満足度の高い出来と言っていい。太田愛は、その後も秀逸な脚本を数多く提供し、『相棒』のクオリティの高さを支えたひとりである。

杉下右京の持つ「青臭さ」とは

では、こうした『相棒』という大きく広がる作品世界の中心にいる杉下右京とは、結局何者なのか？　それを考えるうえで、まず『相棒』がバディものであるという基本に立ち返る必要があるだろう。

刑事ドラマのバディものには、何度か述べたように青春ドラマの要素が入っている。対照的な、タイプの違う2人の人間がコンビを組みともに捜査にあたるなかで、時に反発し合いながらも絆を深めていく。それがバディものの物語的なセオリーだ。

ただ、『相棒』の場合は単純な友情物語にはなりにくい。いうまでもなく、杉下右京が地位も能力も年齢も上だからだ。したがって、ともに失敗もするなかで成長し、認め合うという展開には単純にはなりにくい。

もちろん、特命係のバディ2人のキャラクターが対照的というセオリーはきちんと押さえられている。

これまで右京の相棒となったのは全部で4人。初代と現在の相棒である亀山薫（寺脇康文）、二代目の神戸尊（及川光博）、三代目の甲斐享（成宮寛貴）、そして四代目の冠城亘（反町隆史）。ちなみに全員名前が「か」で始まり、「る」で終わる。それぞれ個性はバラバラだが、いずれも右京とは被らない。むしろ対照的な部分が少なくない。

神戸尊はクールという点では右京と重なるが、最初は秘かに帯びた使命もあって反抗的だった。一方甲斐享は右京へのリスペクトが強かったが、最後は正義感の暴走のようなかたちになって犯罪に手を染め、右京のもとから離れていってしまう（season 22の元日スペシャルでは、享のパートナーの笛吹悦子（真飛聖）、2人のあいだの子ども、享の兄（新納慎也）などが登場し、再登場が示唆されるような場面があった）。その点、冠城亘は法務省の官僚出身ということもあって一番冷静で大人。飄々としたところもあったが、キャラクターとして右京に似ている部分は比較的多かった。

バディとして典型的なのはやはり亀山薫で、MA－1フライトジャケットというラフな服装、そして純粋に熱血漢であることなど、見た目も中身も右京とはまさに正反対。長期にわたる海外での奉仕活動を経て再び相棒として戻ってきたところなどは、原点回帰の意味合いが感じられる。

とはいえ、重要なことは、特命係のバディにもれっきとした青春ドラマ的要素はあるということだ。それはなによりも、杉下右京という人物がその精神において根本的に「青臭さ」を持っているからだ。

先ほど小野田公顕と杉下右京の正義は違うと書いた。小野田は、国家や組織といったより大きな秩序の安定のためには、時に犯罪にも目をつぶることをあえて選ぶところがあった。それに対し、右京はあくまで犯人は犯人であり、それがどのような地位や立場にある人間であろうと考慮しない。

言い換えれば、小野田は大人であり、右京は青臭い。それは確かなことだ。だが『相棒』において、右京の青臭さは、一般的な若者がそうであるように大人の世界でもまれてすぐにつぶされてしまうような脆いものではない。むしろ屈強すぎるほど屈強で、決してぶれずへこたれない。だから青臭さを青臭さと感じさせないようなところがある。その意味で、杉下右京が担う青臭さには常識では測れない特異さがある。

水谷豊という俳優 ～1970年代の屈折した若者が原点に

そこには、水谷豊という稀有な俳優がたどってきた道のりが反映されている部分もあるように思う。『相棒』が刑事ドラマ史を代表する作品であることはいまさら言うまでもないが、少し視点を変えてみたとき、もうひとつの見方ができる。それは、水谷豊という俳優の長年のキャリアの到達点だということである。

刑事ドラマに登場する俳優のなかには、「刑事役でおなじみ」というひとが少なくない。確かに水谷豊も、『相棒』以前に多くの刑事ドラマに出演した実績があった。『夜明けの刑事』、『熱中時代 刑事編』、『刑事貴族』、さらにこちらは映画だが市川崑監督の『幸福』（1981年公開）など、1970年代から1990年代にかけて多くの刑事役を務めてきた。『刑事貴族』では寺脇康文とも共演したように、そうした経験の蓄積が『相棒』へとつながったことは間違いない。

しかし、水谷豊の長いキャリアにおいては、それはあくまで一部という側面もある。

1952年生まれの水谷は、10代で特撮ドラマ『バンパイヤ』（フジテレビ系、1968年放送開始）の主演としてドラマデビューを飾って以来、今日まで『男たちの旅路』（NHK、1975年放送開始）の警備員、『赤い激流』（TBS系、1977年放送）のピアニスト、『熱中時代』（日本テレビ系、1978年放送開始）の小学校教師など、さまざまな役柄を演じてきた。2時間ドラマなども入れれば、さらに多くの役柄がそこに加わるだろう。

そのなかで、現在の水谷豊の原点をかたちづくったのではないかと思えるのは、1970年代に度々演じた屈折した若者役である。

たとえば、『泣くな青春』（フジテレビ系、1972年放送開始）のような学園ドラマにおける不良生徒役もそうだが、なかでも印象的だったのが長谷川和彦監督による映画『青春の殺人者』（1976年公開）である。ここで水谷が演じたのは、鬱屈した生活を送るなかで両親を殺害してしまう青年。特に明確な理由もなく殺人を犯してしまう若者の姿を繊細かつリアルに演じ、高く評価された。

テレビドラマにおいて、この『青春の殺人者』の屈折した若者役に通底するのは、『傷だらけの天使』（日本テレビ系、1974年放送開始）における乾亨役だろう。ここでの水谷豊は、探偵事務所からの依頼案件を萩原健一演じる小暮修とコンビを組んで解決するという役柄。バディもののひとつだが、亨は「アニキ〜」と慕う修のところ以外に行き場所のないチンピラで、最後はあっけなく死んでしまう。その亨の死体をドラム缶に入れて修が夢の島に捨てに行くラストシーンはあまりにも有名だ。

このように、1970年代の水谷豊は、社会や組織のなかで自分の居場所をどこにも見つけられずにいる根無し草のような若者を演じ続けた。そこにはオイルショックなどで高度経済成長期が終わりを迎え、学生運動の熱気も過去のものになるなかで、目的を失い漂流し始めた当時の若者の姿が映し出されている。彼らは、生きることが不器用で時に破滅的でもあるが、そのなかで自分にとっての幸福を心底から追い求めていた。

そして時は流れ、2000年代に始まった『相棒』。杉下右京は、れっきとした警察組織の人間で行き場所がないわけではない。年輪を重ね人間的に成熟してもいる。その分、自分のことだけではなく全体を見る客観的な視点も持ち合わせている。

だが他方で、根本的精神においては、水谷豊が1970年代に演じてきた若者と右京とはなんら変わっていないようにも思える。右京が決して失わない青臭さ、組織の論理によって自らの正義が曲げられることを許さない青臭さは、その証しだ。

杉下右京が向き合った戦後日本の苦悩～『相棒―劇場版Ⅳ―』から

では、杉下右京の目に、現在の日本社会、ひいては戦後日本社会はどのように映っているのだろうか？

そのあたりがうかがえるのが、『相棒―劇場版Ⅳ―首都クライシス 人質は50万人！ 特命係 最後の決断』である。２０１７年の公開で、映画版としては目下のところ最新作になる。

国際犯罪者組織によるテロ計画の存在を知った右京と冠城は、未然にそれを防ぐため捜査を開始する。そしてテロのターゲットが、世界スポーツ競技大会出場の日本選手団の凱旋パレードに集まった50万人の群衆であることを突き止める。

ところがそこに、意外な事実が判明する。そのテロ計画の首謀者は、右京たちへの捜査協力者で行動をともにしていたマーク・リュウという香港から来た男（鹿賀丈史）だった。しかもリュウは、実は日本人。戦時中に国策によって家族とともに南洋の島に渡り住んだ彼は、突然の日本軍の撤退によって家族ともども島に取り残された挙句、敵の攻撃によって親を殺され、自らは生きているのに死亡したことにされた。つまり、国から見捨てられた人間だったのである。その復讐として企てたのがテロ計画であり、パレードがおこなわれる銀座は、国からの期待を一身に受けて彼が家族とともに南方に送り出された思い出の地だった。

だが話はそこで終わらない。さらにリュウのテロ計画には裏があった。彼は、意図的に計画を失敗に終わらせようとしていた。目的はテロそのものではなく、自らの過酷な戦争体験を踏まえ、平和に慣れ切った日本人に、いつその平和が破壊されてもおかしくない状況であることを知らしめることだった。そして自らは、テロを首謀した外国人として警察によって狙撃され、死ぬことを望んでいた。

その意図を察知した右京は、リュウを狙った銃弾の前に自らの身を投げ出し、重傷を負う。そして逮捕されてもなお、テロに失敗した外国人として死なせてほしいと懇願するリュウに対し、右京は「あなたは日本人です」と言い、何度裏切られても祖国を思う気持ちは変わらなかったからこそ、このような計画を立てたのだろうと語りかける。そして戦火で失われた命のかけがえのなさを知るあなたが、自分の命を粗末にしてはいけないと静かに諭す。

戦後日本社会が享受してきた平和とはどのようなものなのか？　その答えはむろん単純ではない。リュウは自らの命を犠牲にしてでも、日本人の目を覚ますために〝テロ未遂計画〟を企てた。だが右京は、自らの命を賭してまでしてそれを防いだ。それは一見、リュウの平和への切なる願いを無にするものだ。

しかし、右京にとって計画を成就させてしまうことは、深い苦悩の人生を送ってきたひとりの人間を、二度までも国に見捨てられた人間として死なせることにほかならない。それは果たして、真の意味での平和な社会と言えるのか？

〝曇りの時代〟のなかで

『相棒』が2時間ドラマとして始まったのは2000年。まさにまもなく21世紀を迎えようとするタイミングだった。ただ日本社会の状況は、必ずしも明るい未来を思い描けるようなものではなかった。バブル崩壊後の経済的停滞は長く続き、そのなかで格差が徐々にあらわになった。「勝ち組」「負け組」などというワードがメディアを賑わせもした。「ピエロ」に登場した速水は、そんな時代に反発して犯罪計画を立てた。

その結果、もはや「一億総中流」的な安寧を享受するのは困難であることを多くのひとが現実のものとして受け止めるようになっていく。表向き平和な世であることは変わらないものの、心のなかに空虚さを抱えるひとも増えた。快晴でも雨でもない〝曇りの時代〟といったところだろうか。

だがその曇天のなかで、杉下右京は、静かに正義を主張し、背筋を伸ばした姿勢を崩さない。それはすぐには社会が抱えるさまざまな問題の解決につながらないかもしれないが、そこから目をそらさないための拠り所にはなる。刑事とは、ただ犯人を逮捕するだけの存在ではない。理想を主張し続ける青臭い存在でなければならない。そんなことを杉下右京という主人公は教えてくれているかのようだ。

2012

17

刑事ドラマの花形部書が舞台
2時間ドラマの世界観がルーツ

警視庁・捜査一課長

2012年7月14日〜2015年10月17日(2時間ドラマ版)、2016年4月14日〜2023年6月16日(連続ドラマ版)
▶木曜20時〜(連続ドラマ版)　制作／テレビ朝日　東映

主なキャスト　内藤剛志、金田明夫、斉藤由貴、鈴木裕樹、田中圭、塙宣行(ナイツ)、陽月華、矢野浩二、飯島寛騎、安達祐実、三好彩花、本田博太郎、床嶋佳子ほか

主なスタッフ　プロデュース／関拓也(ゼネラルプロデューサー)、秋山貴人、残間理央、島田薫、髙木敬太　企画協力／飯田裕久　脚本／石原武龍、守口悠介、内田静、中村由加里、末安正子、深沢正樹、穴吹一朗、池澤辰也ほか　監督／猪原達三、濱龍也、池澤辰也、木川学、大山晃一郎、秋山貴人ほか　音楽／山本清香

警視庁捜査一課ものの系譜

きちんと統計を取ったわけではないが、近年テレビドラマを見ていて東京が舞台の作品が減ったように感じる。自治体によるロケへの規制のことなどもあるのだろうが、最近は東京以外の、たとえば横浜が舞台という作品が多い。そうなるとやはり街並みがもたらす作品の雰囲気の違いは出てくる。刑事ドラマも同様で、『あぶない刑事』のような昔の作品だけでなく、最近の作品でも横浜が舞台となるケースは少なくない。

だが刑事ドラマの花形部署と言えば、やはり警視庁捜査一課を思い浮かべるひともまだまだ多いはずだ。正式名は、警視庁刑事部捜査第一課。1400万人余りが暮らす大都会・東京に起こる数々の事件の捜査を担う精鋭の集まりである。実際、刑事ドラマの歴史においては捜査一課の刑事たちの活躍を描いた作品は、刑事ドラマの源流のひとつとなった映画『警視庁物語』から始まり、数えきれないほどつくられてきた。しかし、刑事ドラマもますます多様化して警視庁が舞台の場合であっても設定に趣向が凝らされることが増え、警視庁捜査一課がメインの作品ばかりとはいかなくなっている。

そのなかで、この『警視庁・捜査一課長』は、タイトルからわかるように今時あまり見かけなくなったストレートな警視庁捜査一課ものだ。捜査一課長は、殺人などの強行犯捜査、誘拐などの特殊犯捜査等に携わる多くの係から成る捜査一課を取り仕切る役職。刑事のなかでもトップの存在である。この作品は、内藤剛志が演じるそんな捜査一課長・大岩純一を中心とした捜査一課の刑事たちの奮闘ぶりを描いたものだ。

警視庁捜査一課長になるには？～警察組織と警察官

少しここで、警察官になるにはどうするのか、そしてそもそも刑事とはどのようにしてなるものなのか、といった基礎知識について、警察の組織や階級、昇進などの話とも一緒におさらいしておこう。

警察官がキャリアとノンキャリアに大別されることは、『踊る大捜査線』以降の刑事ドラマの影響もあって比較的知られるようになっているはずだ。だが具体的に両者がどう異なるのかはあまり知られていないのではあるまいか（以下は、斉藤直隆編著『ミステリーファンのための警察学読本』、飯田裕久『警視庁捜査一課刑事』、野地秩嘉『警察庁長官』、古谷謙一監修『そこが知りたい！日本の警察組織のしくみ』などを参照してまとめた）。

キャリアとノンキャリアは、まず警察に入る際の試験の種類が違う。キャリアは国家公務員採用総合職試験、ノンキャリアは各都道府県の警察官採用試験をそれぞれ受けて合格した人たち。これは日本の警察組織が全国の警察を統括する官庁である警察庁と各都道府県単位で設置される警察に大きく二分されているからで、試験の種類からもわかる通り、キャリア組は警察庁に、ノンキャリア組は各都道府県の警察に配属される。「警視庁」が東京都の警察組織の名称であることは有名だろう。他の道府県は「○○県（道、府）警察本部」というような呼称だが、東京都だけ歴史を重んじ明治維新以来の呼称を用い続けている。ちなみに2024年1月で創設150周年を迎えた。

キャリア組とノンキャリア組は、警察官としてのスタート時点の階級も異なる。キャリア組は警部補から、ノンキャリア組は巡査から。警察の階級は付図にある通り9段階に分かれていて、一番上が警視総監、一番下が巡査である。警部補は下から3番目。つまり、キャリア組とノンキャリア組は最初から階級差がついた状態になっている。出世のスピードも比べ物にならない。ノンキャリア組が飛び抜けた実績をあげ昇任を重ねたとしても、最終的に到達できるのは上から3番目の警視長あたりまで。その時点で定年の60歳に近い年齢になってしまっていることがほとんどだからだ。必然的に警視監、そして警視総監はキャリア組が占めることになる。

刑事には、キャリア組もいればノンキャリア組もいる。『相棒』の杉下右京は東大法学部卒のバリバリのキャリアだが、出世にまったく興味がなく、階級的にはずっと警部（捜査一課の伊丹が呼ばれてもいないのに勝手に事件現場にやってくる右京に「警部殿ぉ〜！」と困り果てたように顔をしかめるおなじみの場面を思い出してもらいたい）のままという設定だ。

ただ、ノンキャリア組が刑事になる道のりは遠い。最初巡査として交番勤務をするときから空き巣や自転車泥棒といった比較的軽微な事件の検挙で実績を挙げ、所属する警察署の刑事課の刑事たちにまず顔と名前を覚えてもらうところから始まる。そして各警察署の代表に選ばれ、刑事になるための研修を受ける。ここでも厳しい選抜があり、その結果うまくいけば実地の現場研修を経たうえで、めでたく刑事として配属されることになるわけである。

そして警視庁捜査一課長だが、これはノンキャリア組しかなれない。さまざまな事件を最前線で取り仕切るポジションとして、とにかく現場経験、捜査経験の多さが必要とされるからであり、国家官僚であるキャリア組が就く役職ではないということである。当初このドラマが2時間ドラマで始まったとき、「ヒラから成り上がった最強の刑事！」というサブタイトルがついていたのにもそんなニュアンスがこめられているだろう。

「連ドラの鉄人」内藤剛志

いま書いたように、この『警視庁・捜査一課長』は2時間ドラマ枠から始まっている。『相棒』と同じルートである。2012年7月、『土曜ワイド劇場』の一作としてスタート。2015年10月まで計5作がつくられた。

2時間ドラマの刑事役と言えば「2時間ドラマの帝王」の異名をとる船越英一郎の名がパ

ッと思い浮かぶが、内藤剛志は、この作品が2時間ドラマ初主演だった。内藤もいまや2時間ドラマ主演の常連というイメージだが、それまで未経験だったのは意外な感もある。

内藤は、1955年大阪生まれ。幼い頃から子役として活動し、日本大学芸術学部映画学科入学で上京してからは、同級生だった長崎俊一とともに自主映画を製作して主演も務めた。その後大森一樹監督の映画『ヒポクラテスたち』（1980年公開）で一般映画に初出演し、そこからバイプレーヤーとして多数の作品に出演した。

とりわけ1990年代には、高視聴率をあげた『家なき子』（日本テレビ系、1994年放送開始）で安達祐実（この『警視庁・捜査一課長』でもseason 3で共演している）が演じる主人公を虐待する酒飲みの父親役で注目を浴びると、それから27期連続で連続ドラマに出演するという記録を打ち立て、「連ドラの鉄人」との異名をとった（『ORICON NEWS』2016年2月19日付け記事）。

このように今作の役柄だけでなく俳優人生においても「叩き上げ」という形容がふさわしい内藤だけあって、主役脇役を問わず多種多様な役柄を演じてきた。若手時代は刑事ドラマの犯人役で出演したこともある。だがなかでも繰り返し演じてきたのが刑事役で、『警視庁・捜査一課長』が、なんと33作目の刑事役だった（同記事）。

とはいえ、内藤が演じる刑事は派手なアクションを披露することはめったにない。むしろ生真面目で、ほとんど感情を表に出さない（このドラマでは、床嶋佳子演じる妻の小春との自宅の場面のときは和らいだ表情を見せるが）。だがふとした瞬間に内に秘めた熱血漢の部分、強い正義感がほとばしるのが垣間見える。そんな役柄が多い印象だ。内藤の演技自体が小細工を弄しない実直なものだということもその印象を強める。警視庁捜査一課長・大岩純一役は、そうした道のりを経てたどり着いた集大成と言ったところだ。

「必ずホシを挙げるっ！」、そして〝笑える刑事ドラマ〟への変貌

『警視庁・捜査一課長』において大岩純一の刑事魂を表す象徴的なセリフが、「必ずホシを挙げるっ！」である。

事件が発生し、所轄署に特別捜査本部が設置される。その最初の捜査会議の場面。捜査員からの報告などがあった後、最後に大岩が被害者の無念を晴らすことを忘れるなと訓示した後、締めの言葉で「必ずホシを挙げるっ！」と力強く言い放つ。するとその場にいる数十人の捜査員たちが「ハイっ！」と一斉に声を合わせて力強く応える。

他の刑事ドラマでも特別捜査本部の会議場面は必ずと言っていいほど登場するが、ここまで気合の入った熱いやり取りはそうそうお目にかかれない。このドラマならではのお約束にもなっていて、この場面を楽しみにしている視聴者も少なくないだろう。

だが、話はそれだけで終わらない。

捜査会議の場面だけ見ると、『警視庁・捜査一課長』は、熱気あふれるオーソドックスな刑事ドラマに思える。ところが、このドラマに、いつの頃からか笑いの気配が混じるようになった。むろん画面のなかの俳優たちは内藤剛志を筆頭に決してふざけることなく、大真面目に演じている。だが脚本や演出は、どうも笑わせにきているのではないか？　そう感じることが増えたのである。いつしかこの作品は、〝笑える刑事ドラマ〟としてネットの掲示板やSNSなどでカルトなファンを獲得するようになった。

まず毎回冒頭、大岩が捜査一課長の部屋で事件発生の電話を受けとるところから始まる。「一課長、大岩」と真剣な面持ちで電話に出る大岩だが、報告を聞くや「なにっ！」と表情を変える。そして、「あんパンまみれのご遺体っ⁉」などほとんど謎かけのようなセリフが毎回続く。そして実際に臨場してみると、ご遺体の身体や周囲にあんパンが散乱していたりするというわけだ。

さらに事件関係者や刑事の役名もダジャレが多い。たとえば、餃子が鍵になる回で殺された人物の名が「堤太蔵（つつみ・たいぞう）」で、その妻が「堤益代（つつみ・ますよ）」。いうまでもなく「餃子＝包む」という連想である。

また安達祐実演じる刑事は「谷中萌奈佳（やなか・もなか）」であだ名が「もなか」。三好彩花が演じた刑事「妹尾萩（いもお・はぎ）のあだ名は「おはぎ」（ちなみに女性刑事は役名にスイーツが盛り込まれていることが多い）。大岩の公用車運転担当刑事を演じる漫才コンビ・ナイツの塙宣行の役名が「奥の細道」ならぬ「奥野親道（おくの・ちかみち）」ならば、塙の相方で亀戸署の刑事役で登場する土屋伸之の役名が「谷保健作（やほ・けんさく）」。つまり、ナイツお得意の「ヤホー検索」ネタをもじったものになっている。

そして出てくるだけで笑いを誘うようになったという意味では、本田博太郎演じる笹川刑事部長にとどめを刺すだろう。

笹川は、大岩の直属の上司。最初土曜ワイド劇場の頃は重々しいキャラクターで、時に気遣いを見せつつ捜査に行き詰まった大岩を叱咤激励するいかにも良き上司といった存在だった。

ところがいつの頃からか、本田博太郎の演技に過剰さが漂い始める。大岩に対し、「大岩純一捜査一課長」とフルネームプラス役職付きのもったいぶった呼びかたをするなど、やたらに間をとったクドいとも感じるセリフ回しが目立つようになった。それだけならまだいい。時には池のなかからずぶ濡れで出てきたり、宇宙服のコスプレをして登場したりなど、意外な場所から突拍子もない扮装で姿を現す。悪ノリと言ってしまえばそれまでだが、それを超えてシュールと言いたくなる突き抜けかたである。特にSNSでのウケは際立っている。

では、どの時点からコント化し始めたのか？　そのあたりはあまり定かではないが、20

18年放送のseason 3くらいから雲行きが怪しくなってきたという声が多い。それとともに、2時間ドラマ時代から変わらないレギュラー陣のお約束のやり取りもユーモラスに見えてきたから不思議だ。

金田明夫が演じるのは、捜査一課庶務担当管理官の小山田大介。大岩が頼りにする懐刀だが、とりわけ証拠探しの能力が人並外れて高く、無理と思われていた証拠を広大なエリアのなかからでも必ず見つけ出す。ついた異名が「見つけのヤマさん」。

もうひとり、大岩が頼りにする部下が、捜査一課現場資料班主任の平井真琴。斉藤由貴が演じる平井は直観力に優れ、事件現場を見て誰も気づかなかったようなところに着目して捜査の進展に貢献する。だが小山田は、勘頼みは曖昧と認めずなにかと平井に突っかかる。すると、必ず大岩が「ヤマさん、大福の勘は特別だ」ととりなす。大岩には逆らえない小山田は、「頭の片隅のほうに入れておきます」などと言って渋々引き下がる。ちなみに「大福」とは平井のあだ名。大福が大好物というところからついた（警察では、実際に犯人逮捕のゲン担ぎに大福を食べるらしい。黒いあんこを犯人に見立て、それを白い餅で包んである大福が白星を意味するからである）。

この3人のやり取りは、2時間ドラマ時代からある。ただその頃は、基本的には真面目なやり取りだった。いまも演技自体はそうだ。だが全般的にコント化してからは、一周回ってこの場面ですらも逆に面白く感じられるようになった。内藤剛志の変わらぬ重厚な演技と存在感が100％コント化してしまうことから全体を守ってはいるものの、見る側も「警視庁・捜査一課長＝コント」とインプットされてしまった感がある。その意味では良いのか悪いのかよくわからない。

行くところまで行ったseason 6最終回2時間スペシャル

と言いつつ、単に軽いお遊びに走ったわけではないのがこの作品の面白さ。遊び心が行き着く果ての企みと仕掛けに満ちた展開が時にアバンギャルドの域にまで達していた。ドラマ開始から10周年、さらにテレビ朝日の木曜ミステリー枠の終了に伴って放送されたseason 6の最終回2時間スペシャルは、その自由かつカオスの極みとも言える内容に、行くところまで行った感がぐいぐい伝わってくる回である。

冒頭、いつもの大岩にかかってきた電話。だがそれを受けた大岩は、「ご遺体」の説明もなくただの「殺し」とだけ言って電話を切る。実際、かけた小山田もそのように報告したのだった。実はこれは、ちょうど10年前、土曜ワイド劇場時代の第1作のセリフを踏襲したもの。ずっと見てきたファンしか気づかないような10周年へのオマージュである。その頃の電話は、ふざけていなかったのである。

だがそこからの話の展開は、ふざけるどころか見ているこちら側を当惑させ、置いてきぼりにするようなものだった。

ひとりの女性が湾岸で殺害される。臨場する大岩たち。その女性は、臨海地区をメタバースの空間上で再現するプロジェクトに携わっていたことがわかる。ところがその直後、現場のすぐ近くで男性が殺される事件が発生する。大岩たちは、その関連を捜査し始める。

すると大岩たちは、殺された女性の足取りをたどるうちにひとりの女性（工藤遥）と出会う。彼女は決められた単純作業しかできない人間だったが、殺された女性との出会いで自由に行動できるようになったと告白する。

その後この女性は、実はメタバース空間のＡＩ（人工知能）が作り出したモブキャラだったことがわかる。だから決まった動作しかできなかったのだ。だが殺された女性との出会いによって突然自我が目覚めた。では、大岩たちはなぜ彼女と話ができたのか？　それは、大岩たちもメタバース空間に入り込んでいたからだということが明かされる。

事件の捜査のためにメタバース空間のなかに自ら入っていくという流れは『相棒』でもあった。ただそのときは、これからバーチャルの世界に入っていくということをわからせる描写があった。それに対しここでは、途中までそのような描写はない。そのことが明かされるまで現実世界とメタバース世界が境目なくシームレスに描かれるので、どこまでが現実の話でどこからがメタバース内の話なのか、見ている側はよく理解できないまま話は進む。後から「あれはそういうことだったのか」となるパターンである。

結局、犯人も捕まり事件は解決。最後は現実世界では事件がない1日で、10年前からそういう日が来ることを念願していた大岩、小山田、平井は感慨に浸る。だが、1日が終わるぎりぎりのところでメタバース空間（なんとそれは、笹川刑事部長がつくったものだ）で新たな事件が発生。大岩たちがゴーグルをつけて臨場するところで終わる。しかも最後は、あの元モブキャラの女性が警官姿になって大岩たちを警視庁の部屋から、実際のスタジオセットの裏側を歩いて現場まで案内していく演出になっている。

こう書いてみても、ちゃんと内容を整理できているか心もとない。ハッピーエンドでもあり、大岩たちの物語はまだ続くという終わりかただが、それがどうでもよくなるほど好き放題にふざけている。そうした反応は作り手も当然予想しているのか、劇中では大岩が「ふざけている」批判を踏まえたようなセリフを発する場面もある。

劇中、「だから『ふざけてる』って言われるんですよ」と記者から大岩が追及される。それに大岩は直接答えないのだが、ラストで大岩のこんなナレーションが流れる。「嘘のなかに隠された真実を求めて、地べたを這いずり回る。『マンネリ』と言われても、『変わり過ぎ』と叩かれても、未来は変えられると信じて走り続ける我々の思いは永遠に変わることはない」。

セリフ自体はドラマの流れに即したものなのだが、ここには当然、世間の「ふざけてる」という声へのドラマ側からの返答、メタな視点も入っているだろう。「嘘」とはメタバースのようなネット空間のこととも、ドラマというフィクションのこととも受け取れる。どこまで行っても食えないといったところだろうか。

2時間ドラマ的世界観の継承と刑事ドラマの可能性

少し考えてみると、『警視庁・捜査一課長』がたどり着いたこの境地は、過去の刑事ドラマの歴史とまったく切り離されたものではない。このドラマの出発点でもあった2時間ドラマにこそ、一見突然変異的な作風のルーツがあるように思える。

2時間ドラマの世界とはどのようなものか？　それは、お約束と飛躍の自由な結合、ハイブリッドである。平たく言えば、エログロあり、推理劇あり、社会派あり、シリアスあり、コメディありの「なんでもあり」の世界だ。そしてそこには、2時間ドラマが人気を博した1970年代から1980年代くらいの「古き良きテレビ」のエッセンスが詰め込まれている。女性のヌード満載の露天風呂ものがあるかと思えば、松本清張原作の人間の欲や業がリアルに描かれる社会派サスペンスもあるというのが、2時間ドラマだった。

ただし当時そうした自由なドラマづくりは珍しいものではなく、ある意味王道だった。テレビとはそういうものだったからである。だが令和のいまにおいては、それをそのままやっても同じような支持はおそらく得られないだろう。もしやるとすれば、かつての王道をデフォルメすることでしか生き延びられない。そんな小難しいことを考えたのかどうかはわからないが、『警視庁・捜査一課長』のある時点からの〝変節〟は、そんなことを思わせる。

実際、2010年代以降の刑事ドラマを特徴づける傾向のひとつは、自己パロディである。それ以前にも、刑事ドラマが刑事ドラマのパロディをやることはあった。ただそれらのほとんどは、たとえば『ケイゾク』の竜雷太などのように部分的なパロディ、オマージュの範囲にとどまっていた。それが2010年代になると、大真面目に自己パロディをやるようになる。『警視庁・捜査一課長』は、その最もわかりやすく、かつ成功した例だろう。

ここで少し心配になるのは、「その先はあるのだろうか？」ということである。一視聴者の余計なおせっかいであることを重々承知のうえで言えば、大胆な自己パロディの先に新しい世界は開けるのだろうか？　むろん『警視庁・捜査一課長』の手法がパロディの域を超えて新たな定番のひとつとして発展していく可能性もあるだろう。その意味では楽しみでもある。

2014

18

作家・金城一紀の脚本がもたらした刑事ドラマの枠を超えた哲学的対話

BORDER 警視庁捜査一課殺人犯捜査第4係

2014年4月10日〜6月5日(全9話)
▶木曜21時〜　制作/テレビ朝日　制作協力/5年D組　企画協力/KADOKAWA

主なキャスト	小栗旬、波瑠、青木崇高、遠藤憲一、古田新太、浜野謙太、野間口徹、滝藤賢一、北見敏之、山口祥行、升毅、中村達也、大森南朋ほか
主なスタッフ	ゼネラルプロデュース/松本基弘　プロデュース/山田兼司、太田雅晴　原案・脚本/金城一紀　監督/橋本一、波多野貴文　音楽/川井憲次　オープニングテーマ/MAN WITH A MISSION「evils fall」
スピンオフドラマ	『BORDER 衝動〜検視官・比嘉ミカ〜』2017年10月6日、13日放送
スペシャルドラマ	『BORDER 贖罪』2017年10月29日放送

作家・金城一紀が紡ぎ出す刑事ドラマの世界

2000年代、刑事ドラマの世界で存在感を発揮するようになったのが金城一紀である。知られるように、金城のスタートは小説からだった。『GO』で2000年には直木賞を受賞。『GO』は在日韓国人の男子高校生を主人公にした青春小説で、刑事ものではない。世間のイメージも青春小説の書き手というのが一般的だっただろう。

そんな金城一紀が2000年代後半以降、刑事ドラマの脚本を手掛けヒット作を連発するようになる。

最初は、『SP 警視庁警備部警護課第四係』（フジテレビ系、2007年放送開始）という作品だった。ここで金城は原案・脚本を担当。サブタイトルが示すように、要人警護などを任務とする警視庁警備部のSPたちがテロリストと戦う姿を描いた作品である。主演は岡田准一。岡田は日頃から精力的にトレーニングを積み、普通ならスタントに任せてしまうようなアクションも代役を立てずに自ら演じることで有名だ。ここでも、鍛え上げられた身体を生かした切れ味鋭いアクションシーンが大きな見どころになっている。

とはいえ、この作品は単なるアクションものではないところに独特の魅力があった。

岡田演じる井上薫には、特殊な能力がある。五感が異様に研ぎ澄まされていて、見たものをそのまま瞬間的に記憶できる能力がある。そこには幼い頃のショッキングな体験があるのだが、そうしたトラウマを抱えながらも井上は、その能力を用いながら危険を伴う警護の任務を乗り切っていく。

刑事という職業は、徹底して現実的であることを求められる。感情過多であってはいけないという意味でもそうだが、特殊な能力に頼ってしまってもいけない。いわゆる「刑事の勘」と呼ばれるものもあるが、それもあくまで経験値をベースにしたもの。最終的にはその直観を物証などによって客観的に立証しなければならない。

だが金城が紡ぎ出す刑事ドラマの世界は、逆に現実を超えた次元が重要な意味を持つ。その結果、刑事ドラマという枠組みのなかであるにもかかわらず、異例とも言える哲学的対話、哲学的思索が繰り広げられることになるのである。

「死者との対話」ができる刑事

2014年放送の『BORDER 警視庁捜査一課殺人犯捜査第4係』は、そうした金城ならではの試みが見事に結実した作品である。

警視庁捜査一課に所属する刑事・石川安吾が主人公。演じるのは小栗旬である。優秀な刑事だった石川は、殺人事件があった現場付近で何者かに頭を撃たれてしまう。幸い一命はとりとめたものの、弾丸は脳内に残ったままになった。

すると石川に思ってもいなかった異変が起こる。殺人事件の被害者である死者の姿が見え、会話もできるようになったのだ。そして石川は、亡くなった被害者の無念を晴らすため、会話から得た情報やヒントを通して事件を解決に導こうとする。

そこには、刑事ドラマのセオリー、楽しみかたを根本から覆しかねないところがある。刑事ドラマは、犯人が最後までわからないから面白いと思うひとも少なくないだろう。倒叙ミステリーというスタイルもあるが、それも通常のスタイルがあってこそのものだ。ずっと犯人と思い込んでいた人物がミスリードで、実は意外な人物が真犯人だったというどんでん返しの展開は、刑事ドラマの王道だろう。

ところが『BORDER』では、同僚刑事が他の被疑者に目を向けるなか、死者が真犯人を教えてくれたりする。そうなってしまうと、通常の刑事ドラマと同じ楽しみかたは難しい。だがこの作品のすぐれたところは、それでつまらなくなってしまわないところだ。たとえば、真犯人はわかっても決め手となる物証がないことも少なくない。そこで事件の真相を知る石川は、犯人逮捕のために違法な手段を使うことも辞さなくなる。そこに刑事ドラマとしては異質な石川のアウトロー的な魅力も生まれる。

ただ、そうした一風変わった刑事ドラマとしてのみで終わらないのが、この『BORDER』の最も重要な点である。

ディテールは違うが、ここには『SP』と似た構図がある。常識では測れない特殊な能力を備えた刑事が、それを生かして事件を解決するという構図である。だが『BORDER』においては、それが刑事という職業の存在意義についての根本的な問いかけ、ひいては正義とはなにか、また翻って悪とはなにか、という哲学的な問いかけにまで達する。

第3話「連鎖」のなかで、石川がこう語る場面がある。「少し前まですべては単純だったんだ。犯人がいて、それを俺が捕まえる。それだけでよかった。でもいまは違う。いろんなものが見えすぎて、すべてが複雑になった。時々、どっちに進めばいいのかもわからなくなる」。このセリフは石川の真情を表すとともに、金城一紀がこのドラマに込めたテーマを指し示したものでもあるだろう。

際立つキャスティングの魅力

このように刑事ドラマには珍しい内省的なトーンが特徴的な本作だが、娯楽作としても侮りがたいものがある。特に、キャスティング、俳優陣の演技の魅力は際立っている。

石川の同僚になる捜査一課の刑事を演じたのが遠藤憲一と青木崇高。遠藤が演じる市倉卓司は、石川を厳しく見守る上司、青木が演じる立花雄馬は、石川にライバル意識を燃やすバディという役どころである。遠藤と青木はともに刑事役での出演が多い俳優だが、ここでも存在感たっぷりだ。

また波瑠が、石川の休職中に着任した特別検視官・比嘉ミカを演じている。いまやすっかり主演級の俳優となり恋愛ドラマなどへの出演も多い波瑠だが、ここではクールで有能な検視官役としてそれとはまた違う雰囲気だ。相談を受けて医学的見地から助言をしたり、捜査方針への疑問をぶつけたりするなど石川とのシーンも多く、重要人物のひとりである。連続ドラマ版終了後には、比嘉を主人公とするスピンオフドラマも制作された。

そしてこの作品ならではと言えるのが、裏世界のプロたちである。先述のように、自分だけ真相を知る石川は、通常の手順による捜査では逮捕にたどりつけないこともあるため、違法であることを知りつつ裏稼業を請け負う人間に頼ることになる。そのあたりは、いわば必殺仕事人的な世界である。

まず、裏世界の元締め的存在が、古田新太演じる赤井。いわゆる情報屋で、電話一本であらゆる裏世界のプロたちを動かすことができる。ビジネス優先の冷徹さを有する一方で、石川の力量を認め、時に損得抜きで石川を窮地から救おうとする。

その赤井から紹介され、石川の手足となって働く一組を演じるのが、浜野謙太と野間口徹。2人は、インターネットのことならどんなことでもできないことはないという正体不明のハッカー役。石川の依頼に応じて他人のメールのやり取りから詳細な個人情報まであっという間に入手する。その名もサイモンとガーファンクル。いうまでもなく、あの世界的に有名なアーティストと同じ名前だ。

最後にもうひとり、盗聴・盗撮、文書偽造から家宅侵入までなんでもお手のものというオールマイティな便利屋・スズキを演じるのが、滝藤賢一。石川と会うときは、「今日のテーマは健康志向の強いサラリーマンです」などと自分で勝手にコンセプトを決めてそれらしい服装のコスプレで登場するつかみどころのない人物。どこにでもある名字の「スズキ」を名乗っているのも、その一環である。

古田新太、浜野謙太、野間口徹、滝藤賢一。いずれも一癖も二癖もある役柄を演じさせたら天下一品の俳優たちで、刑事ドラマに欠かせない面々である。彼らが登場するだけでわくわくする感じがたまらない。闇の世界の住人たちが、正義のために力を貸そうとする。そんなピカレスクロマンとしてのこの作品の面白さを支えているのが、彼らの存在だ。

そんな充実した共演者たちを得た小栗旬も、相変わらずの上手さである。小栗も俳優デビューが早く、年齢のわりにキャリアも長いが、それもあって共演者の魅力を引き出す演技に長けている。大河ドラマ『鎌倉殿の13人』（NHK、2022年放送）でも、その長所が十分に発揮されていた。

むろん主演俳優としての存在感もある。特に今作では、追跡シーンや格闘シーンなどでのアクションのスピード感とキレは抜群。金城一紀が原案・脚本の刑事ドラマ第3弾となる公安アクションもの『CRISIS 公安機動捜査隊特捜班』（関西テレビ放送。フジテレビ系、2017年放送）で再び主演に起用されたのも納得だ。

「絶対的な悪」と「中途半端な正義」

そしてもうひとり、出演者で忘れてはならないのが大森南朋である。ただ、大森が演じるのは警察関係者でも石川に協力する裏稼業の人間でもない。最終話で登場する殺人犯である。不気味でありながら思索的な雰囲気を漂わせるここでの大森の演技はこの作品に欠かすことのできないオーラを放っている。

大森が演じる安藤周夫はおもちゃ会社の社員。8歳の男の子を自社の人気おもちゃで誘って殺害する。そこに理由などはない。安藤はただひとを殺すことにしか関心がない快楽殺人犯なのだ。

石川は、死者となった男の子との会話を通じ、安藤が犯人であることを突き止める。そして赤井らの助けを借りて逮捕にまで持ち込む。だがその動きを目ざとく察した安藤に先回りされ、証拠不十分で釈放せざるを得なくなる。

安藤は、自分は「絶対的な悪」であり石川のような「中途半端な正義」には絶対に負けることがないと、きっぱりと断言する。なぜなら、「絶対的な悪」である自分はひとを殺すことができるが、石川にそれはできないからだ。そこに決定的な違い、埋められない差があると安藤は冷静に指摘する。石川もその場はなにも言い返すことができず、引き下がらざるを得ない。

だが安藤を逮捕できなかったにもかかわらず、死者となった少年に、自分のために動いてくれて「ありがとう」と感謝され、石川のこころに火がつく。そして再び安藤のもとに向かい、対峙する2人…。

こうして不思議な能力を獲得してしまったがために深い迷いを抱え込むことになった石川をめぐる物語は、刑事ドラマとしては前例のないような結末に向かって進んでいく。

いうまでもなく、刑事は社会秩序を守る立場にある。したがって、いくら正義のためとはいえ、法律を破ってまでそれを達成することは許されない。ましてや相手がいくら冷酷な殺人鬼であっても、殺すことなどもってのほかだ。では、通常の捜査で逮捕できないとき、相手を犯人とわかっていても見逃すしかないのか？　絶対的な正義とは見果てぬ夢なのか？

石川がどのような答えを出したのかは、ここでは述べない。実際にこの最終話、そして実質上の解決編と言えるスペシャルドラマ「ＢＯＲＤＥＲ　贖罪」（２０１７年放送）を見ていただくのがよいだろう。

ひとつだけ申し添えておけば、第7話「敗北」で、上司の市倉は、あまりの正義感の強さに道を外しかねないように見える石川に忠告する。市倉は、自分が子どもの頃ヒーローごっこが大好きだった。強いヒーローに憧れていた市倉だったが、そんなヒーローを演じることに夢中になりすぎて周りの子どもたちがいなくなっていった。「強い光のあるところには濃い影」ができると市倉は言う。ヒーローは必要だ、だがあまりに強ければ、傷つく者が生まれる、と。

つまり、正義のヒーローであるはずの刑事は、そうした自分を全うしようとすればするほど、いつのまにか自らが闇と同化する危険をはらんでいる。悪の領域に足を踏み入れそうになるが、結局は正義の側に踏みとどまるのが刑事ドラマの常道だろう。だがこのドラマはその通例を破る。石川は悪の領域に自ら入り込む。ただそこで、正義を捨ててしまうわけではない。悪に染まった人間でも正義を実現することは可能か？　この作品はそんな問いを投げかけてくる。

「3・11」後の世界

この『BORDER』は、1990年代後半以降刑事ドラマ全体に生まれた新たな潮流のなかにある。その根底には、〈刑事〉という存在そのものへの根本的な問い直しがあった。たとえば、『沙粧妙子―最後の事件―』では刑事であるがゆえのぎりぎりの精神的葛藤が描かれた。また『相棒』の杉下右京の相棒・甲斐享は、刑事でありながら法の範疇を超えて悪人に制裁を加え、逮捕された。

石川もまた、死者との対話を通じて正義のために違法な手段を用い、さらには絶対的悪と対峙することになる。その展開は、娯楽性と哲学的思索のハイブリッドという刑事ドラマにおける従来にない果敢な試み、正義と悪についての哲学的対話へと帰着する。

スペシャルドラマ「BORDER 贖罪」で、殺されて石川の前に死者として現れた女性(中村ゆりか)が、東北の出身で両親を東日本大震災で亡くしたのだと語る場面がある。そのことは事件の真相解明とはまったく無関係な話として出てくるだけなのだが、逆にそれゆえにこのようなくだりがあえて挟まれていることが記憶に残る。

もしかすると、ここで描かれる正義と悪の境界が揺らぎ、ともすれば両者の区別が無化されてしまうような世界とは、私たちがあの震災で体験し、目の当たりにした圧倒的に無慈悲な現実とどこかでリンクしているのかもしれない。だが、それでも正義は達成されなければならないとすれば、「3・11」後の世界を生きる私たちはどうすべきなのか？ この作品は、そんな問いに真摯に向き合った軌跡であるように思える。

コラム9　刑事ドラマの原作になった推理小説や警察小説、漫画

刑事ドラマのパートナーとも言えるのが、推理小説や警察小説だ。むろん小説はテレビの誕生以前から存在した娯楽である。そして20世紀にテレビが誕生すると、小説はドラマの原作としても重要なポジションを占めるようになった。

刑事ドラマには限定されないが、ミステリーやサスペンスの原作者と言えば真っ先に思い浮かぶのが松本清張だろう。有名作品が目白押し。『点と線』や『砂の器』など、テレビや映画で何度も映像化されている作品も多い。昭和から令和になって世の中は大きく変わったが、時代設定などをアップデートしていまだにドラマ化されることも多く、古びない。意外なところでは、『家政婦は見た！』も第1回は清張作品が原作だ。

とりわけ2時間ドラマの登場は、ミステリー作家と刑事ドラマの結びつきを強めたと言える。松本清張や森村誠一ら大御所はもちろんのこと、主役が変わりながら長く続いた「十津川警部シリーズ」の原作者・西村京太郎、「浅見光彦シリーズ」の内田康夫、京都を舞台にしたミステリー小説でおなじみの山村美紗などの名がパッと思い浮かぶ。ほかにも、警察組織をリアルに描いて人気のある横山秀夫、今野敏、堂場瞬一なども原作者の常連だ。

近年では、『ガリレオ』や『新参者』などがシリーズ化されている東野圭吾が新たな大御所原作者と言えるかもしれない。同時に傾向としては、刑事ドラマに限った話ではないが、小説に代わって漫画が原作になるケースもめっきり増えた。古くは『スケバン刑事』もそうだったが、当時はまだきわめて珍しかった。最近は、漫画原作の刑事ドラマが定番になりつつある。

そのなかには王道の刑事ものももちろんあるが、設定などがユニークなものも少なくない。たとえば、刑事ドラマからは少しずれるかもしれないが、交番勤務の女性警官を主人公にした『ハコヅメ～たたかう！交番女子～』。ダブル主演の戸田恵梨香と永野芽郁もはまり役で印象的だった。また警察犬なみの嗅覚を持つ新人女性刑事が活躍する『デカワンコ』もあった。こちらは多部未華子が主演。仕事中もゴスロリファッションというところに、漫画原作ならではの振り切った良さが感じられる。

特に漫画原作が増えてくると起こるのが、「再現度」の問題だ。小説と違い、漫画には人物のビジュアルがある。原作ファンのなかには、実写化された場合にイメージのずれが出てくると違和感や不満を抱く人たちも出てくる。もちろん別物と割り切るファンも少なくないだろうが、その辺は悩ましい問題である。

2020

19
女性スタッフたちが手掛けたバディものの成熟したかたち

MIU404

2020年6月26日〜9月4日（全11話）
▶金曜22時〜　制作／TBS、TBSスパークル

主なキャスト　星野源、綾野剛、麻生久美子、橋本じゅん、岡田健史（現・水上恒司）、生瀬勝久、大倉孝二、松下洸平、美村里江、りょう、塚本晋也、鈴鹿央士、菅田将暉ほか

主なスタッフ　プロデュース／新井順子　脚本／野木亜紀子　演出／塚原あゆ子、竹村健太郎、加藤尚樹　音楽／得田真裕　主題歌／米津玄師「感電」

女性スタッフによる刑事ドラマ

「ミュウ ヨンマルヨン」と読む。パッと見では「どういう意味？」となるタイトルかもしれない。

「ＭＩＵ」は「Mobile Investigative Unit」の略称。つまり、機動捜査隊を表している。刑事ドラマとしては古くからある定番のひとつ、「機捜もの」の作品である。また、ダブル主演となる綾野剛と星野源が演じる対照的なタイプの刑事がペアを組む「バディもの」という側面もある。「４０４」とは、機動捜査隊メンバーであるこの2人が車でパトロール中のときなどに無線でやり取りする際のコールサインのことである。

この作品では、脚本をはじめとした主な番組スタッフを女性が占めていたところにひとつの特徴があり、それが制作発表時にも話題になった。『ケイゾク』の項で女性脚本家の台頭について書いたが、ここではそれから20年ほどが経ち、さらに女性スタッフの果たす役割が広がっている。

脚本は野木亜紀子。野木は、まず『重版出来《じゅうはんしゅったい》！』（ＴＢＳ系、２０１６年放送開始）、『逃げるは恥だが役に立つ』（ＴＢＳ系、２０１６年放送開始）など原作ものの脚本で高く評価された。ただこれらは、いずれも刑事ドラマではない。

その後オリジナル脚本も手掛けるようになるなかで、犯罪捜査を題材にした作品を生み出すようになる。そのうちの一作が、いまだに根強いファンも多い『アンナチュラル』（TBS系、2018年放送）である。石原さとみが演じる主人公の三澄ミコトが勤務する「不自然死究明研究所（UDIラボ）」の名の通り、法医解剖医としての知見をもとに不審な点のある遺体の隠された死因を明らかにし、その裏にある真相を解き明かすサスペンスものである。この『MIU404』にも同作の登場人物が出演するなど、両方の世界は設定としてつながっている（2024年夏には、この2作と世界観を共有する映画『ラストマイル』が公開予定）。

そして同作でプロデュースを担当したのが新井順子、演出チーフを担当したのが塚原あゆ子。新井と塚原は『Nのために』（TBS系、2014年放送）や『リバース』（TBS系、2017年放送）でもタッグを組んでいるヒットメーカーである。そんな野木、新井、塚原の3人が再び集結したのが、この『MIU404』だった。

まず企画段階で、野木に対して「刑事ドラマをやりたい」と言ったのは新井だった（野木亜紀子『MIU404 シナリオブック』、448－449頁）。元々個人的に刑事ドラマが好きだった新井は、いつか自分でもプロデュースしたいと思っていたのである。

それに対し野木は、テレビ朝日系のさまざまな刑事ドラマなどをよく見ていたものの、自分が脚本を書くことはまったく想像していなかった。刑事ドラマの基本は「ベタ」にあるというのが野木の考えで、ベタにはベタの良さがあり、作風から考えてそこに自分の出る幕はないと思っていた（同書、431頁）。

だが新井はあきらめなかった。刑事ドラマでも機捜ものはどうかと野木に提案。「機捜は初動捜査を担うので、さまざまな部署に出入りできる」と説得した。それならマンネリ化を防ぐことができると感じた野木も同意。話を聞いた塚原も前向きな挑戦と受け止め、企画が動き出した（同書、449－450頁）。

一歩成熟したバディもの

企画化の際、バディものにすることも決まっていた。そしてバディ役として起用されたのが、綾野剛と星野源である。これ以前、2人は『コウノドリ』（TBSテレビ系、2015年放送開始）という医療ドラマで共演した経験があった。

綾野剛が演じたのは、伊吹藍。機捜に来るまでは、奥多摩の交番に8年勤務。それ以前もトラブル続きで所属する署を転々としていた。したがって周囲の評判は散々で、唯一「足が速い」というのがポジティブな評判としてある。早速第1話「激突」でも、車で逃げる犯人を全力疾走で追いかけて最後は捕まえるという離れ業を披露する場面がある。

性格は直情径行で単純。犯人と思った相手には捜査の手順を踏まずに突っかかっていく。左遷が続いたのも、正当な理由なく被疑者に銃を向けるなどそうした捜査上の行き過ぎがあったからである。一方で直感力にすぐれ、エンジン音で車を特定するなど感覚も鋭い。また困っているひとを見ると放っておけない人情家の一面もある。

そんな伊吹を「野生のバカ」と評したのが、星野源演じる志摩一未である。志摩は元警視庁捜査一課の刑事。優秀という評判だったが、当時コンビを組んでいた同僚刑事（村上虹郎）が亡くなった出来事（これもまた、重要なバディの物語として本作中で詳細に描かれる）を機に、伊吹と同様所轄署などを転々としてきた。だが第4機動捜査隊、通称第4機捜の設置を機に本庁に復帰することになる。

刑事としては、筋道を立て法律やルールにしっかり則って捜査を進めていく理論派。基本的にいつも冷静で弁が立ち、的確な判断を下す。ただ同僚刑事との過去もあって他人も自分も信じず、誰も寄せつけないところがある。だから伊吹とはまさに正反対で、いつも振り回されていると同時に、そのストレートすぎる正義感にもついていけない。だが同僚刑事の出来事についてともに真相究明にあたるなかで伊吹との信頼関係を深め、今度は伊吹の窮地を救ったりするようになる。

人情派と理論派、野生に対しエリート、とバディものの基本である好対照のキャラクター設定はここでもきちんと踏まえられている。ただ1970年代にあったような青春ドラマ的な2人の成長物語というよりは、2人がそれぞれ相手の隠れた一面を発見し、互いの存在を認め、支え合うようになっていくという展開になっている。その意味では、対等な関係をベースにした一歩成熟したバディものと言えるかもしれない。たとえば、第1話の最後で、銭形警部や『あぶない刑事』のように銃をバンバン撃ちたいから機捜はつまらないと言っていた伊吹が、「誰かが最悪の事態になる前に止められる」から機捜はいいね、と語り、それに志摩がちょっと驚いたような表情を浮かべる場面（後に第8話で志摩は、そのとき「感動した」のだと伊吹に打ち明ける）などはそうだろう。

2倍楽しめるバディもの、そして警視庁女性幹部の熱のこもった描写

第4機捜の他のメンバーも個性的な面々が揃っている。

橋本じゅんが演じる陣馬耕平は、第4機捜の班長を務めるベテランの叩き上げ刑事。第1機捜からの異動で、機動捜査隊の職務もよく心得ている。かつて志摩の同僚でコンビも組んでいた。職場で隊員たちにうどんを振る舞うのが好きなところからもわかる通り、面倒見のよい上司である。

その陣馬とバディを組むことになるのが、若手刑事の九重世《よ》人《ひと》。演じるのは岡田健史（現・水上恒司）。九重はいわゆるキャリア組で、父親も警察庁の刑事局長という超エリートである。第4機捜に配属されるまで現場経験もなかった。それゆえ昔からの捜査手法には当初なじめ

なかったが、陣馬との捜査を通じてその意味に気づいていくことになる。世代的にネット文化に詳しく、それが陣馬などにはない強みにもなっている。

このコンビのようにキャリア組に対する生粋の叩き上げというのも、バディものの王道の組み合わせのひとつだ。陣馬と九重のストーリーも濃密に描かれる今作は、伊吹と志摩のストーリーと併せて2倍楽しめるバディものにもなっている。

そしてこのドラマのもうひとりの主人公とも言えそうなのが、麻生久美子が演じる桔梗ゆづるだ。桔梗は、第1機捜の隊長兼第4機捜の隊長。警視庁の働き方改革の一環として、機動捜査隊を4部制に拡大することを提案した本人でもある。ノンキャリアながら実績を積み重ね、女性初の機動捜査隊長に。志摩とはかつて、捜査一課で同僚だったことがある。私生活では1児のシングルマザー。

警視庁の女性幹部ということでなにかと注目される立場でもある桔梗は、広告塔のように扱われることに不満を抱いている。だが一方で、自分の理想の警察組織をつくるためには本意ではなくともそのような立場を受け入れざるを得ないジレンマもある。そして今作の終盤では、ある事件をきっかけに激しいネットバッシングを受けることになる。

刑事ドラマの世界では、2000年前後を境に、女性刑事が主人公になるケースがぐんと増えた。ただこの桔梗のような、女性幹部をフィーチャーしたストーリー展開は、『相棒』の社美彌子などがいるとは言え、まだまだ少ない。その意味でも、野木亜紀子らしい意欲的な設定であり、桔梗の描写には熱がこもっている。

〝社会派エンタメ〟という本質への回帰

ここでも働き方改革や女性の社会進出といった現代的課題がさりげなく盛り込まれているように、この作品は現在の日本社会に存在する多様な問題がストーリーの端々に反映されている。その点、〝社会派エンタメ〟という刑事ドラマの本質へと回帰した作品のひとつと言えるだろう。

たとえば、初回の内容もそうだ。普通、連続ドラマの刑事ドラマであれば、第1回には殺人事件を題材にするケースがほとんどのはずだ。そのほうが刑事ドラマとしてわかりやすく、また視聴者の興味も引けるからだ。ところが、この『MIU404』の第1話「激突」では、殺人事件は起きない。

題材になるのはあおり運転である。志摩と伊吹がパトロール中にあおり運転にあう。そのときは運転手への注意ということでいったん収まったのだが、その後暴行傷害事件が起こり臨場したところ、被害者はその運転手だったことがわかる。そして捜査を進めてみると、被害者はあおり運転の常習者で、その男から被害を受けた別の車、その持ち主が被疑者として浮かび上がる。実はその男もまた、あおり運転の常習者だった。

あおり運転は、2010年代後半に事故も相次ぎ社会問題化。道路交通法も改正され罰則も厳格化されたものの、実態としてはまだ解決されたとは言えない。そうした状況を踏まえての第1話ということだろう。副次的な要素としてあおり運転を扱うのではなく、メインになる素材として組み込んだところに、社会問題への敏感な意識がうかがえる。

第4機捜チームの活躍によって被疑者の車を突き止め、最後は伊吹が自慢の足を生かして被疑者を追い詰める。志摩に対し、「こんな奴は殺されてもいいですよね」と言う伊吹。銃を撃とうとしているのだと勘違いした志摩は必死で止めに入るが、実はそれはフェイクで無事被疑者は確保される。そして伊吹は被疑者にこう声をかける。「人を殺さなくてよかったな」。

これは伊吹という人間の根底にある優しさを表現するセリフだが、違う角度から見れば、すぐ習慣的に殺人事件を起こしてしまう刑事ドラマというジャンルに対する一種の批評とも受け取れる。殺人ありきではなく、人が殺されずにすめばそれに越したことはない。そのうえでどのような刑事ドラマが成立し得るのか？　そのような問いかけもはらんでいるように見える。

菅田将暉が演じた「メフィストフェレス」

第2話以降も、現代日本社会の断面を切り取ったような話は続く。第2話では、職場でのパワハラや家庭での親によるDV、第4話では社会のなかでの女性への抑圧、第5話では技能実習制度を隠れ蓑にした外国人労働者の搾取といったことが、毎回犯罪の背景にある要因として描き出される。

そしてとりわけ最終回に向かって最も時間をかけて描かれるのが、ネットの急速な発達やドラッグの蔓延など、主に若者の世界に現れた社会の変容、そのなかで若者たちのこころの隙につけこむ見えない悪の存在だ。

たとえば、登録者の数を増やすためにセンセーショナルな動画を撮って流すユーチューバーのような存在（ここでは「ナウチューバー」と呼ばれる）がいる。彼はPV欲しさのあまり、根拠もない陰謀論を流布することに手を染め、当初は持っていたジャーナリストとしての矜持も忘れてしまう。

さらに、そうした動画配信者すら手玉に取りながら警察をもかく乱し、陰で違法ドラッグを大量に製造し、若者に売りつける男がいる。菅田将暉が抜群の存在感で演じている「久住」と呼ばれるその男は、ネットの隅々にまで精通し、ドローンによる大規模な爆弾テロの実行を予告するに至る。

志摩は、そんな久住を「メフィストフェレス」、つまり「甘い言葉で人間の魂を奪う悪魔」だと指摘する（第9話）。久住には、人間的な感情というものが一切見えない。あるのは、ずば抜けた知能と人を人と思わない冷血さだけだ。

いわばこの久住という男は、旧来の物差しでは測れない〈悪〉の象徴として描かれている。時代の常識そのものが変わったのだ。だからそれは、一個人に帰属させられるようなものではなく、社会全体に染みついて離れない荒涼とした空気を指すと言うべきかもしれない。久住はそれを具現した存在なのだ。

２０１０年代後半以降、社会のなかに出口の見えない閉塞感が漂い始めた。そしてその感覚は、２０２０年代に入って突如起こり世界中を不安とパニックのなかに陥れたコロナ禍によってよりリアルかつ強いものになった。国を高揚させるイベントであったはずの東京オリンピック・パラリンピックも１年延期され、逆に新たな問題や不祥事が起こるなど社会の閉塞感は減じていない。この『ＭＩＵ４０４』は、そんな令和の時代状況を感知したような作品だ。

したがって、このドラマは、どちらかと言えば警察の力によって社会の治安や秩序が守られて安心というような話ではない。刑事である２人がさまざまな場面で顔をのぞかせる社会の暗部にふれ、自分たちの職業的使命を懸命に果たしつつも根深い問題がどこまでも不気味に残る。そのようなざらついた手ざわりが、ありがちなエンタメ性とは一線を画している。

「ゼロ」から

野木亜紀子の近作『フェンス』(WOWOW、2023年放送)についてもふれておこう。沖縄を舞台にした、これもやはりバディものの一作である。ただ2人はともに一般人の女性で、刑事でも警察関係者でもない。松岡茉優演じる小松綺絵、通称キーは東京で働く雑誌のライター。宮本エリアナ演じる大嶺桜は沖縄にあるカフェバーの店長。父親は米軍基地の軍人で、彼女はブラックミックスである。

物語は、沖縄で発生した性的暴行にそれぞれの立場でかかわることになったキーと桜が出会い、協力して事件の真相を探ろうとするところから始まる。犯人として沖縄にある米軍基地の軍人が浮上するが、さまざまな壁、とりわけ日本とアメリカのあいだで日米安全保障条約に基づいて取り交わされた日米地位協定が2人の前に立ちふさがる。だが2人は、沖縄県警の警察官である伊佐(青木崇高)の助けも得ながら、次第に真相に迫っていく……。

かつて『Gメン'75』でも、同様の題材を3回にわたって扱ったシリーズがあったことは別項で述べた。そこでも、日米の安全保障体制を背景にした地位協定の問題が立ちはだかっていた。その意味では、本土復帰から50年以上が過ぎた現在も根本的な状況は変わっていない。

そしてそれによって、このような事件が起こった場合、人間の尊厳が踏みにじられてしまいかねないことも。その理不尽さが、『Gメン'75』のときと同様、この『フェンス』でも鋭い筆致で描かれている。

ただ一方で『フェンス』には、沖縄とそれ以外、国籍、職業的立場といった障壁、つまり〝フェンス〟を越えた人と人とのつながり、連帯も描かれている。

ブラックミックスである桜とそうではないキーも、同じ女性だから簡単に協力できるわけではない。さらにそこには沖縄で育った者とそうでない者との壁もある。だがそうした違いを超えて、2人はともに真実を求め必死に闘う者として互いの理解を深めていく。またそんな2人に、伊佐は警察官という職務上の立場を超えて協力する。そしてそんな3人の熱意が地位協定を絶対に順守しなければならない立場のはずの米軍の上官をも動かすのである。一つひとつは小さなつながりにすぎないかもしれないが、そこには確かな希望の芽が感じられる。

『MIU404』最終話のラストシーン。それは、東京オリンピック・パラリンピックが延期され、新型コロナウイルスが猛威を振るう日本だ。パトロール中の志摩と伊吹もマスクをしている。「てかさ、これからどうなんだろうなー」と少し不安げな伊吹。すると志摩は、「毎日が選択の連続。また間違えるかもなー」。その言葉に「んー?・」と伊吹が返すと、志摩はこう言葉を継ぐ。「まあ、間違えても、ここからだ」。

この最終話のタイトルは、実は事前に発表されていなかった。そしてこのラストシーンで初めてテロップが出て、タイトルが「ゼロ」であることが明かされた。つまり、志摩の言う「ここから」とは「ゼロから」ということだろう。ゼロからやり直せることは、間違いなく希望だ。『ＭＩＵ４０４』は、そんなポジティブなメッセージとともに終わる。

社会における大きな困難の存在をリアルに描くのもドラマの役割だが、そのなかで消えることのない希望を提示するのもまたもうひとつのドラマの役割だろう。『ＭＩＵ４０４』と『フェンス』は、そのことを改めて教えてくれる。

【番外編】 刑事が主人公ではない〝刑事ドラマ〟

刑事以外の捜査関係者が事件を解決

当然ながら、事件にかかわる専門家は刑事だけではない。現場で指紋や足跡のような証拠を採取する鑑識係などはおなじみの存在だろう。また遺体の解剖などを担当し、事件解決に貢献する解剖医もいる。

そうした刑事以外の捜査関係者が主人公のドラマもこれまで数多くつくられてきた。たとえば、鑑識係であれば、横山秀夫原作で内野聖陽主演の『臨場』(テレビ朝日系、2009年放送開始)などが思い浮かぶし、医師が主人公ということなら名取裕子が法医学者を演じた『法医学教室の事件ファイル』(テレビ朝日系、1992年放送開始)が思い浮かぶ。

このうち後者は、連続ドラマで始まり2時間ドラマ枠に移って長寿シリーズとなった。推理ものが定番の2時間ドラマ自体、一時期各局に放送枠があって量産されたこともあり、刑事以外が主人公となる事件捜査ものが誕生する中心的な場になっていた。

そして2000年前後を機に、連続ドラマにおいても刑事以外の主人公による事件解決を描いたヒット作が続々と現れる。

沢口靖子主演の『科捜研の女』（テレビ朝日系、1999年放送開始）は、そうした新たなトレンドの先鞭をつけたドラマだ。2023年にはseason 23が放送された長寿シリーズとあって改めて紹介する必要もないだろうが、沢口演じる主人公の榊マリコは京都府警科学捜査研究所の法医研究員。最新の分析技術を用いて発見した科学的証拠をもとに、難事件を解決に導く。いわゆる「理系女子」的な人物設定で、非科学的なものには批判的。基本冷静で、時おり感情豊かな一面をのぞかせる。シリーズ初期にはわりと我が強くちょっとお茶目な一面も見えたが、シリーズが進むにつれ、最近は他の研究員とのチームワークを重んじる成熟した大人の雰囲気が目立つ。その意味では、科捜研のチームものの色合いが濃くなった。『警視庁・捜査一課長』の内藤剛志や金田明夫が同じテレビ朝日系で違う役柄で出演しているのも面白い。

同じく科学に基づく推理が見どころではあるが、チームというよりは個人の活躍を楽しむのが『ガリレオ』シリーズ（フジテレビ系、2007年放送開始）である。福山雅治演じる湯川学は、帝都大学理工学部物理学科の准教授（のちに教授）。つまり、事件捜査が本業ではない。だが警視庁捜査一課の刑事・草薙俊平（北村一輝）が大学時代からの友人ということで、一見超常現象かと思われるような謎に満ちた難事件の捜査への協力を依頼される。そして専門の科学知識を駆使した実験などを通じて鮮やかな謎解きを見せる。東野圭吾の原作もベストセラー。何度か映画化もされているが、なかでも『容疑者Xの献身』（2008年公開）は堤真一らの好演もあって評価が高く、ファンも多い作品だ。

科学者が主人公の事件ものということであれば、かなりコメディ寄りではあるが、『トリック』（テレビ朝日系、2000年放送開始）もある。仲間由紀恵と阿部寛によるバディもの。仲間が売れないマジシャン・山田奈緒子、そして阿部が日本科学技術大学物理学教授・上田次郎を演じる。2人は怪しげな商法で人々を騙すインチキ霊能者などと対決し、そのトリックを暴き事件を解決していく。山田の「お前のやったことはすべてお見通しだ！」というお決まりのセリフからの謎解き場面がクライマックスなのは確かだが、2人の掛け合いの面白さ、また山田が「貧乳」で上田が「巨根」というようなキャラクター設定のぶっ飛び具合、さらに堤幸彦演出らしい小ネタのオンパレードの部分の面白さも大きかった。エンディングテーマとなった鬼束ちひろ「月光」の魅力も相まって、熱狂的なファンを少なからず生んだ。

検事や弁護士も活躍し、人気ドラマに

また法曹界の人物が主人公となった作品からも人気作が多く生まれた。

『HERO』（フジテレビ系、2001年放送開始）は、記録的な高視聴率をあげたことでも知られる。全話で視聴率が30％を超え、平均視聴率が34・3％。これは平成における連続テレビドラマ全部のなかのトップである。

木村拓哉が演じる主人公の久利生公平は検事。検事と言うと法廷で犯人を追及する姿が目に浮かぶが、実は検事も捜査権を持つ。それが実際に行使されることはあまりないようだが、このドラマはそこに着目した。久利生は調書などを読んで少しでも疑問が生じると自ら現場に出かけていく。そして警察も見落としていたような証拠や聞き逃していたような情報を手に入れ、隠されていた事件の真相を明らかにする。松たか子演じる検察事務官・雨宮舞子との名コンビぶりや恋愛模様、他の同僚検事たちとの絶妙なチームプレーもあり、映画版も大ヒットする人気シリーズとなった。木村拓哉主演作としては、『教場』(フジテレビ系、2020年放送開始)も、元刑事の警察学校教官が謎を解いていくという点で刑事が主人公ではない〝刑事ドラマ〟と言えるだろう。

『HERO』と同じく法曹界が舞台のドラマでは、弁護士ものも多い。むろん弁護士が主人公のドラマは2000年代を境に生まれたわけではなく、昔から存在した。そのなかには、大岡昇平原作で若山富三郎主演の『事件』(NHK、1978年放送)のように、いまも語り継がれる名作も少なくない。ただ2000年代以降は、社会正義への熱い思いをベースにした正統派の作品だけでなく、よりエンタメ性を追求したものも目立つようになる。松本潤主演でヒットした『99・9―刑事専門弁護士―』(TBSテレビ系、2016年放送開始)などは、「リーガル・エンターテインメント」と銘打っていた。

なかでも、古沢良太脚本、堺雅人主演の『リーガル・ハイ』（フジテレビ系、2012年放送開始）は、そうした作品の代表格だろう。堺演じる古美門研介は、いまだ裁判で負けたことがない弁護士。どんなに不利な状況であろうとも、持ち前の圧倒的な弁舌の才によって勝ちをもたらす。新垣結衣演じる生真面目な弁護士の黛真知子は、古美門の口八丁手八丁のやりかたに反発しつつも、バディとしてともに弁護に携わることになる。

その点、この作品は、一般的な刑事ドラマのように事件解決がメインではない。むしろそうしたフォーマットを徹底してずらしている。とは言っても、古美門は決して悪徳弁護士ではなく、そのベースには意外にちゃんとした正義感がある。『ゴンゾウ〜伝説の刑事』（テレビ朝日系、2008年放送）の脚本も担当した古沢良太らしいどんでん返しの快感もたっぷりで、社会派要素のあるエンタメとして完成度の高い作品になった。

こうした刑事以外が主人公の〝刑事ドラマ〟が2000年代以降増えてきた理由は何だろうか？

まず思いつくのは、単純だが目先を変えるためという理由だ。既存の刑事ドラマの枠内で目新しさを探すにしても自ずと限界がある。刑事という職業のやれることは、いくらはみ出したタイプの刑事を主人公にしたとしても限られるからだ。視聴者も目が肥えてきて飽きられる可能性は高い。そこで犯人探しや事件解決という刑事ドラマの基本特性をそのまま維持しつつ、なおかつ新鮮さを感じてもらう策として、刑事以外の主人公が活躍するようになった
という方けだ。

一方2000年代というタイミングに注目すると、1990年代後半の『踊る大捜査線』
の登場を契機とする刑事ドラマの「警察ドラマ」化が関係しているように思える。警察組織
がリアルに描かれるようになった結果、刑事ドラマの持つ自由さが従来のままでは描きにく
くなった面もあるだろう。だから警察の周辺に自由なヒーローを設定し、その鮮やかな活躍
を描くという手法が発見されたように思う。すべてではないが、こうした作品においては刑
事がしばしば普通のひととして描かれたり、戯画化されコミカルに描かれたりするのもそう
した手法が要求する必然なのだろう。

参考文献　※五十音順。直接言及していないものも含む。

《書籍》

朝日放送社史編修室編『朝日放送の50年』朝日放送、２０００年。

飯田裕久『警視庁捜査一課刑事』朝日文庫、２０１１年。

大野茂『2時間ドラマ40年の軌跡』東京ニュース通信社、２０１８年。

岡田晋吉『太陽にほえろ!伝説―疾走15年　私が愛した七曲署』日本テレビ放送網、１９９６年。

――『青春ドラマ夢伝説―あるプロデューサーのテレビ青春日誌』日本テレビ放送網、２００３年。

笠原和夫『破滅の美学―ヤクザ映画への鎮魂曲《レクイエム》』ちくま文庫、２００４年。

君塚良一『テレビ大捜査線』講談社、２００１年。

輿水泰弘／櫻井武晴／砂本量／戸田山雅司／古沢良太『「相棒」シナリオ傑作選 pre season-season7』竹書房、２０１１年。

今野勉『テレビの青春』ＮＴＴ出版、２００９年。

斉藤直隆編著『ミステリーファンのための警察学読本』アスペクト、２００４年。

柴田純保存委員会編『ケイゾク／事件簿完全版』角川書店、２００１年。

白井隆二『テレビ創世記』紀尾井書房、１９８３年。

丹波哲郎・ダーティ工藤『大俳優　丹波哲郎』ワイズ出版、２００４年。

ＴＶぴあ責任編集『踊る大捜査線 ＴＨＥ ＭＡＧＡＺＩＮＥ』ぴあ、１９９８年。

長坂秀佳『長坂秀佳　術』辰巳出版、2004年。

日本テレビ編『日テレドラマ半世紀』日本テレビ放送網、2005年。

日本放送出版協会編『「放送文化」誌にみる昭和放送史』日本放送出版協会、1990年。

野木亜紀子『MIU404シナリオブック』河出書房新社、2020年。

野地秩嘉『警察庁長官―知られざる警察トップの仕事と素顔』朝日新書、2021年。

萩原健一『ショーケン』講談社、2008年。

古谷謙一監修『そこが知りたい！日本の警察組織のしくみ』朝日新聞出版、2017年。

山中伊知郎『『スクール★ウォーズ』を作った男』洋泉社、2004年。

山本俊輔／佐藤洋笑『NTV火曜9時アクションドラマの世界―『大都会』から『プロハンター』まで』DU BOOKS、2015年。

三谷幸喜『オンリー・ミー 私だけを』幻冬舎文庫、1997年。

羊崎文移『「ダイヤル110番」元祖刑事ドラマ1957－1964』今日の話題社、2007年。

――『「特別機動捜査隊」物語の検証1961－1977』今日の話題社、2009年。

――『「七人の刑事」を探して1961－1998（改訂増補）』今日の話題社、2010年。

読売新聞芸能部編『テレビ番組の40年』NHK出版、1994年。

《**ムック、雑誌、白書**》

『石原プロモーション58年の軌跡』朝日新聞出版、2020年。

『キネマ旬報』2008年12月下旬号。

『西部警察LEGEND－大門軍団、いま再起動！』青志社、2013年。

『太陽にほえろ！ 完結記念号－14年7カ月の軌跡－』日本テレビ放送網、1987年。

『太陽にほえろ！10周年記念号』日本テレビ放送網、1983年。

『テレビドラマ全史 1953〜1994』東京ニュース通信社、1994年。

『にっぽんの刑事スーパーファイル』洋泉社、2016年。

『平成12年版犯罪白書』法務省。

《ネット記事、サイト》
『大人のMusic Calendar』2016年7月31日付け記事
『ORICON NEWS』2016年2月19日付け記事
『週刊現代』2022年10月29日付け記事
『週刊文春』2017年8月17日・24日夏の特大号記事
『女性自身』2023年10月29日付け記事
『テレビドラマデータベース』
『日刊スポーツ』2020年8月16日付け記事
『読売新聞』1994年4月15日付け記事
『読売新聞』2021年1月30日付け記事

※ほかにも多くのサイト、ネット記事を参考にさせていただいた。

謝辞

東映の河瀬光氏には、刑事ドラマの制作現場について色々とお聞きすることができた。この場を借りて感謝したい。

警察庁組織図

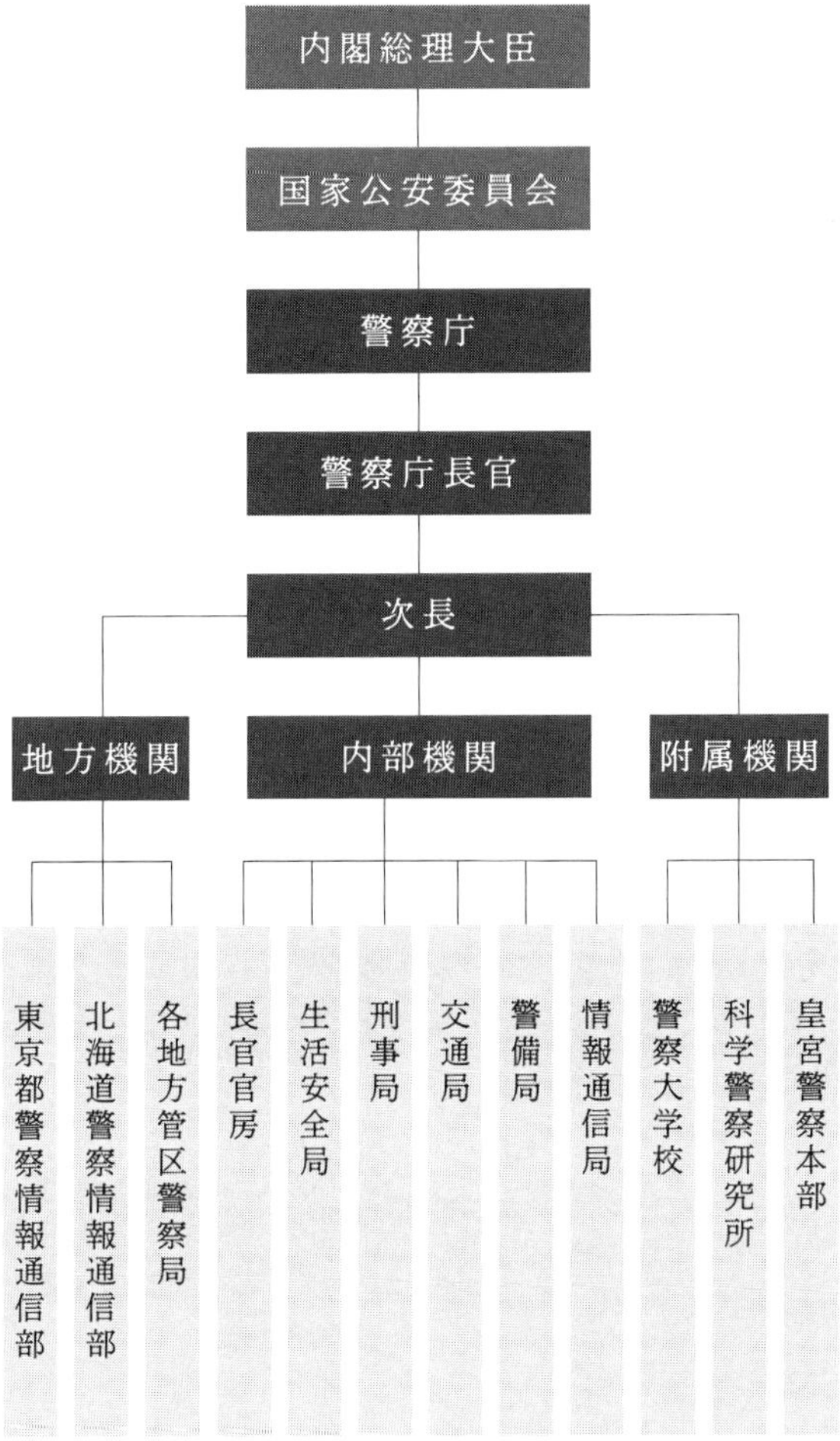
内閣総理大臣
国家公安委員会
警察庁
警察庁長官
次長
地方機関
内部機関
附属機関
東京都警察情報通信部
北海道警察情報通信部
各地方管区警察局
長官官房
生活安全局
刑事局
交通局
警備局
情報通信局
警察大学校
科学警察研究所
皇宮警察本部

警視庁組織図

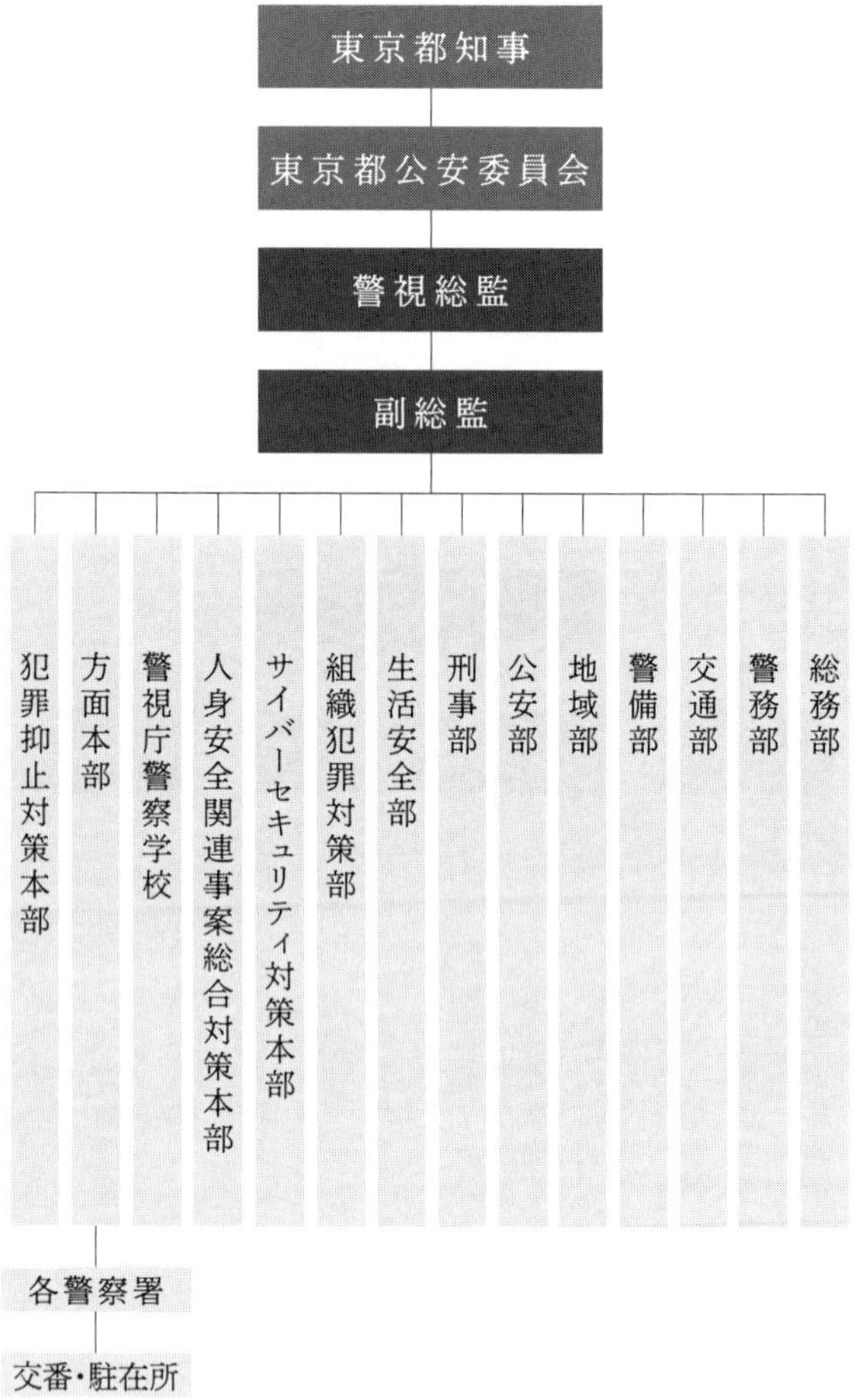
東京都知事
東京都公安委員会
警視総監
副総監
総務部
警務部
交通部
警備部
地域部
公安部
刑事部
生活安全部
組織犯罪対策部
サイバーセキュリティ対策本部
人身安全関連事案総合対策本部
警視庁警察学校
方面本部
犯罪抑止対策本部
各警察署
交番・駐在所

警察官の階級

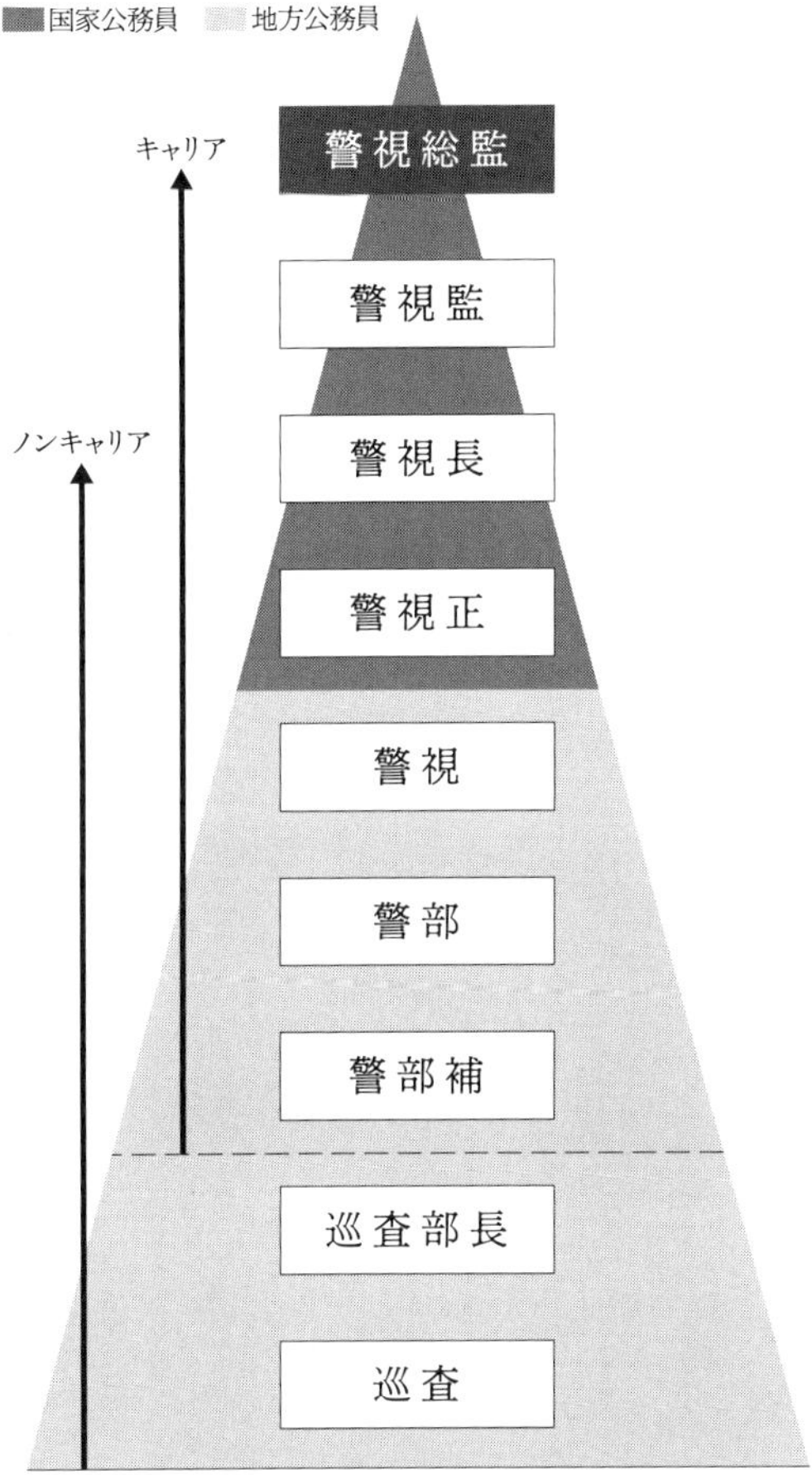

警視庁に採用された国家公務員総合職試験合格者は、就任後すぐに警部補となり、この場合は警察庁採用であるため国家公務員となる。

古谷謙一監修『そこが知りたい！日本の警察組織のしくみ』（朝日新聞出版、2017年）を元に作図

星海社新書
293

刑事《けいじ》ドラマ名作講義《めいさくこうぎ》

二〇二四年 四 月二二日 第 一 刷発行

著　者　太田省一《おおたしょういち》

発行者　太田克史《おおたかつし》
編集担当　持丸剛《もちまるつよし》

発行所　株式会社星海社
〒一一二-〇〇一三
東京都文京区音羽一-一七-一四 音羽YKビル四階
電　話　〇三-六九〇二-一七三〇
FAX　〇三-六九〇二-一七三一
https://www.seikaisha.co.jp

発売元　株式会社講談社
〒一一二-八〇〇一
東京都文京区音羽二-一二-二一
(販 売)〇三-五三九五-五八一七
(業 務)〇三-五三九五-三六一五

印刷所　TOPPAN株式会社
製本所　株式会社国宝社

アートディレクター　吉岡秀典《よしおかひでのり》(セプテンバーカウボーイ)
デザイナー　山田知子《やまだともこ》＋チコルズ
フォントディレクター　紺野慎一《こんのしんいち》
校　閲　鷗来堂《おうらいどう》

ISBN978-4-06-535474-2
Printed in Japan

JASRAC 出2402213-401

293
SEIKAISHA
SHINSHO

次世代による次世代のための

武器としての教養
星海社新書

星海社新書は、困難な時代にあっても前向きに自分の人生を切り開いていこうとする次世代の人間に向けて、ここに創刊いたします。本の力を思いきり信じて、みなさんと一緒に新しい時代の新しい価値観を創っていきたい。若い力で、世界を変えていきたいのです。

本には、その力があります。読者であるあなたが、そこから何かを読み取り、それを自らの血肉にすることができれば、一冊の本の存在によって、あなたの人生は一瞬にして変わってしまうでしょう。思考が変われば行動が変わり、行動が変われば生き方が変わります。著者をはじめ、本作りに関わる多くの人の想いがそのまま形となった、文化的遺伝子としての本には、大げさではなく、それだけの力が宿っていると思うのです。

沈下していく地盤の上で、他のみんなと一緒に身動きが取れないまま、大きな穴へと落ちていくのか？　それとも、重力に逆らって立ち上がり、前を向いて最前線で戦っていくことを選ぶのか？

星海社新書の目的は、戦うことを選んだ次世代の仲間たちに「武器としての教養」をくばることです。知的好奇心を満たすだけでなく、自らの力で未来を切り開いていくための〝武器〟としても使える知のかたちを、シリーズとしてまとめていきたいと思います。

2011年9月

星海社新書初代編集長　柿内芳文

SEIKAISHA
SHINSHO